2014
长江航运发展报告

交通运输部长江航务管理局　编

人民交通出版社股份有限公司
China Communications Press Co.,Ltd.

图书在版编目（CIP）数据

2014长江航运发展报告 / 交通运输部长江航务管理局编.— 北京：人民交通出版社股份有限公司，2015.7

ISBN 978-7-114-12388-7

Ⅰ.①2… Ⅱ.①交… Ⅲ.①长江—航运—研究报告—2014 Ⅳ.①F552.75

中国版本图书馆CIP数据核字（2015）第144458号

书　　名：**2014长江航运发展报告**
著 作 者：交通运输部长江航务管理局
责任编辑：赵瑞琴
出版发行：人民交通出版社股份有限公司
地　　址：（100011）北京市朝阳区安定门外外馆斜街3号
网　　址：http：//www.ccpress.com.cn
销售电话：（010）59757973
总 经 销：人民交通出版社股份有限公司发行部
经　　销：各地新华书店
印　　刷：北京盛通印刷股份有限公司
开　　本：880×1230　1/16
印　　张：14.75
字　　数：285千
版　　次：2015年7月　第1版
印　　次：2015年7月　第1次印刷
书　　号：ISBN 978-7-114-12388-7
定　　价：238.00元

主编单位

交通运输部长江航务管理局

成员单位

云南省航务管理局

贵州省地方海事（航务管理）局

四川省交通运输厅航务管理局

重庆市港航管理局

湖南省水运管理局

湖北省交通运输厅港航管理局

江西省港航管理局

安徽省地方海事（港航管理）局

江苏省交通运输厅运输管理局

上海市航务管理处（地方海事局）

浙江省港航管理局

长江海事局

长江航道局

长江三峡通航管理局

长江航运公安局

江苏海事局

上海海事局

长江口航道管理局

重庆航运交易所

上海组合港管理委员会办公室

武汉新港管理委员会

编委会

编辑人员

主　　编：唐冠军　黄　强

副 主 编：朱汝明

执行主编：彭东方　彭书华

主要成员：徐培红　陈永彤　董鸿瑜　欧阳帆　张妍妍　刘　涛
易巧巧　张贵宾　姜鸿燕　王洪峰　郭　君　张旭东
陈良超　张兴远　马　奕　陆　薇　戴静敏　袁　芳
王　帆　殷惠广　何　斌　王　娇　陈晓奇　赵　刚
韦世荣　何海滨　黄昌顿　叶　莹　谢成鹏　付　俊
吴保华　乔广燕　吴　虹　吴永平　叶　飞　黄　颖
张义军　万利峰　华云杰　卢立江　李雨衡　朱利辉

策划统稿：彭书华

责任编审：彭东方　徐培红　彭书华

校　　对：陆望程

前言

依托黄金水道推动长江经济带发展上升为国家战略，极大地提升了长江航运业的产业地位，也对长江航运业发展提出了新的更高要求。全面深化交通运输改革和推动交通运输转型发展，一些长期制约行业发展的问题取得突破。长江航运业适应经济发展新常态和服务国家战略，将进入以提升长江黄金水道功能、推进全行业转型升级为主线的发展新阶段。

2014年，长江航运业行业地位显著提高，政策环境持续改善，行业主管部门主动服务国家战略，基础性制度改革和法治建设稳步推进，统筹抓好规划建设、运输保障、监管执法、创新发展和行业文明，积极保障和改善民生，治理体系和治理能力建设取得重要进展，为长江航运平稳运行提供了有力保障；长江航运业功能得到扩展，运力结构稳步调整，市场主体转型升级的内生动力得到提升，运输生产规模继续较快增长，实力明显增强，发展活力和服务区域经济发展能力显著提升。年末，长江经济带11省市内河航道总里程达到9.03万公里；水路运输船舶12.55万艘/15810.26万净载重吨，完成货物运输量39.24亿吨、货物周转量44671.6亿吨公里；港口通过能力34.5亿吨、2210.4万TEU，完成吞吐量59.5亿吨、集装箱吞吐量7606.5亿吨；其中，长江干线完成货物通过量20.6亿吨，再创历史最高水平。港航企业盈利水平有所改善。

2014年，长江航运业运行总体保持了较强的发展韧性。同时，全面深化改革刚刚启动，一些重要领域的关键改革力度不够，体制机制不健全、治理能力不足等问题依然突出，与其他运输方式的互联互通、一体化发展亟待加强，产业间的深度融合还有很大空间；内河港口、航道、船舶等各方面的结构性矛盾尚未从根本上得到改善，整体市场环境依然

较为严峻，需求结构面临调整，水运经济运行下行压力加大，不平衡、不协调、不可持续问题依然突出，航运市场集中度不高，企业经营压力持续加大，市场主体运营管理水平不高、核心竞争力较弱等问题还没有实质性改善，创新驱动的内生机制还没有建立，能源、土地、环境等刚性约束增强。这些都对长江航运业在“新常态”下转型升级，健康发展，更好地服务长江经济带建设提出了严峻挑战。

依托长江黄金水道建设长江经济带，是我国经济发展的新棋局。长江经济带被定位为中国经济新支撑带，即具有全球影响力的内河经济带、东中西互动合作的协调发展带、沿海沿江沿边全面推动的对内对外开放带以及生态文明建设的先行示范带。这些使命的实现，需要充分发挥长江黄金水道的独特优越性和巨大潜力，站在国家经济社会发展全局的高度，深刻认识长江黄金水道在建设长江经济带中的关键作用，深刻认识加快长江黄金水道乃至整个水运发展的重大机遇和历史责任，全面推进通江达海的综合立体交通走廊建设。

2015年，是“十二五”规划的最后一年，又是贯彻落实《长江经济带发展规划纲要》的起始之年。在一系列政策之下，新的经济增长极和增长带将加快成长。长江航运业将继续加强规划引领作用，全面推进长江干线、支线航道建设和疏浚治理工作，继续完善港口基础设施，提高港口管理服务水平，继续推进船型标准化改造和运输组织优化调整，通过改革释放市场活力，推动行业转型升级，着力提升行业监管能力，统筹长江黄金水道发展，为长江经济带建设提供强力支撑。

目录

综合报告

2014年长江航运业发展回顾与展望

目录

省域报告

2014年长江经济带9省2市水运发展回顾与展望

目录

综合报告

2014年长江航运业发展回顾与展望

第1章

长江航运发展宏观环境

1.1 宏观经济环境

1.1.1 我国经济发展进入新常态，经济形态向中高端水平迈进

2014年，全球经济总体缓慢复苏，发达经济体经济运行分化加剧，发展中经济体增速放缓。联合国经济和社会事务部发表的《2015年世界经济形势与展望》报告显示，2014年全球经济增长幅度为2.6%，略高于2013年2.5%；发达经济体增长1.6%，比上年加快0.4%，美国经济表现强势，欧洲和日本经济复苏放缓；发展中经济体增长4.3%，比上年放缓0.5%，俄罗斯、巴西、南非出现明显下滑。世界贸易量增长3.4%，比上年加快0.4%，但仍大大低于国际金融危机前约7%的平均水平。总体而言，2014年世界经济仍处于复苏进程，我国宏观经济的外部环境基本稳定。

2014年，我国经济社会发展总体平稳，经济运行处于合理区间，经济发展速度趋缓，经济结构进一步调整和优化，经济增长从要素驱动、投资驱动转向创新驱动。国家统计局发布的《2014年国民经济和社会发展统计公报》显示，全年国内生产总值达到63.6万亿元，比上年增长7.4%，第一产业、第二产业、第三产业增加值占国内生产总值的比重分别为9.2%、42.6%、48.2%，经济结构由工业主导向服务业主导加快转变；全社会固定资产投资增长15.3%，社会消费品零售总额增长12.0%，货物进出口总额增长2.3%，投资和出口的拉动作用渐显乏力，消费在经济发展中的作用则逐渐增强，增长动力从投资出口驱动向消费驱动转变；全员劳动生产率提高7.0%，单位GDP能耗下降4.8%，正逐步告别高投入、高消耗的粗放式增长模式，向高技术、低消耗的集约型发展方式转变；云计算、物联网、移动互联网、电子商务等新兴产业对经济增长的支撑作用日益增强，科技创新成为驱动经济发展的新引擎。总体而言，中国经济正在向形态更高级、分工更复杂、结构更合理的阶段演化，经济发展进入新常态，正从高速增长转向中高速增长，经济发展方式正从规模速度型粗放增长转向质量效率型集约增长，经济结构正从增量扩能为主转向调整存量、做优增量并存的深度调整，经济发展动力正从传统增长点转向新的增长点。

一年来，我国经济体制改革和投资体制改革实现多点突破，从推动建立政府“权力清单”、“责任清单”、“负面清单”和企业服务“一张网”，到修订政府核准的投资项目目录、发布基础设施等领域鼓励社会投资项目清单、创新重点领域投融资机制鼓励社会投资，进一步简政放权，理顺政府和市场关系，放管结合，改善营商环境，使市场在资源配置中起决定性作用并更好发挥政府的作用。财税体制改革，在助推结构调整、激发市场活力、特别是为现代服务业与战略性新兴产业松绑提速等方面，出台一系列改革措施。深化国有企业改革总体方案进入系统设计阶段。完善市场监管体系，出台促进市场公平竞争维护市场正常秩序、优化企业兼并重组市场环境等意见和社会信用体系建设规划纲要，清理、废除妨碍全国统一市场和公平竞争的各种规定，激发企业活力。促进产业结构调整、转变发展方式，在物流业、旅游业、生产性服务业、能源以及节能减排低碳发展等一些与长江航运发展息息相关的方面，出台了相关规划、指导意见或行动计划。上海自由贸易试验区经验多点推广，服务业市场准入进一步扩大，我国企业在“一带一路”战略引领下积极“走出去”参与全球化竞争，积极拓展外部市场。这些政策有的已经让长江航运业享受到它们带来的红利，有的会在将来很长一段时间内为促进长江航运业转型升级和健康发展提供保障。

2015年，我国经济运行的国际环境总体趋好，世界经济将继续保持复苏态势，预计世界经济增速和全球贸易增长将继续加快，但国外政策调整、地缘政治冲突等也带来了一些风险和不确定性。国内基本面和改革因素仍可支撑经济中高速增长，但一些短期、结构性与长期性因素将会对经济增长造成冲击和制约，保持经济持续平稳增长仍面临很多挑战，预计2015年我国国内生产总值增长7%左右。面对经济发展新常态，我国将着眼于“保持经济中高速增长和推动经济发展迈向中高端水平”的目标，充分发挥市场在资源配置中的决定性作用和更好发挥政府作用，打造大众创业、万众创新和增加公共产品、公共服务“双引擎”，以经济体制改革为重点全面深化改革，实施新一轮高水平对外开放，推进新型工业化、信息化、城镇化、农业现代化同步发展，推动产业结构迈向中高端，推进民生改善和社会建设。在区域发展方面，将着眼于拓展区域发展新空间，继续实施西部开发、东北振兴、中部崛起、东部率先的区域发展总体战略，重点实施“一带一路”、京津冀协同发展、长江经济带三大战略。

1.1.2 依托黄金水道推动长江经济带发展，区域经济发展呈现新棋局

长江经济带覆盖上海、江苏、浙江、安徽、江西、湖北、湖南、重庆、四川、云南、贵州11个省市。依托黄金水道推动长江经济带发展，打造中国经济新支撑带，是党中央、国务院审时度势，谋划中国经济新棋局作出的既利当前又惠长远的重大战略决

策。国务院印发了《关于依托黄金水道推动长江经济带发展的指导意见》，提出要把长江经济带打造成“具有全球影响力的内河经济带，东中西互动合作的协调发展带，沿海沿江沿边全面推进的对内对外开放带，生态文明建设的先行示范带”。主要任务是提升长江黄金水道功能，建设综合立体交通走廊，创新驱动促进产业转型升级，全面推进新型城镇化，培育全方位对外开放新优势，建设绿色生态廊道，创新区域协调发展体制机制。

一年来，长江经济带11省市，紧紧围绕党中央、国务院的一系列重大决策部署，积极参与国家长江经济带和“一带一路”战略的实施，大力实施区域发展战略，全面深化改革开放，着力打造承接产业转移示范区、综合改革配套试验区、生态经济区和国家级新区等多个新的经济增长极，以城市群为轴心推进新型城镇化建设，总体呈现出增长平稳、结构优化、质量提升、民生改善的良好态势，经济社会发展均衡性、协调性、可持续性不断增强。2014年地区生产总值达到28.46万亿元；中西部地区经济增速快于东部地区，11省市中仅上海市低于全国GDP增长率7.4%，其中重庆市和贵州省GDP增速超过10%。

2014年长江经济带11省市国民经济主要指标　　表1.1-1

省（市）	GDP（亿元）	同比增长	三次产业结构	固定资产投（亿元）	社会消费品零售总额（亿元）	外贸进出口（亿美元）	其中：出口
云南省	12814.6	8.1%	15.5：41.2：43.3	11073.9	4632.9	296.2	188.0
贵州省	9251.0	10.8%	13.8：41.6：44.6	8778.4	2579.5	108.1	94.0
四川省	28536.7	8.5%	12.4：50.9：36.7	23577.5	11665.8	702.5	448.5
重庆市	14265.4	10.9%	7.4：45.8：46.8	13223.8	1229.9	954.5	634.1
湖北省	27367.0	9.7%	11.6：46.9：41.5	24303.1	11806.3	430.6	266.5
湖南省	27048.5	9.5%	11.6：46.2：42.2	21950.8	10081.9	310.4	200.3
江西省	15708.6	9.7%	10.7：53.4：35.9	15110.0	5129.2	427.8	320.4
安徽省	20848.8	9.2%	11.5：53.7：34.8	21256.3	7320.8	492.7	314.9
江苏省	65088.3	8.7%	5.6：47.7：46.7	41552.8	23209.0	5637.6	3418.7
浙江省	40153.5	7.6%	4.4：47.7：47.9	23555.0	16905.0	3551.5	2733.5
上海市	23560.9	7.0%	0.5：34.7：64.8	6016.4	8718.7	8634.6	5232.1
合 计	284643.4	8.8%	8.3：46.9：44.8	210397.9	103278.9	21546.6	13851.0

数据来源：各省市统计局发布的2014年国民经济和社会发展统计公报。

2015年，长江经济带11省市发展面临建设长江经济带、对接“一带一路”等众多战略机遇，也面临深化改革和经济转型升级等不少挑战。在多地主动下调经济增长预期目标的背景下，积极参与国家重大战略的实施、推动改革向纵深发展、培育和催生经济社会发展新动力将成为2015年长江经济带11省市经济发展的突出特征，重大工程和重点区域建设、推动产业结构迈向中高端和大力发展现代服务业、引导产业由东向西梯度转移、构建全方位对外开放新格局等将成为地方政府2015年经济工作的着力点。

1.1.3 交通运输平稳增长，新常态下初显新特点

2014年，我国交通运输业面对复杂多变的市场形势，积极调整应对，加快转型升级，主动适应经济发展“新常态”，主动服务国家战略，较好地发挥了基础性、先导性作用。全年交通运输、仓储和邮政业完成固定资产投资42984亿元，比上年增长18.6%。全年货物运输总量439亿吨，比上年增长7.1%；货物运输周转量184619亿吨公里，比上年增长9.9%。全年规模以上港口完成货物吞吐量111.6亿吨，比上年增长4.8%，其中外贸货物吞吐量35.2亿吨，比上年增长5.9%。规模以上港口集装箱吞吐量20093万标准箱，比上年增长6.1%。全年旅客运输总量221亿人次，比上年增长3.9%；旅客运输周转量29994亿人公里，增长8.8%。

长江经济带11省市在建设综合立体交通走廊的进程中，贯彻落实国家战略，并结合各自的实际，进一步明确实施方案，强化具体政策措施，梳理并推动一批重大项目落实，切实强化组织实施，以沿江重要港口为节点和枢纽，统筹推进水运、铁路、公路、航空、油气管网集疏运体系建设，加强江海联运、海陆联运体系建设，加快推进长江经济带交通运输建设与发展，推动长江流域运输能力的提升。

交通运输业在新常态下正在呈现新的特点。从运输生产增速上看，在经济增速转入中高速增长后，交通运输生产也在向5%～7%左右的中高速增长转变；从运输结构变化上看，随着运输结构调整步伐加快，钢铁、煤炭、水泥、有色等生产资料运输需求增速进一步放缓，高附加值运输需求快速增长，特别是以服务电商为主的快递业快速增长，消费需求将成为运输需求的主要推动力，专业化、一体化的运输服务将成为增长点；从发展动力上看，随着“四个交通”的推进、现代服务业的发展和新一轮科技革命带来的技术进步，加上交通基础设施互联互通和运输服务一体化发展，功能整合、组织整合、信息整合和平台整合以及技术创新、组织创新、模式创新、管理创新将成为发展新引擎；从发展要素上看，资金、土地、资源、环境等刚性约束进一步增强，质量与效率的提升成为市场衡量标准，绿色低碳运输成为趋势。

1.2 行业发展形势

1.2.1 国家持续关注，统筹黄金水道发展

“依托黄金水道，建设长江经济带”被写入2014年的《政府工作报告》，上升为国家战略。

4月27日至29日，中共中央政治局常委、国务院总理李克强在重庆实地考察长江黄金水道建设。他指出，中国经济发展到目前阶段，需要更好利用这条连接东西部的水运大通道，构建沿海与中西部相互支撑、良性互动的新棋局。要充分认识长江航运的独特优

势，发掘黄金水道的巨大潜力。要建设通江达海的综合交通体系，以沿江港口为节点和枢纽，统筹推进水运、铁路、公路、航空、油气管网集疏运体建设，打造网络化、标准化、智能化的综合立体交通走廊。

6月11日，国务院总理李克强主持召开国务院常务会议，部署建设综合立体交通走廊打造长江经济带，提出要发挥长江黄金水道“运量大、成本低、节能节地”的独特优势，抓好综合立体交通走廊建设。

10月28日，交通运输部部长杨传堂出席贯彻落实《国务院关于依托黄金水道推动长江经济带发展的指导意见》交通运输工作推进会。他指出，要充分释放长江黄金水道的潜力和空间，统筹推进长江经济带综合立体交通走廊建设。一是着力打造全流域黄金水道。提升黄金水道综合功能和通过能力，加快长江干线航道系统治理，建设通江达海、干支衔接、网络畅通的航道网，强化港口枢纽作用，全面推进船型标准化，大力发展现代航运服务业。二是加快建设“一江两横五纵”综合交通体系。按照适度超前原则，建成快速大能力铁路通道，形成高等级广覆盖公路网，推进航空网络建设，加快建设综合交通枢纽，构建城际交通网络。三是加快交通运输转型升级。以科技进步和信息化为引领，以发展模式创新为抓手，推进现代物流发展，健全交通运输智能服务体系，加快安全监管和应急保障体系建设，构建绿色低碳交通运输体系。四是全面深化交通运输各项改革。按照党的十八届三中、四中全会的总体部署，全面推进交通运输深化改革，推进法治政府建设，完善部省协调机制，处理好建管养关系，完善法律法规体系。

1.2.2　加强顶层设计，推动黄金水道健康发展

（一）国家决策部署，加快提升长江黄金水道功能

9月25日，国务院印发《国务院关于依托黄金水道推动长江经济带发展的指导意见》（国发〔2014〕39号）提出，要充分发挥长江运能大、成本低、能耗少等优势，加快推进长江干线航道系统治理，整治浚深下游航道，有效缓解中上游瓶颈，改善支流通航条件，优化港口功能布局，加强集疏运体系建设，发展江海联运和干支直达运输，打造畅通、高效、平安、绿色的黄金水道。

“提升长江黄金水道功能”主要内容　　表1.2-1

主　题	内　容
增强干线航运能力	加快实施重大航道整治工程，下游重点实施12.5米深水航道延伸至南京工程；中游重点实施荆江河段航道整治工程，加强航道工程模型试验研究；上游重点研究实施重庆至宜宾段航道整治工程。加快推进内河船型标准化，研究推广三峡船型和江海直达船型，鼓励发展节能环保船舶
改善支流通航条件	积极推进航道整治和梯级渠化，提高支流航道等级，形成与长江干线有机衔接的支线网络。加快信江、赣江、江汉运河、汉江、沅水、湘江、乌江、岷江等高等级航道建设，研究论证合裕线、嘉陵江高等级航道建设和金沙江攀枝花至水富段航运资源开发。抓紧实施京杭运河航道建设和船闸扩能工程，系统建设长江三角洲地区高等级航道网络，统筹推进其他支流航道建设

续上表

主 题	内 容
优化港口功能布局	促进港口合理布局，加强分工合作，推进专业化、规模化和现代化建设，大力发展现代航运服务业。加快上海国际航运中心、武汉长江中游航运中心、重庆长江上游航运中心和南京区域性航运物流中心建设。提升上海港、宁波—舟山港、江苏沿江港口功能，加快芜湖、马鞍山、安庆、九江、黄石、荆州、宜昌、岳阳、泸州、宜宾等港口建设，完善集装箱、大宗散货、汽车滚装及江海中转运输系统
加强集疏运体系建设	以航运中心和主要港口为重点，加快铁路、高等级公路与重要港区的连接线建设，强化集疏运服务功能，提升货物中转能力和效率，有效解决“最后一公里”问题。推进港口与沿江开发区、物流园区的通道建设，拓展港口运输服务的辐射范围
扩大三峡枢纽通过能力	挖掘三峡及葛洲坝既有船闸潜力，完善公路翻坝转运系统，推进铁路联运系统建设，建设三峡枢纽货运分流的油气管道，积极实施货源地分流。加快三峡枢纽水运新通道和葛洲坝枢纽水运配套工程前期研究工作
健全智能服务和安全保障系统	完善长江航运等智能化信息系统，推进多种运输方式综合服务信息平台建设，实现运输信息系统互联互通。加强多部门信息共享，建设长江干线全方位覆盖、全天候运行、具备快速反应能力的水上安全监管和应急救助体系
合理布局过江通道	统筹规划建设过江通道，加强隧道桥梁方案比选论证工作，充分利用江上和水下空间，推进铁路、公路、城市交通合并过江；优化整合渡口渡线，加强渡运安全管理，促进过江通道与长江航运、防洪安全和生态环境的协调发展

摘自《国务院关于依托黄金水道推动长江经济带发展的指导意见》。

（二）全面深化改革，提升发展能力

推进行政审批制度改革。交通运输部出台《关于加快转变政府职能深化行政审批制度改革的意见》，取消下放26项行政审批项目，将12项工商登记前置审批改为后置审批，建立管理权力清单制度，加强事中事后监管，目前由部及部直属有关单位实施的行政审批事项共46项；地方交通运输部门对审批事项普遍开展了“全流程再造”，对内容相近、重复设置的审批环节予以合并，最大限度简化审批手续、缩短审查时限。一些地方还推行行政审批相对集中改革，由行政审批办公室归口统一办理省级审批事项，实现了“一个窗口受理，一次性告知，一条龙服务，一站式办公”的服务方式。长江航务管理局公开了长航局系统行政审批事项清单，长航局系统目前办理的交通行政审批事项共30项，主要包括水路运输行政审批事项2项，海事和通信行政审批事项27项，航道行政审批事项1项。

全面深化交通运输改革。11月18日交通运输部印发《关于开展全面深化交通运输改革试点工作的通知》，从交通运输综合改革、综合交通运输改革、交通运输综合行政执法改革、交通基础设施投融资政府与社会资本合作等模式、部属事业单位分类改革、公路建设管理体制改革、区域港口发展一体化、京津冀城乡客运一体化、“平安交通”安全体系建设等九个方面开展试点工作。12月30日交通运输部印发《关于全面深化交通运

输改革的意见》，重点在综合交通运输体制机制、交通运输现代市场体系、转变政府职能、交通运输法治建设、交通运输投融资体制、公路管理体制、水路管理体制、现代运输服务体系、交通运输转型升级体制机制等重要领域和关键环节深化改革，推进交通运输治理体系和治理能力现代化。

积极推进长江航运改革。行业管理体制机制改革方面，加快推进长江航道管理体制、长江三峡通航管理体制的改革研究。推动完善与地方交通运输主管部门之间的工作协调机制，先后与南京市、荆州市、重庆市永川区人民政府签订了战略合作协议，与四川、重庆、湖北、安徽等沿江省市交通运输主管部门和沿江地市人民政府，建立了共同推进黄金水道建设“2+N”合作机制。长江航运转型升级体制机制方面，积极引导港航企业转型升级，长江航务管理局印发《长航局关于促进航运业转型升级健康发展的实施意见》，支持港航企业以资本为纽带开展兼并重组；制定实施《加快推进“十二五”期长江水系船型标准化工作方案》，积极推动新建标准示范船型，三峡船型、江海直达船型和清洁能源动力船舶等推广应用。湖北省出台《推进长江中游航运中心港航资源整合工作的实施方案》，整合长江沿江港口组建“港航集团”。投融资体制改革方面，云南省等地方政府通过引入战略合作伙伴、组建港航投资公司等方式，多渠道筹措资金。

（三）出台多项政策规划，培育和催生发展新动力

交通运输部部署启动综合交通运输“十三五”发展规划的编制工作，研究综合运输体系建设的发展思路、发展重点、布局方案和建设规划。重点从以下几个方面研究和思考 “十三五”期交通运输发展问题：全面深化交通运输改革开放，激发行业发展新动力；以综合交通运输体系建设为着力点，实现交通运输协调发展；以多式联运为突破口，提升现代物流发展水平；以发展公共交通为导向，推进区域交通一体化；以信息化智能化为引领，推进交通运输现代化进程；以节能减排为抓手，推动交通运输可持续发展；以安全发展为基础，把安全理念贯穿于交通运输建设、运行、管理的全过程。

国家继续出台相关规划、指导意见或行动计划，推动交通运输业转型发展。统筹长江经济带交通基础设施建设，国务院印发了《长江经济带综合立体交通走廊规划（2014–2020年）》，推动长江经济带综合交通运输体系重大项目落实。推进现代物流发展、加快发展多式联运，国务院印发了《物流业发展中长期规划（2014–2020年）》，交通运输部等有关部门也发布了《物流园区互联应用技术指南》一系列支持物流业发展的政策文件。推动港口转型升级发展，交通运输部出台了《关于推进港口转型升级的指导意见》。促进服务业发展，交通运输部出台了《关于加快现代航运服务业发展的意见》和《关于促进我国邮轮运输业持续健康发展的指导意见》，指导航运服务业和邮轮运输业有序加快发展。推进海运强国建设，国务院印发了《关于促进海运业健康发展的若干意见》，这也是我国第一次国家层面发布海运发展战略。推进绿色交通发展，交通运输部印发了《交通运输行业贯彻落实〈2014–2015年节能减排低碳发展行动方案〉的实施意见》，编

制完成《全国公路水路交通运输环境监测网规划》。改进标准化工作，交通运输部印发了《关于加强和改进交通运输标准化工作的意见》，制定了《综合交通运输标准体系》。

1.2.3 强化依法行政，全面推进法治政府部门建设

全面推进交通行业依法行政的“四个体系”建设，中央的决策和交通运输部的部署安排，推动长江航运法治政府部门建设向纵深发展。

（1）加强长江航运法规规范体系建设，完善依法行政的法律依据。根据国家综合交通法规体系建设的总体要求和长江黄金水道建设、管理的需要，确定长江航运法规规范体系更加科学合理的框架结构，明确法规规范体系建设的重点和立、改、废的具体措施，积极推动相关法规和管理规范的制定和修改完善；加强长江航运管理规范性文件的制定工作，抓好计划管理，进一步提高工作质量，形成能适应长江航运依法行政、依法管理、依法经营所需要的，相对完备的法规规范体系。

（2）加强执法规范化建设，努力提高执法和管理水平。健全依法决策机制，执行好公众参与、专家论证、风险评估、合法性审查、集体讨论决定的重大行政决策法定程序。建立各级行政机关内部重大决策合法性审查机制，重大决策终身责任追究制度及责任倒查机制，推行政府法律顾问制度，进一步推进依法决策。不断完善联合执法工作机制，抓好长航局系统行政执法和刑事司法衔接机制的落实工作，制定各类案件的具体移送标准，加强信息共享、案情通报，实现行政处罚和刑事处罚的无缝对接。落实好《交通行政执法规范》，组织执行好长航局行政处罚自由裁量指南适用制度和指南，规范自由裁量权的行使；积极推进行政审批制度改革，加强事中事后监管，抓好基层执法站所“三基三化”建设。

（3）加强执法队伍建设，努力提高执法人员综合素质。重点引进海事管理、航海、航道管理和法律等方面的专门人才和复合型人才，把好执法人员准入关，加强执法队伍的正规化、专业化建设。抓好在岗培训教育，提高执法人员的综合素质。坚持在执法人员中开展理想信念教育，倡导为民执法理念，培育严格执法精神，努力建设素质优良、行为规范、纪律严明、作风过硬的长江航运行政执法队伍。

（4）严格执法监督检查，不断提高执法规范化水平。在做好日常监督的基础上，重点抓好年度集中的行政执法评议考核工作，并将行政执法评议考核与个人年度考核相结合，充分发挥评议考核对工作的促进作用。实行好执法公示制和政务公开，及时公示执法主体、执法程序、执法结果、监督渠道和当事人权利等内容；按照政府信息公开要求和程序公布涉及行政相对人权利和义务的规范性文件，切实保障行政相对人的知情权、参与权、监督权等合法权益。严格实行执法责任制，完善执法人员业绩档案制度和执法全过程记录制度，加强责任约束。

（5）加强法制宣传教育，努力提高干部职工的法律意识和法律素质。建立领导干部法制讲座制度和定期集中脱产培训制度，强化领导干部的法律意识和法治理念，不断增强领导干部依法决策、依法管理的能力。落实国家工作人员学法用法制度，把法治培训纳入公务员、管理干部年度培训内容，规定必要学时，保障学习效果。落实“谁执法谁普法”的普法责任制，充分利用网络平台，开设普法专栏，以案说法专题讲座、法律知识竞赛等群众性法治文化活动，强化行政相对人守法意识教育。

1.2.4　深化文明建设，行业软实力不断提升

长江航运行业文明建设不断深化。以“学树创建”为主线，群众性精神文明创建工作扎实推进，涌现出“感动交通年度人物”陈碧清、李红勇等一批优秀典型。通过开展第十八届“文明窗口月”暨行业核心价值体系学习教育实践月活动，第五届“长航十大杰出人物”和“长航十大杰出青年”评选活动，首届“感动长江十大年度人物”评选活动等，行业文明建设取得阶段性成果，典型示范作用成为创建文明行业的强大推动力。

长江航运行业文化建设不断推进。文化建设“六大工程”全面实施，涌现出一大批长江航运文化建设品牌和文化建设示范单位，长江组诗、长江组歌精品联袂问世，长江赋、楚天赋、荆江赋、扬子赋一纸风行，长江万里歌、长江——我的母亲河朗诵版出版发行，中华长江文化大系64册全部付印，位列国家重点出版工程；长江大合唱成功问世，万里长江文化长廊展现流域之美、行业之美、文化之美。

长江航务管理局系统党建和作风建设不断加强。“万里长江党旗红”党建创新工程进一步深化，被湖北省委评为全省“党建工作先进单位”。思想道德教育作为行业作风工作的首位并贯穿始终，党的群众路线教育实践活动成果得到进一步巩固，作风建设长效机制逐步健全；开办长航大讲堂，建设职工书屋，打造书香长航，“为民、务实、清廉、高效”的行业作风得到充分体现。

长江航运行业形象宣传不断提升。坚持以“依托黄金水道推动长江经济带发展”国家战略为宣传主线，通过卓有成效的宣传报道活动，把握了新闻宣传的话语权。长江重庆航道工程局推出微电影《船员的思念》，中国水运报、《长江航运》杂志、长航局政府网站、长江水上安全信息台协同打造行业大宣传格局，进一步提升了行业形象，为长江航运事业提供了良好的发展环境。

第2章

黄金水道功能提升

2.1　航道服务能力建设

2.1.1　内河航道基本情况

2014年末，长江经济带11省市内河航道通航里程达到90336.26公里，占全国内河航道通航里程71.5%；其中，长江水系64374公里，京杭运河1438公里。等级以上航道里程42919.88公里，占总里程47.5%。

2014年长江经济带11省市航道通航里程（公里）　　表2.1-1

省（市）	总计	长江干流			支流水系							等外航道
		一级	二级	三级	一级	二级	三级	四级	五级	六级	七级	
合计	90336.26	1140.00	1283.50	414.00	68.00	651.59	3620.76	5683.25	4890.78	13302.82	11865.18	47416.38
云南省	3597.26			30.00			14.00	912.70	230.63	838.93	811.31	759.69
贵州省	3664.10							667.50	113.00	1062.30	559.20	1262.10
四川省	10720.07			224.25			71.00	729.70	455.40	785.56	1558.60	6895.56
重庆市	4303.17		515.00	159.75			212.00	109.00	199.73	126.20	450.21	2531.28
湖南省	11887.30		80.40				539.00	375.00	395.00	1524.20	1221.00	7752.70
湖北省	8433.15	229.50	688.10				688.30	460.10	929.10	1780.45	1206.90	2450.70
江西省	5637.85	78.00				175.00	206.50	87.00	238.00	404.70	1159.75	3288.90
安徽省	5729.25	342.80					478.84	349.73	734.04	2527.48	706.95	589.41
江苏省	24342.24	369.85				464.55	1065.89	695.13	1018.53	2311.55	2596.50	15820.24
上海市	2260.06	119.85			53.64		120.67	116.11	101.82	349.97	120.50	1277.50
浙江省	9761.81				14.36	12.04	224.56	1181.28	475.53	1591.48	1474.26	4788.30

注：长江干流统计范围为云南水富至长江口。

内河航道构筑物中，枢纽数量2611处，其中具有通航功能的1390处。通航建筑物中，有船闸599座，正常使用417座；升船机47座，正常使用22座。

2014年长江经济带11省市内河航道构筑物基本情况 表2.1-2

省（市）	枢纽数量（处）	具有通航功能（处）	通航建筑物数量			
					正常使用	
			船闸（座）	升船机（座）	船闸（座）	升船机（座）
合计	2611	1390	599	47	417	22
云南省	10	1	1		1	
贵州省	80		1	2		
四川省	376	86	91		50	
重庆市	165	45	45	1	33	1
湖北省	173	56	38	6	33	2
湖南省	507	156	136	16	47	6
江西省	86	23	19	2	11	1
安徽省	97	49	48	1	37	1
江苏省	688	582	110		107	
浙江省	330	300	54	19	48	11
上海市	99	92	56		50	

2.1.2　干线航道系统化治理

（一）上游重点研究论证重庆至宜宾段、宜宾至水富段航道整治工程

长江宜宾至重庆段航道等级提升工程、宜宾至水富段航道整治工程前期研究工作加快推进。长江航务管理局、四川省交通运输厅和宜宾市、泸州市合力推动宜宾至重庆段航道从三级航道提升至二级航道，长江重庆航运工程勘察设计院提交的《提高长江干线宜宾至重庆河段航道维护尺度研究报告》于2015年2月10日通过长江航务管理局组织的评审。宜宾至水富段三级航道整治工程工程预可行性研究已通过四川省交通运输厅航务管理局组织开展的行业审查，工可大多数专题已完成编制。

（二）中游重点实施荆江河段航道整治工程，开展宜昌至安庆段航道工程模型试验研究

按照国家发改委对“宜昌至安庆段航道工程模型试验研究”的分工要求，交通运输部、水利部负责原型观测（专题一）和模型研究（专题二），湖北省牵头负责外部影响研究（专题三）。“长江干线宜昌至安庆段航道整治模型试验研究论证”由交通运输部立项，论证宜昌至安庆河段提高航道尺度的技术可行性、经济合理性及建设可能性。长江航务管理局组织长江航道局及相关科研单位全面开展模型试验研究论证工作，2014年底完成了研究论证报告中间成果。湖北省成立了“645”（宜昌至武汉段航道水深提高至4.5米、武汉至安庆段航道水深提高至6.0米）长江深水航道整治工程指挥部。

荆江航道整治工程（昌门溪至熊家洲段航道整治工程）自2013年开工以来，经过一年多施工，目前已完成工程投资近60%，工程所含34个单位工程中，已有22个完工，主体工程有望于2015年12月前基本建成。

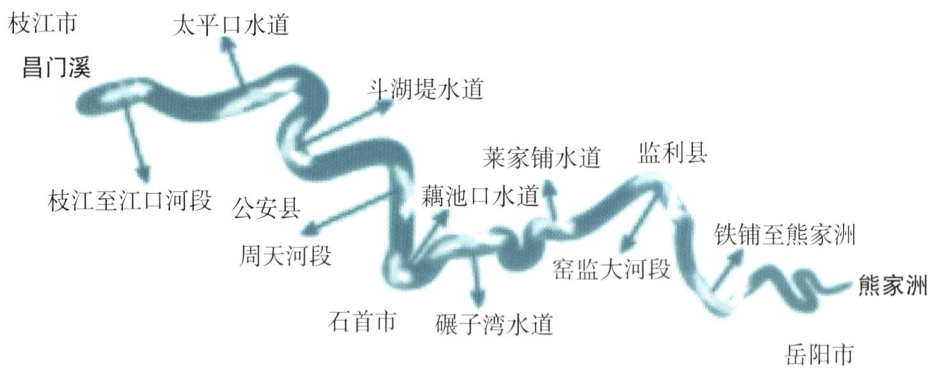

图2.1-1　荆江航道整治工程（昌门溪至熊家洲段航道整治工程）示意图

此外，长江中游武桥水道、新洲至九江河段、界牌河段、戴家洲河段、杨林岩河段、湖广至罗湖洲河段、天兴洲河段等航道整治工程多数完成主体工程的交工验收，并拟定汛后维护方案。宜昌至昌门溪河段航道整治一期工程初步设计通过交通运输部审查，即将开工建设；赤壁至潘家湾河段、鲤鱼山水道等航道整治工程工程可行性研究已通过交通运输部批准。

（三）下游重点实施12.5米深水航道延伸至南京工程

南京以下12.5米深水航道一期工程（太仓荡茜闸到南通天生港区，全长约56公里）于2014年7月9日通过交工验收，长江干线太仓至南通段12.5米深水航道进入试运行阶段。二期工程（南通天生港区到南京新生圩港区，全长约224公里）建设加快推进。

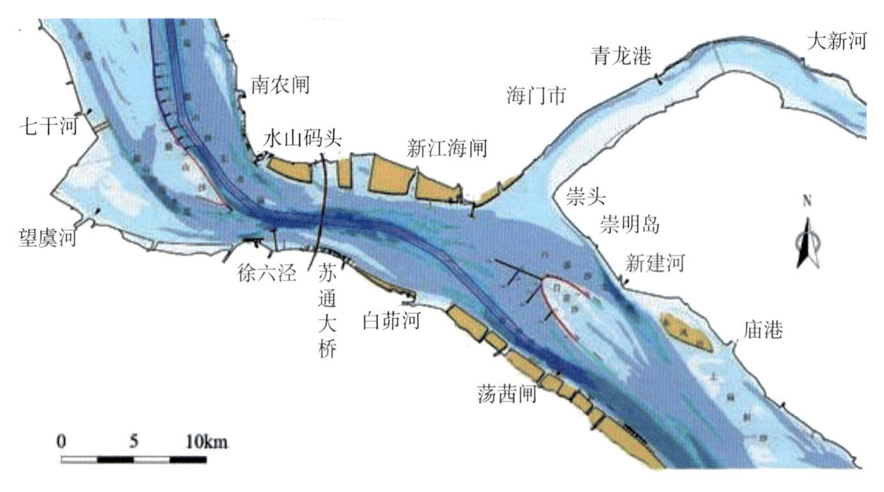

图2.1-2　南京以下12.5米深水航道一期工程示意图

此外，长江下游安庆水道航道整治工程、福姜沙水道航道治理双涧沙守护工程、口岸直水道航道治理鳗鱼沙心滩头部守护工程和太子矶水道拦江矶炸礁工程等4个项目完成竣工验收。长江下游马当南水道航道整治工程、东流水道航道整治二期工程、长江下游口岸直水道航道治理落成洲守护工程等项目多数完成主体工程的交工验收，并拟定汛后维护方案。

2.1.3 扩大三峡枢纽通过能力

（一）挖掘既有船闸潜力

自2003年6月三峡船闸通航以来，长江航务管理局组织运行管理单位，加强通航配套设施建设，初步建立了较完善的枢纽通航管理体系，采取优化运行工艺、四级运行一闸室待闸、增设靠泊设施、同步进闸、加强现场监管等综合措施提高了日运行闸次，提高了过闸船舶吃水控制标准，优化了通航组织和调度运行，缩短了船闸检修时间；先后禁止100、200、600总吨以下商船过闸，发布过闸船舶标准船型主尺度系列，加快推进了过闸船型的标准化、大型化和现代化，挖掘船闸通航潜能。同时，国务院三峡办组织开展三峡及葛洲坝既有船闸扩能改造工程研究。

2014年，首次试行葛洲坝三江航道枯水期151天维护水深由3.5米提升至4.0米，通过三江和葛洲坝二号船闸的船舶吃水提高至3.5米。三峡船闸船舶吃水至4.3米已基本常态化（全年吃水控制在4.3米以下的仅40天）。

（二）三峡通航服务保障设施建设

三峡升船机航运调度系统、长江三峡应急移动通信平台等交付使用；三峡至葛洲坝两坝间乐天溪河段航道整治工程、三峡通航检测维修设施建设等项目通过竣工验收；三峡升船机水域通航监管系统等2个项目开工建设，三峡—葛洲坝航运联合调度及航道生产基地等5个在建项目进展顺利；三峡通航船舶吃水检测设施工程等3个项目工可获得部批，三峡—葛洲坝两坝间莲沱段航道整治工程前期工作和2项三峡后续规划项目加快推进。升船机运行准备工作稳步推进。

（三）完善三峡翻坝转运系统

在2010年建成三峡翻坝高速公路（南岸）的基础上，积极开展江北翻坝高速公路项目前期工作。目前正在加快推进三峡翻坝（茅坪）物流产业园建设，将推进疏港道路与三峡翻坝高速公路对接、疏港铁路站与宜昌铁路南站对接。

（四）组织开展三峡枢纽水运新通道建设的前期工作

国务院三峡工程建设委员会办公室正组织开展三峡枢纽水运新通道建设和葛洲坝枢纽水运配套工程前期研究工作。

2.1.4 支线航道建设

（一）加快建设支线高等级航道，积极推进航道整治和梯级渠化，统筹推进其他支线航道建设

（1）金沙江。金沙江中游库区航运基础设施综合建设一期工程（港航工程）开工建

设，向家坝通航建筑物完成上下游引航道和船厢提升及连接段土建施工，正进行升船机设备安装。四川省交通运输厅组织开展了《金沙江（攀枝花—水富段）水路运输方案研究》，中国长江三峡集团公司组织开展了《金沙江下游河段（攀枝花—水富）交通专题研究》。交通运输部拟在2015年开展金沙江攀枝花至水富段航运规划研究工作。

（2）岷江。推进岷江港航电综合开发，下段81公里航道整治工程已完成项目预可行性研究报告，犍为枢纽项目计划在2015年开工建设；彭山江口至乐山岷江三桥段航电枢纽工程项目，汉阳航电枢纽工程机组建成并网发电。

（3）嘉陵江和渠江。嘉陵江川境段航运配套工程一期工程启动施工准备工程，亭子口枢纽升船机完成上下游引航道建设，草街至河口段航道整治工程全面完成石门段炸礁工程，利泽航电枢纽前期工作加快推进。渠江风洞子航电枢纽、达州至广安段航运配套工程已完成项目预可报告编制。渠江四九滩至丹溪口航道整治已基本完成、富流滩船闸完成主体工程的50%。

（4）乌江。乌江（乌江渡至龚滩）航运建设工程项目于2011年3月开工建设，将于2015年11月建成乌江思林、沙坨枢纽500吨级升船机和构皮滩500吨级翻坝运输系统，实现乌江500吨级航道全面复航。河口至白马河段航道建设工程加快推进。目前，乌江航道正在探索“四改三”航道等级提升工程。

（5）湘江。长沙综合枢纽工程坝顶公路建成通车，土谷塘航电枢纽船闸实现通航，湘江2000吨级航道一期工程（株洲至城陵矶）预计2015年年底前建成投产。湘江2000吨级航道二期工程（衡阳至株洲）将于2015年动工建设。洞庭湖岳阳综合枢纽工程，在2013年完成预可行性研究报告的基础上，2014年组织开展工程可行性研究，预计2015年 12 月底完成研究报告送审稿。

（6）沅水。沅水浦市至常德航道建设工程开工建设。上游清水江三板溪库区航运工程全面建成，开工建设清水江（锦屏—白市）高等级航道工程。

（7）汉江。兴隆至汉川航道、白河至丹江口大坝段航道整治工程基本完成，开工建设兴隆至碾盘山航道整治工程。

（8）江汉运河。引江济汉通航工程正式通航。

（9）赣江。南昌至湖口二级航道整治工程、石虎堂航电枢纽工程完工。

（10）合裕线。合裕线航道改造工程，南淝河段、施口—裕溪口河段加快推进。引江济淮工程规划、项目建议书通过水利部审查；引江济淮工程计划结合引江济淮沟通条件，建设江淮运河。

（二）实施京杭运河航道建设和船闸扩能工程，系统建设长江三角洲地区高等级航道网络

苏南运河“四改三”航道整治工程全线交工通航。芜申线、丹金溧漕河、锡溧漕河、湖西航道、盐河、新戴运河、戴埠河（田舍桥—长木桥）等航道整治工程和淮河水

上旅游线路、金宝线入江水道段（中泓—东偏泓连接段）等航道疏浚工程，以及高良涧船闸、古泊河船闸、成子河船闸、房亭河刘集船闸、大柳巷船闸、蔺家坝船闸、秦淮河船闸等扩容改造工程加快推进。长三角高等级航道及京杭运河水系智能航运信息服务示范应用示范工程（简称“船联网示范工程”）加快建设。

2014年，云南省新增航道里程200.96公里，贵州省新增四级航道419.5公里，四川省新增三级航道71公里，重庆市新增航道里程22公里（新开通小安溪航道），湖北省新增三级航道75公里，江西省新增二级航道175公里、三级航道38公里，安徽省新增三级航道87.5公里（长江汉江航道开通），江苏省新增干线航道达标里程208公里，浙江省新增航道里程22公里。

2.2　港口建设和功能提升

2.2.1　内河港口泊位和能力状况

2014年末，长江经济带11省市内河港口共拥有生产性泊位23355个，占全国内河港口的90.3%；散货、件杂货物年综合通过能力34.58亿吨，集装箱年综合通过能力2110.37万TEU。

2014年长江经济带11省市内河港口生产用码头泊位和能力基本情况表　　表2.2-1

省（市）	全社会生产用码头泊位		综合通过能力			
	泊位个数（个）	码头总延米（米）	散货、件杂货物（万吨）	集装箱（万TEU）	旅客（万人）	汽车（万辆）
合 计	23355	1305812	345784	2110.37	26031	463.7
云南省	190	8840	457		1549	
贵州省	415	24701	1746		3129	
四川省	2149	79836	8438	218	6387	
重庆市	824	70501	11500	370	5829	149
湖北省	1940	156605	30283	191	3510	180
湖南省	1853	82956	16869	80	2505	
江西省	1756	68163	16128	40	780	
安徽省	1344	88536	50161	67.87	806	72
江苏省	7326	455294	152677	1086.5	639	62.7
浙江省	3596	174501	36795	57	879	
上海市	1962	95879	20730		18	

长江干线港区共拥有生产性泊位3742个，散货、件杂货物年综合通过能力17.75亿吨，集装箱年综合通过能力1883.85万TEU。其中，万吨级以上的码头泊位397个（江苏省385个，新增投产24个；安徽省12个，新增投产3个）。

2014年长江干线港口生产用码头泊位和能力基本情况表 表2.2-2

	生产用码头泊位		综合通过能力				
	码头泊位数（个）	码头总延长（米）	散货、件杂货（万吨）	集装箱（万TEU）	旅客（万人）	重载滚装车辆（万辆）	商品滚装车辆（万辆）
合计	3742	400346	177518.6	1883.85	10129	187	245.7
云南省	17	900	234		60		
四川省	131	11185	2488	150	383		
重庆市	527	60671	10697	370	5552	73	76
湖北省	1155	106190	23657	191	3194	114	35
湖南省	62	6004	2974	33			
江西省	163	16803	8819	35	320		
安徽省	544	45547	33861.6	55.35	591		72
江苏省	1143	153046	94788	1049.5	29		62.7

2.2.2 港口及航运服务集聚区建设

（一）航运中心建设

（1）上海国际航运中心建设

2014年，上海以《国务院关于促进海运业健康发展的若干意见》为指导，以中国（上海）自由贸易试验区建设扩围为契机，重点突出航运制度创新和依法监管服务，不断优化航运市场资源配置，推动上海国际航运中心建设迈向更高能级。

上海海事局牵头开展了洋山港“雾航”实船试验，实施开展能见距离500米时大型集装箱船舶进出洋山港实船试验，提升洋山港全天候通航能力。同时，设计年通过能力为630万TEU的洋山深水港区四期工程于12月23日正式开工，该工程的建设将进一步推动上海港港口生产力的释放。上海自贸区获批以来，上海着力推进自贸区航运领域开放政策。允许外商以独资形式从事国际航运货物装卸，放宽国际海上集装箱站和堆场业务、公共国际船舶代理业务外方持股比例至51%，并扩大启运港退税政策试点范围。截至2014年，共有5家外资新设船舶管理企业落户自贸区，在沪航运保险运营中心达到9家，上海航运保险协会成功推出首个协会条款，航运金融服务功能开始显现。近年来，中国船舶动态监控中心、上海船员评估示范中心、上海国际航空仲裁院、中国贸促会上海海损理算中心等重点航运服务机构相继落户上海，上海的航运服务能力进一步提升。市场监管和信息服务方面，国内水路集装箱班轮运价备案正式实施，国际海运集装箱班轮运价备案进入了精细化备案模式。

（2）武汉长江中游航运中心建设

2014年，湖北省政府批复实施《武汉长江中游航运中心总体规划纲要》；武汉市政府审议并原则同意《武汉长江中游航运中心核心区建设规划（2030年）及近期实施计划

（2014-2020年）》，并成立武汉市航运中心建设工作领导小组，出台《关于加快长江中游航运中心建设工作的意见》。

武汉长江中游航运中心建设，以加快港航基础设施建设、打造综合交通运输枢纽、构建现代航运服务体系、加快形成临港产业集群、做大做强市场主体等五项任务为重点。加快建设武汉新港阳逻港区三期工程、三江港区综合码头一期工程等，花山港区一期工程正式开港。进一步夯实武汉至上海洋山港"江海直达"航线、推进"泸—汉—台"航线常态化，开通运行武汉—东盟四国（泰国、柬埔寨、越南、老挝）试验航线。恢复开通"汉新欧"铁路国际货运班列。申报建设武汉新港空港综合保税区并启动阳逻港口物流园一期项目建设，启动武汉航运交易所相关筹建工作，推动武汉新港襄阳陆地港项目，推动武汉新港公共物流信息平台数据互联互通。推进武汉、黄石、鄂州、黄冈、咸宁5市港航资源整合工作，组建集建设投资、港航经营、航运物流为一体的长江中游最大的"港航集团"。

（3）重庆长江上游航运中心建设

2014年，重庆市大力发展以港口为节点的铁公水多式联运，加快形成重庆航运总部经济，做大江海联运市场，延伸物流链条，拓展水运腹地，依托渝新欧铁路提升对西部内陆地区江海联运的中转枢纽功能，重庆长江上游航运中心初现雏形。

果园港进港铁路专线开通试运行，与渝新欧国际铁路联运专列对接。中国远洋集团旗下的中远西南物流正式落户重庆。国务院批复同意在两路寸滩重庆保税港区开展调整相关税收规定，促进贸易多元化试点。重庆交通电子口岸信息平台正式上线运行，并与上海电子口岸信息服务平台和长江航运物流公共信息平台互联。船东互保协会、融资担保公司组建成立，人才培养、航运金融等综合服务体系日趋完善。

（4）南京区域性航运物流中心建设

在2013年南京市政府批复《南京长江航运物流中心规划》基础上，2014年编制完成了《关于完善南京长江航运物流中心建设体系加快打造区域性航运物流中心三年行动计划（2015-2017年）》和《南京长江航运物流中心建设与发展政策建议》。

南京区域性航运物流中心的建设，以港口码头、集疏运体系、物流园区和航运服务支撑体系为重点。续建西坝港区五期、七坝港区钢铁件杂码头等工程，推进龙潭综合物流园和南京长江国际航运物流服务中心建设，引导港航类管理机构及企业入驻。积极开展南京航运交易所研究和"智慧港口"公共信息服务平台建设，编制《南京航运交易所发展规划》，完成南京市船舶交易经营管理服务有限公司股权变更等工作。南京龙潭港成为适用启运港退税政策的启运地口岸。推动企业提升与上海等沿海港口合作层次，扩大与长江中上游及支流港口合作范围，重点发展集装箱运输，开辟台湾等近洋航线，建设江西等内陆港，构建集装箱集拼分拨中心。加快发展铁水联运，拓展浦口集装箱多式联运基地外贸集装箱中转功能，开通"南京—中亚"国际集装箱专列。与泸州签订《港口物流发展战略合作框架协议》，开通“泸—宁”和“泸—宁—韩”集装箱班轮航线。

（二）其他港口及航运服务集聚区建设

长江上游：四川省宜宾、攀枝花、泸州、乐山、凉山州，以及云南省昭通，贵州六盘水、毕节等八个市州，签署“构建长江源头航运中心共识”，共同建设长江上游航运物流中心，内容包括强化交通基础设施建设，优化生产力布局，构筑沿江城市群，航运与水电开发并重，流域开发与环境保护并重，建立长效合作机制等。泸州港围绕打造“长江上游川滇黔航运物流中心”的战略目标，强化基础设施，重点推进集装箱、煤炭、化工等主要货类专业化公共码头建设；成立泸州港“昆明内陆港”，将港口服务功能前移至昆明。

长江中游：宜昌港围绕打造“三峡物流中心”和“三峡航运中转中心” 的战略目标，三峡枢纽港区建设有序推进，宜昌长江干支流岸线规范整治全面启动，三峡现代物流中心基础设施建设项目获世界银行2亿美元贷款支持，三峡翻坝物流园建设上升为省级战略，白洋港一期、茅坪港二期加快建设。湖南省着力打造长株潭港口群和岳阳港两个省级航运中心，推进沿江沿湖港口集群发展。江西省围绕把九江港建成“江西通江达海的枢纽港”的战略目标，大力推进南昌港和九江港一体化。

长江下游：安徽省加快建设马鞍山郑蒲港，打造江海联运的枢纽中心；加强芜湖港与上港集团合作，打造安徽省国际集装箱枢纽港和上海洋山港重要的喂给港，推动芜湖形成具有船舶及船舶配件交易、金融服务、船员市场、航运电商、船舶研发等多功能的航运服务集聚区；启动安庆港中心港区总体规划修编工作，拟规划建设安庆新港；打造江淮流域合肥内河航运中心。合肥港综合码头二期工程正式投入使用，并拟结合江淮运河建设，打造江淮航运枢纽。江苏省全年新建成万吨级以上泊位21个，新增通过能力9000万吨。

2014年，长江经济带11省市内河港口新增散货、件杂货物吞吐能力1.96亿吨，新增集装箱吞吐能力101.37万TEU。

2.2.3 港口集疏运体系和多式联运工程建设

长江经济带区域范围内现有武汉、上海、宁波、成都、重庆、昆明等铁路集装箱中心站，以港区、保税区、铁路中心站等构成的铁水联运物流枢纽正在成型，以沿海、内河主要港口为龙头，铁水联运物流网络不断完善。继“渝新欧”、“蓉欧”国际铁路集装箱班列开行后，2014年重新开通“汉新欧”铁路集装箱国际班列。

连云港至阿拉山口沿线地区，宁波至华东地区，深圳至华南、西南地区等首批启动的集装箱铁水联运通道示范项目加快发展。连云港港开辟经霍尔果斯出境的陆桥第二通道，开行至郑州、西安、阿拉山口等地“五定”班列，与中西部15个省区实现一次报关报检、查验、放行，成为广阔而纵深的中西部腹地最为便捷的出海大门。宁波港开通了至义乌、台州、金华、绍兴、衢州及浙江省外的南昌、上饶、鹰潭、景德镇、萍乡、新余、西安、襄阳等地的集装箱班列。深圳至重庆、长沙等地集装箱铁水联运示范项目，持续深挖腹地市场。

继泸州—昆明铁水联运集装箱班列开通后，新开通泸州—成都铁水联运集装箱班列，并计划开通泸州—攀枝花铁水联运集装箱班列。重庆港果园港区和“渝新欧”铁路连通；万州港区继开通“蓉万”铁水联运集装箱快班列后，开通了“陕煤入渝”铁水联运班列。湖北省加快推进“北煤南运”多式联运通道和武汉—长江中上游地区集装箱铁水联运示范项目。目前，计划2015年将江北铁路香炉山集装箱场站与阳逻港区间实现港站一体化。湖南岳阳煤炭储备基地与后方铁路支线（松阳湖）项目加快推进。江西省加快推进南昌、九江重点港区的铁路专用线、公路连接线建设，畅通多式联运通道，促进九江港、南昌港一体化发展。安徽合肥—浙江宁波集装箱海铁联运线路于2015年1月正式开通。

长江干线六省一市港口企业，有铁路专用线的共17家；其中，与铁路直接衔接的码头泊位数69个，港区铁路专用线长度103.52公里，装卸作业线94条，年通过能力9895万吨。

长江干线港口铁水联运码头泊位基础设施状况

表2.2-3

地 区	拥有铁路专用线的港口企业（个）	与铁路直接衔接的码头泊位数（个）	港区铁路专用线长度（公里）	装卸作业线数量（条）	年通过能力（万吨）
四川省	1	6	1.41	3	1000
重庆市	3	12	29	17	1000
湖北省	3	15	6.62	28	1400
湖南省	3	4	7.5	5	500
江西省	4	10	4	9	1500
安徽省	1	8	14.94	7	2150
江苏省	2	14	40.05	25	2345
合计	17	69	103.52	94	9895

2.2.4 海关特殊监管区和口岸建设

区域通关一体化改革：自9月22日起，海关总署（2014年第65号公告）在上海、南京、杭州、宁波、合肥、南昌、武汉、长沙、重庆、成都、贵阳、昆明海关启动长江经济带海关区域通关一体化改革，建立区域通关中心，构建统一的申报平台、风险防控平台、专业审单平台和现场接单平台；自12月1日起，海关总署（2014年第84号公告）将区域通关一体化改革拓展到长江经济带所有海关。目前，长江经济带涉及9省2市12个直属海关，区域内进出口货值占全国总量的41%，报关单量占全国的47%。

启运港退税政策启运地口岸：9月1日起启运港退税政策试点范围扩大。目前，适用启运港退税政策的长江沿线启运地口岸有：南京市龙潭港、苏州市太仓港、芜湖市朱家桥港、九江市城西港、武汉市阳逻港、岳阳市城陵矶港等6个。

海关特殊监管区域：四川宜宾港保税物流中心（B型）基本建成；泸州港保税物流中心（B型）获批设立。重庆万州区公用型保税物流中心（A型）获批设立。湖北申报建设武汉新港空港综合保税区、襄阳风神物流保税中心，宜昌三峡保税物流中心（B型）开工建设，黄石棋盘洲保税物流中心（B型）封关运行。湖南岳阳城陵矶综合保税区、进口肉类指定口岸、汽车整车进口口岸三大口岸平台成功获批，衡阳综合保税区封关运行，申报建设株洲保税物流园区。江西省申报建设九江城西保税港区。安徽合肥综合保税区获批设立。

自由贸易试验区：上海自贸试验区加快各项制度创新探索，交通运输部门加快推进上海国际航运中心建设，探索创新具有国际竞争力的航运发展制度和模式，形成可复制、可推广的经验。重庆、湖北武汉、安徽合芜马（合肥、芜湖、马鞍山）、江苏苏州等积极申报自由贸易试验区。

2.3 船舶运力结构调整优化

2.3.1 船舶运力总体情况

2014年末，长江经济带11省市拥有水上运输船舶12.55万艘，比上年末减少3.0%，占全国水上运输船舶的73.0%；净载重量15810.26万吨，比上年增长7.8%，占全国的61.3%；载客量55.44万客位，比上年减少2.4%；集装箱箱位161.15万TEU，比上年增长60.0%；船舶功率4642.31万千瓦，比上年增长11.2%。其中，机动船11.43万艘，比上年减少2.6%，驳船1.12万艘，减少6.4%。

2014年长江经济带11省市水上运输船舶拥有量 表2.3-1

省（市）	船舶数（艘数）	其中		载客量（客位）	净载重量（吨位）	标准箱位（TEU）	总功率（千瓦）
		机动船艘）	驳船（艘）				
合计	125536	114334	11202	554428	158102615	1611470	46423056
云南省	1010	1008	2	21937	124277	0	102953
贵州省	2234	2209	25	52450	131130	0	159400
四川省	7642	6564	1078	83672	1146567	5581	527405
重庆市	3531	3478	53	74757	5575311	65788	1564281
湖北省	4744	4500	244	45671	7632938	23368	1865489
湖南省	7362	7323	39	73559	3356012	4130	1268431
江西省	3775	3761	14	9876	2354112	2874	722264
安徽省	29497	27938	1559	14727	36803154	44442	9294436
江苏省	46158	38368	7790	44150	40901009	45300	10281356
浙江省	17781	17447	334	78133	24053074	19207	6568896
上海市	1802	1738	64	55496	36025031	1400780	14068145

备注：统计范围为从事水上客、货运输活动的我国企业或私人拥有的营业性运输船舶，统计对象为按船舶所有权在本省市注册的船舶，下同。

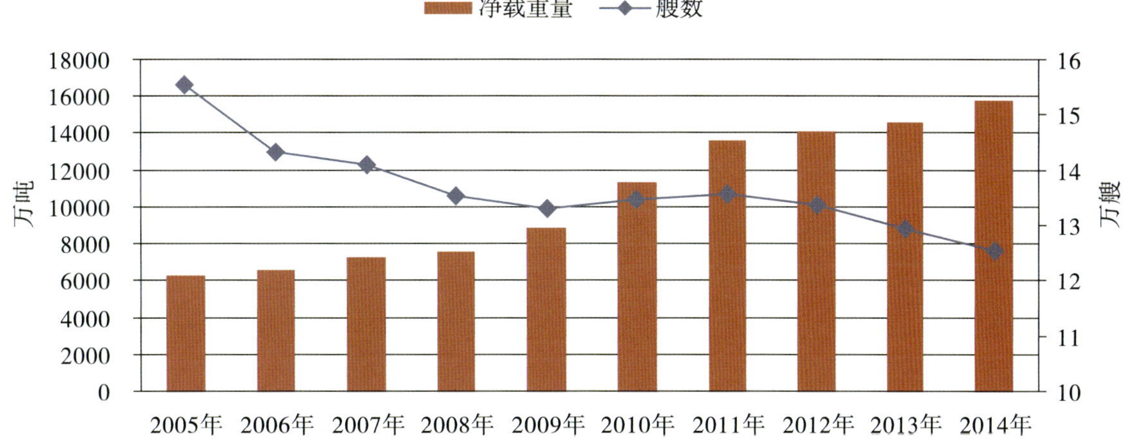

图2.3-1 2005-2014年长江经济带11省市水上运输船舶拥有量变化情况

按航行区域分，2014年末，内河运输船舶数11.64万艘，载客量49.1万客位，净载重量8555.34万吨，比上年末分别减少5.5%、 6.9%和增长8.7%；沿海运输船舶数5905艘，载客量3.74万客位，净载重量4235.58万吨，比上年末同比分别增长1.5%、减少5.5%和增长10.0%；远洋运输船舶数524 艘，净载重量3003.16万吨，比上年末同比分别增长7.3%、2.6%。

（一）客运船舶

2014年底，长江经济带11省市拥有客运船舶（包括客船、客货船，不含客运驳船）12074艘、554208客位，比上年末同比分别增长1.3%、减少2.4%。其中，内河客运船舶艘和载客量分别为11888艘和516475客位，比上年末同比分别增长1.4%、减少2.1%。

2014年长江经济带11省市客运船舶运力情况 表2.3-2

省（市）	合　计		其中：内河	
	艘舶数（艘）	载客量（客位）	艘舶数（艘）	载客量（客位）
总计	12074	554208	11888	516475
云南省	826	21937	826	21937
贵州省	1681	52450	1681	52450
四川省	2547	83672	2547	83672
重庆市	1021	74757	1021	74757
湖北省	899	45671	899	45671
湖南省	2508	73339	2508	73339
江西省	286	9876	286	9876
安徽省	511	14727	511	14727
江苏省	363	44150	353	43453
浙江省	1294	78133	1120	41462
上海市	138	55496	136	55131

注：包含客船、客货船，不含客运驳船。

（二）货运船舶

2014年底，长江经济带九省二市拥有货运船舶（包括货船、驳船）运输船数和净载重量分别为111627艘和15794.85万吨，与上年末同比减少3.4%和增加7.9%。其中，内河货运船舶数和净载重量分别为105384艘和8556.11万吨，与上年末同比减少3.9 %和增加8.7%。

2014年长江经济带九省二市货运船舶运力情况 表2.3-3

省（市）	合　计			其中：内河		
	艘船数（艘）	净载重量（吨）	平均净载重量（吨/艘）	艘船数（艘）	净载重量（吨）	平均净载重量（吨/艘）
总计	111627	157948491	1415	105384	85561119	812
云南省	182	113379	623	182	113379	623
贵州省	553	131130	237	553	131130	237
四川省	4919	1146567	233	4919	1146567	233
重庆市	2489	5575131	2240	2487	5551724	2232
湖北省	3710	7632937	2057	3487	5776910	1657
湖南省	4806	3355694	698	4770	3089591	648
江西省	3484	2354112	676	3439	2153242	626
安徽省	28831	36801946	1276	28433	35201022	1238
江苏省	44636	40845683	915	43278	28472633	658
浙江省	16403	24045065	1466	13214	3558778	269
上海市	1614	35946847	22272	622	366143	589

货运船舶平均净载重量1415吨/艘，同比增加11.7%；内河货运船舶平均净载重量812吨/艘，同比增加13.1%。其中，长江干线货运船舶平均吨位达到1260吨，三峡库区货船平均吨位达到2700吨，同比分别增长7.7%、8.4%。

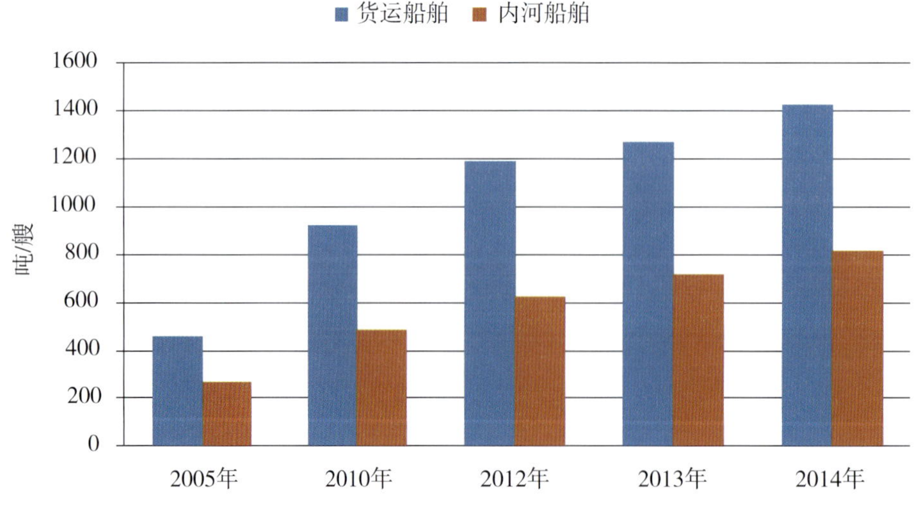

图2.3-2　2014年长江经济带11省市货运船舶平均吨位

2014年底，长江经济带11省市拥有集装箱运输船舶723艘，标准箱位132.17万TEU，与去年同比减少14.9%和增加39.1 %；平均箱位1823TEU/艘，与去年同比增加63.5 %。其中，内河集装箱运输船舶317艘，标准箱位4.48万TEU，与去年同比分别减少30.2%，47.2%；平均箱位141TEU/艘，与去年同比减少24.3 %。

2014年长江经济带11省市集装箱运输船舶运力情况 表2.3-4

省（市）	集装箱船		其中：内河	
	运输船舶（艘）	标准箱位（TEU）	运输船舶（艘）	标准箱位（TEU）
总计	723	1321651	317	44814
云南省	0	0	0	0
贵州省	0	0	0	0
四川省	21	2734	21	2734
重庆市	67	18565	67	18565
湖北省	10	1447	10	1447
湖南省	24	3363	24	3363
江西省	1	94	1	94
安徽省	41	9225	26	4310
江苏省	115	37924	51	5477
浙江省	72	18098	43	1887
上海市	372	1230201	74	6937

注：仅统计机动集装箱运输船舶，不包含驳船。

2.3.2 推进船型标准化

为加强内河船型标准化补贴资金管理，提高资金使用效益，交通运输部制定并印发《内河船型标准化补贴资金管理办法》，并开展老旧运输船舶和单壳油轮报废更新政策实施工作。长江航务管理局制定实施了《加快推进“十二五”期长江水系船型标准化工作方案》，积极推动新建标准示范船型，三峡船型、江海直达船型和清洁能源动力船舶等推广应用。

长江干线省级部门审核批准列入拆解改造计划的船舶累计2802艘、约116万总吨、174万载重吨，核准补贴资金5.48亿元（中央财政资金约3.25亿元），实际拆改完工船舶893艘、约23万总吨、35万载重吨。全年开工新建41艘三峡船型、57艘LNG动力船。

2.3.3 从严审批，严控新增运力

从严审批新增客运企业、运力和航线，停止新增单船公司。

鼓励和引导企业采取兼并重组等市场化运作方式，实现规模化、专业化经营。

严格危险品运输市场准入。长江航务管理局制定了《关于做好长江水系省际液货危

险品运输企业和船舶行政许可前公示的通告》和《关于开展长江液货危险品运输船舶新增运力许可前核查的通知》，建立了对拟从事省际液货危险品运输的企业和船舶的相关事项实行许可前公示及核查的制度，将企业安全达标等级与运力发展相结合，鼓励一级达标企业发展壮大。印发了《关于规范长江液货危险品船舶改建增加运力管理工作的通知》，强化了市场宏观调控，严格禁止老旧液货危险品船改建增加载货能力，严格禁止将普通货船改建为液货危险品船，严格禁止在不同种类的老旧危险品船之间进行改建。

2.4 健全智能服务和安全保障系统

2.4.1 智能信息化服务系统建设

（一）数字航道建设

长江数字航道建设取得突破。长江干线兰家沱至鳊鱼溪、鳊鱼溪至大埠街段数字航道建设交工验收并试运行，大埠街至上巢湖、上巢湖至浏河口数字航道建设工程开工建设。

（二）综合服务信息平台建设

长江航运物流公共信息平台建设试点工程通过竣工验收，“长江航运物流公共信息平台”正式上线运行启用（www.cjhywl.com）。

长江海事局长江武汉水上监管搜救综合训练和船员考试评估基地一期工程、长江海事局内河船员计算机终端考试系统工程、长江海事船舶协同监管和信息服务系统工程、长江航运数据通信网升级改造工程、长江航运支持保障会议电视系统整合工程、长江江阴干支甚高频联动工程等投入使用。

三峡升船机航运调度系统建成投运，系统涵盖了申报、安检、到锚、计划、发航、执行及统计等主要功能。

四川省公路水路交通应急指挥及抢险救助保障系统（一期）信息工程通过交工验收，水路运政管理信息系统投入使用。重庆市水路运输政务管理系统完成功能更新，港口信息管理系统通过终评，率先建成全国内河首个船员执业档案备案管理系统；重庆交通电子口岸新信息平台正式上线运行，与上海电子口岸信息服务平台和长江航运物流公共信息平台互联。江西省港航局办公自动化（OA）系统（二期）建设项目竣工验收。江苏省地方海事数据中心及交换平台试运行，张家港市内河港口信息管理平台投入运行，江苏省交通地理信息服务平台升级工程可行性研究报告通过审查。

2.4.2 水上安全监管和应急救助体系建设

（一）长江海事局辖区

（1）通信监管指挥系统建设

完成了铜陵、安庆、宜昌、武汉（扩建）、黄石、荆州、岳阳、九江以及三峡库区重庆段二期等VTS工程，下属二级局基本建成VTS中心、雷达站点、VHF通信基站，全线所有分支局均实现了重点水域VTS系统的布点建设，长江干线安徽段还实现VTS全覆盖。

通过长江干线重庆永川至朝天门AIS工程与AIS一期工程建设，长江干线重庆永川至浏河口实现了AIS全覆盖。在武汉建设1 个AIS 一级管理中心，在芜湖、武汉、宜昌、重庆分别建设1 个AIS 二级区域管理中心；与长江干线VHF 同址建设马鞍山等34个AIS 基站，与石牌雷达站同址建设1 个AIS 基站，新建金竹等12 个AIS收发基站、鱼嘴等16 个单接收站；开发了AIS应用系统。

通过上述信息化工程建设，长江海事局辖区实现了船舶交通管理系统（VTS）覆盖重点港（桥）区、船舶自动识别系统（AIS）连续覆盖重庆以下水域、视频监控系统（CCTV）有效覆盖部分重点水域、全球定位系统（GPS）覆盖重点船舶，对全辖区实施全天候可视化动态监管，实现全面准确掌握重点船舶的实时动态，做到“全面覆盖、有效监管”，现代监管能力和水平明显增强。

（2）巡航救助应急系统建设

监管救助综合基地、基地、站点布局建设不断完善、衔接有效。基本建成了重庆、万州、武汉、九江和芜湖综合监管救助基地，建成了巫山等10个监管救助基地和一大批巡航救助站点接岸设施工程，基本实现了国家水上安全规划中辖区综合基地的布局，进一步完善了应急救助站点的布局，提升了综合基地的功能。

截至2014年，按照“40、30、20”船舶建设标准，进一步加大标准化船艇建设力度，共计建造各类海巡船（艇）36艘，其中40米级巡航救助船4艘，30米级巡航救助船5艘，20米级玻璃钢巡航救助船17艘，15米以下巡逻艇5艘，20米引航交通船4艘；同时开发了30米B型巡航船、15米玻璃钢海巡艇和30米引航交通艇三种新船型，进一步优化了船舶配备结构。

三峡库区应急救助打捞装备启动建设，深潜抢险作业深度达60米。

长江海事局通过上述建设，形成了“布局合理、重点突出、巡救结合”的全方位覆盖、全天候运行、反应快速的巡航救助应急系统。

（3）海事信息网络和应用情况

长江干线上海至水富段船岸甚高频通信系统（VHF）基本实现了连续覆盖，并覆盖部分干支交汇水域。干线宜宾至上海段光传输系统全线贯通，航运专用通信主干传输通道已初步形成，基层站点用户光纤接入达到80%。

长江海事船舶协同监管和信息服务系统工程建成并投入使用，基本实现了船舶监管信息在长江海事辖区内、长江海事局与其他部分海事机构之间的共享与船舶管理业务的联动，为提高长江海事监管和服务水平提供信息支撑。实现与全国AIS中心内河船舶数据交换，云数据中心初具规模，启动统一身份认证系统建设，推行信息系统使用“实名制”。长江海事局信息安全等级保护工程基本建成，保障了重要业务信息系统安全稳定运行。

（4）防污应急体系建设

建成了岳阳、武汉、九江、芜湖船舶溢油应急设备库工程，重庆、万州船舶溢油应急设备库完善工程开始实施，长江海事局中型溢油回收船在武汉海事局投入使用。通过上述建设，重庆、万州、武汉等重点通航水域船舶一次性溢油控制清除能力达200吨，三峡坝区水域船舶一次性溢油控制清除能力达100吨，芜湖、九江、岳阳等通航水域船舶一次性溢油控制清除能力达50吨，长江海事局专业化溢油清除和应急处置体系基本建成。

（二）地方海事辖区

近年来，地方海事部门加快了通信监管指挥系统和综合执法基地的建设，在重点水域的监管和救助能力明显提高。

四川加快推进全省码头及船载视频、船舶自动识别系统（AIS）建设及整合工程，全省视频监控点累计达1515个，其中码头视频665个、船载视频850个，出川船舶船载AIS终端设备全部安装完成，免费为航行于长江、岷江、渠江、嘉陵江等四级航道内的客渡船、危险品船安装AIS船载终端600套，建成AIS岸台基站11个。

重庆完成嘉陵江航道视频监控系统三期工程，启动嘉陵江、乌江船舶自动识别系统建设，推进水上交通综合信息平台和重点船舶专项附加检验动态信息系统建设，开展“精度造船”和“数控套料”等技术示范项目。其中，大宁河AIS系统已投入试运行，建有巫山、大昌、双龙3座基站，配置60套A类AIS船台设备。

湖北省启动渡船北斗监控系统项目建设，超过1400艘客渡船将装上北斗导航监控系统，将有效实现全省内河重点渡口、重点渡船和重要航道全覆盖，形成“全天候、远程化、数字化、实时化”的渡运安全监管体系。

江西省推动“智慧海事”试点工作，港口和运政管理系统实现试运行，建成全省港航系统预警预控信息平台和仙女湖视频监控系统，全面实施南昌—湖口Ⅱ级航道CCTV视频监控系统工程，完成布局AIS试点省推广应用，安装了第二批50台内河船舶自动识别系统（AIS）。

安徽省2014年基本完成合裕线水上交通支持保障系统（一期）的建设，2015年将开工建设沙颍河水上交通管理与应急服务系统。截至2014年，VPN专网覆盖到基层站所，共有工作趸船59艘，海巡艇227艘。

江苏省完成内河船舶身份识别与轨迹传感器研发，实现了远程实时船舶身份的识别、航行轨迹和航向信息的采集。

2.4.3 长江干线治安防控体系、消防及应用系统建设

长江航运公安局加快推进苏州分局和芜湖分局警备码头、南通等趸船码头、上海

分局宝山派出所、南京警犬繁殖和训练基地以及交通公安警务技能训练基地等建设工程，加快推进磨盘溪水上消防治安综合检查站建设工程前期工作。江安、泸州、长寿、奉节、三峡船闸、宜都、彭泽、下关、江阴等派出所公安巡逻船，12艘船艇已完工交付使用，2艘船艇建造接近尾声，13艘船艇在开展机电设备安装和船舶舾装；400吨级消防船，船体已下水，正在进行机电设备安装。截至2014年底，公安系统共有9处警备码头，43处派出所趸船；拥有各类船艇102艘，其中巡逻船艇90艘，消防船艇12艘。同时，专用技术装备、刑事科学技术装备等公安装备逐步完善。

开展南京以下区段治安防控视频监控系统工程可行性研究，积极推进重点部位和重点水域视频监控建设。目前，已建或在建设施主要有长江航运公安110调度指挥系统、GPS监控系统、350兆无线调度通信系统等工程。350兆警用无线通信系统干线水域覆盖率达98%，应急移动通信、卫星通信设施初具规模。长江警务通及公安警务信息查询系统和长江航运公安金盾信息网基本建成，基层所队接入网覆盖率达到100%，民警联网计算机拥有率超过100%，信息化基础设施日趋完善。

长江干线水域重点区段、重点场所的监控、安全检测设施初具规模，警备码头、基层站点等快速反应、执法备勤设施布局进一步扩展，刑侦、治安、消防等警种常规装备体系初步形成，公安巡逻船艇整体结构逐步完善，执法力度与科技手段进一步增强，案件处置能力明显提升，初步形成了重点水域敏感时段常态化安检机制。

2.5　水运建设管理

2.5.1　内河水运建设投资

2014年，长江经济带11省市完成内河水运建设投资450.37亿元，占全国内河建设投资的88.6%，比上年下降3.9%。

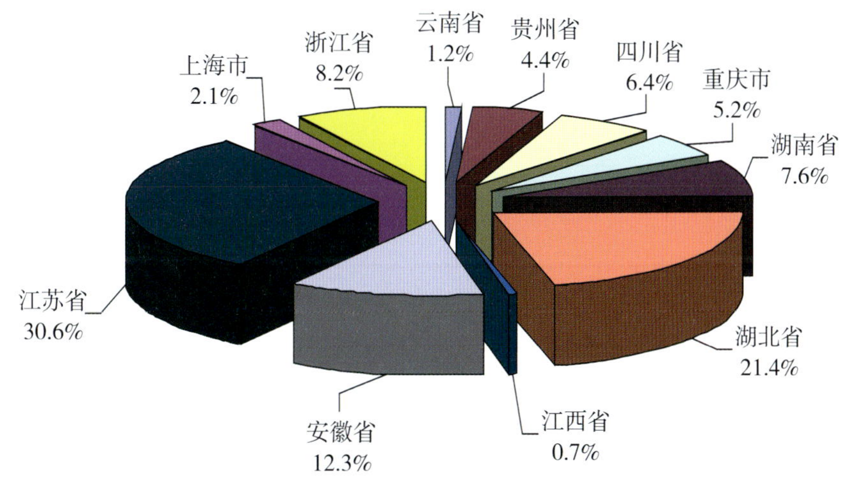

图2.5-1　2014年长江经济带11省市内河水运建设投资所占比例

2014年，长江航务管理局编制完成了《长江航运发展规划纲要（2014—2030年）》、《长江航运信息化发展规划》两个中长期发展规划，研究提出了《长航局服务长江经济带发展重大项目、重大工程、重大政策建设和2015—2017年三年行动计划》，编制完成了长航局“十三五”规划编制初稿，开展了40项规划专题研究论证。全年长航局系统共落实建设项目预算34.8亿元，完成投资32.3亿元。其中，航道整治工程投资20.87亿元，占系统内完成总投资的64.6%。长江海事局、长江航道局预算执行率分别为96%和95.3%。

2.5.2 建设市场监管

不断深化招标投标监督管理。依据招标投标相关法律法规，加强对招标方案、招标文件及招标备案资料的审核，加强招标全过程的监督与指导，全面实施招标工作的网上办理，方便了基层单位，提高了工作效率。长航系统全年完成建设项目招标标段100个，累计中标金额10.7亿元。完成长江水运工程建设市场信用信息管理系统与地方进场交易平台的对接，建设项目招投标全部进入地方公共资源交易市场，组建了长江航运建设工程专家库等。

加强长江水运建设市场信用体系建设。认真做好长江水运工程建设市场信用系统运行管理，加强了市场责任主体、从业人员和建设项目的录入、审核和发布工作。组织开发《长航局系统水运工程设计和施工企业信用评价管理系统》，实现了长江航务管理局与交通运输部部级系统连通，也实现与备案系统和信用系统的数据整合与共享。进一步加大建设市场违规违法行为的处罚力度，逐步建立“守信激励、失信惩戒”的体制机制，不断健全市场诚信体系。

2.5.3 工程质量监督管理

进一步完善工程质量和安全管理规章制度，落实工程质量和安全责任，质量安全监管能力持续提高，监管措施不断创新。全面推行大型水运工程施工标准化，不断深化“平安工地”建设，突出开展了安全生产月活动和百日安全生产活动。以长江中游荆江河段航道整治工程和长江南京以下12.5米深水航道一期工程为重点，建设工程项目整体质量得到了稳步提高，工程质量处于受控状态，安全形势总体稳定。长江中游荆江河段航道整治工程综合督查得到交通运输部好评。长航系统在建项目工程监督覆盖率基本达到100%，工程整体质量安全状况处于受控状态，单位工程验收合格率达到100%，未发生等级以上质量安全事故。长江中游荆江河段航道整治工程昌门溪至熊家洲段工程、武汉新港阳逻港区三作业区一期工程起步阶段工程被列入第四批部级“平安工地”示范创建项目，长江下游马当南水道航道整治工程获得交通运输部和国家安全监管总局首批联合颁发的公路水运建设“平安工程”冠名。

第3章 航运服务发展

3.1 市场宏观形势

3.1.1 长江航运景气情况

根据上海国际航运研究中心发布的中国航运景气报告，2014年中国航运景气指数总体上在景气临界点区间震荡，前两个季度处于不景气区间（指数分别为90.39和93.87）但势头趋好，三季度回升到景气区间（指数为103.77），四季度有所下滑但仍处于景气区间（指数为100.71），各类航运企业中的集装箱运输企业以及港口企业的景气指数保持在景气分界线之上。中国航运信心指数一直处在微弱不景气区间，最高为95.58点，仅港口企业信心指数保持在景气分界线之上。

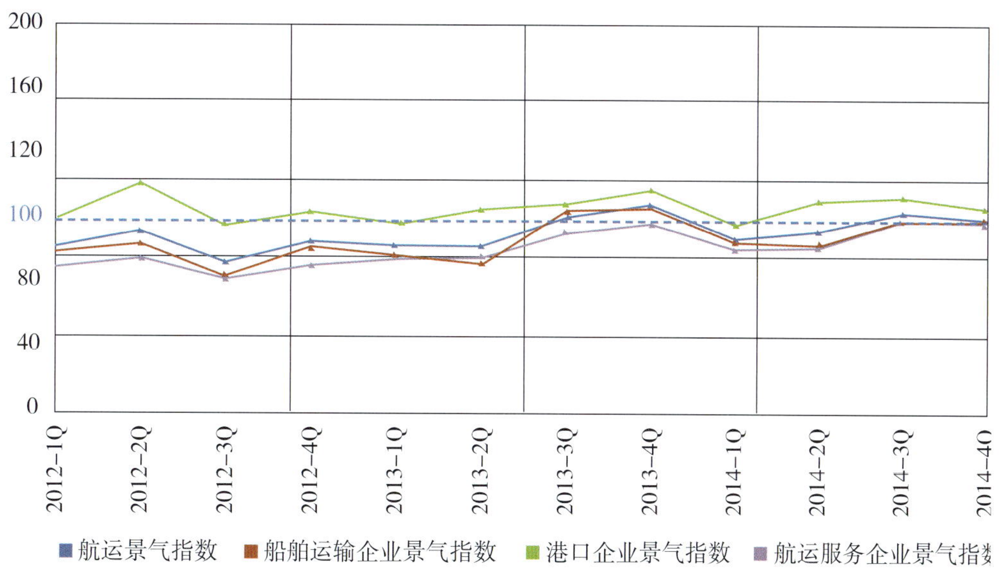

图3.1-1 中国航运景气指数

根据长江航运指数办公室发布的长江航运景气调查报告，2014年长江航运景气水平稳步回升。1~4季度景气指数分别为95.89点、103.25点、101.13点、103.60点，其中1~3季度分别比上年同期上升10.60点、7.78点和2.93点，4季度景气水平与上年同期相当；企业信心指数总体有所增强，且全年处于景气区；1~4季度信心指数分别为101.81点、105.62点、102.34点、103.41点，与上年同比分别增加18.26点、11.70点、12.37点和1.47点。

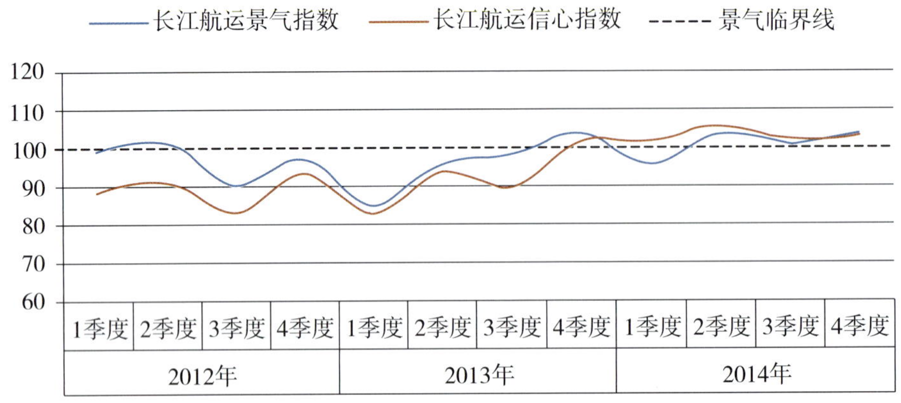

图3.1-2　长江航运景气指数和信心指数

从企业类型看，港口企业景气指数高于航运企业；从区域分布看，下游景气水平要好于上、中游；从运输分类看，货运景气水平好于客运；从主要运输货种看，干散货运输景气指数低于液体散货运输，液体散货运输低于集装箱运输。

2014年长江航运景气指数和信心指数　　表3.1-1

项　目	第一季度	第二季度	第三季度	第四季度
长江航运景气指数	95.89	103.25	101.13	103.60
长江航运信心指数	101.81	105.62	102.34	103.41
航运企业景气指数	89.19	96.99	99.45	98.86
港口企业景气指数	101.81	108.78	102.61	107.79
上游航运景气指数	76.28	103.68	98.06	100.10
中游航运景气指数	100.69	99.20	101.86	103.24
下游航运景气指数	101.28	104.78	103.47	105.07
客运景气指数	88.96	86.85	108.04	84.49
货运景气指数	96.16	106.83	98.83	105.67
其中：干散货	95.03	101.96	94.19	105.11
液散货	103.18	109.97	107.66	106.30
外贸	101.74	113.93	98.26	105.75
集装箱	103.71	115.39	102.34	107.12
川江载货汽车滚装	101.07	109.31	104.10	109.31

3.1.2　航运市场价格走势

2014年，全球干散货海运市场仍处于低迷状态，波罗的海干散货运指数基本在海运平衡

点（2000点）以下波动回落，从1月2日的2113点降至12月24日的782点，累计下降62.9%。

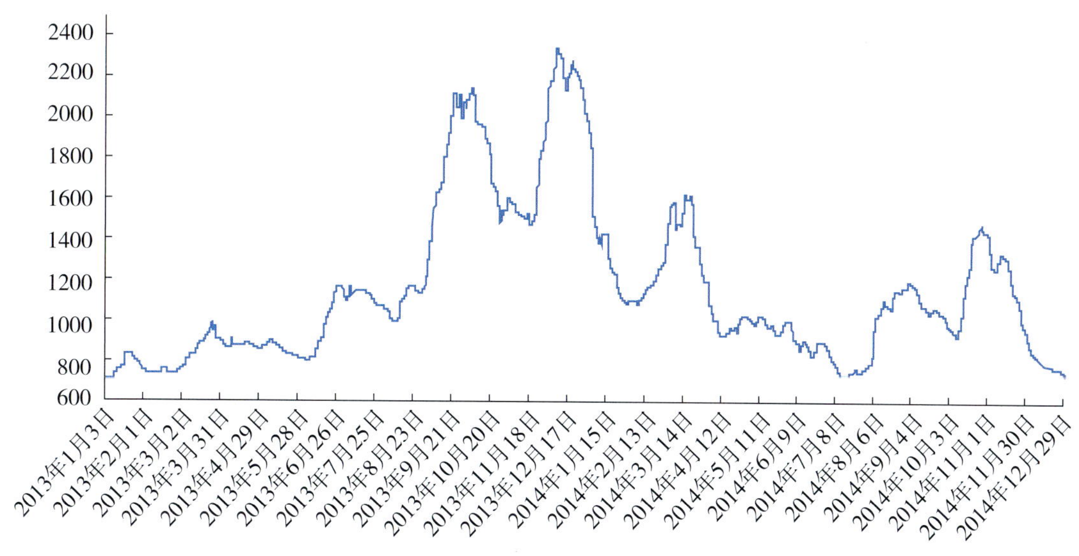

图3.1-3　波罗的海干散货运指数

我国沿海干散货运输市场先小幅上涨后一路下跌，并持续刷新历史最低水平，中国沿海散货综合运价指数（CBFI）全年平均值为989.86点，较2013年下跌12.08%。

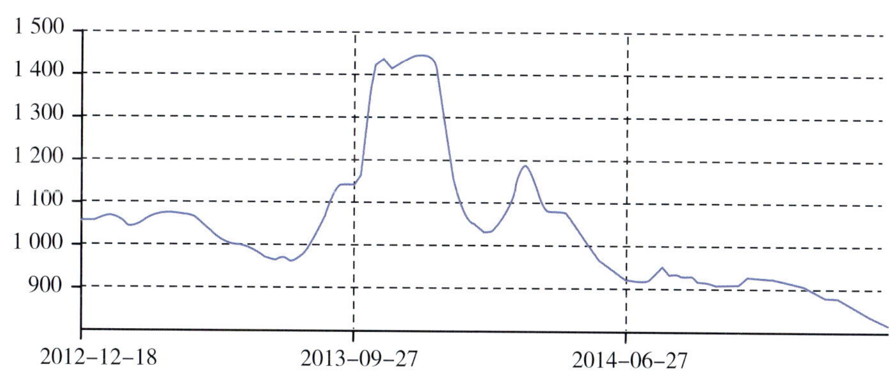

图3.1-4　中国沿海（散货）价格综合指数

国际班轮运输市场运价经历了2013年的下跌和波动后逐渐止跌企稳，但回升动力不足。中国出口集装箱价格综合指数（CCFI）全年均值1087.3点，同比增长0.5%。

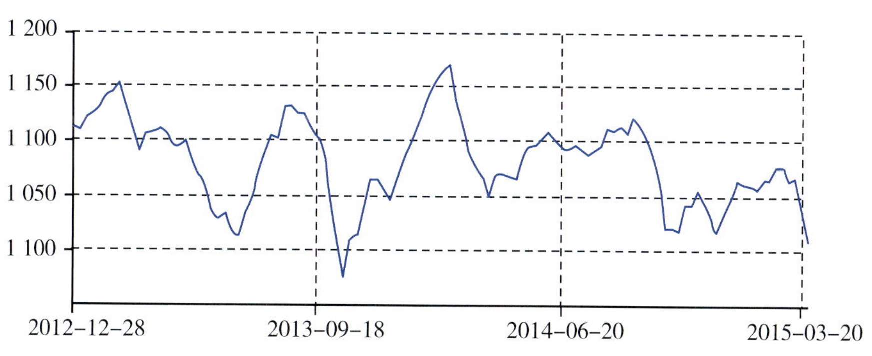

图3.1-5　中国出口集装箱价格综合指数

●长江干散货综合运价指数走势

干散货综合运价指数呈现前高后低态势，全年维持在680～688点之间低位调整，除12月份外，年内综合运价指数均高于2013年同期，全年平均综合运价指数为682.87点，较去年上升1.2%。

图3.1-6　长江干散货运价指数

从主要大宗货类运价指数来看，煤炭维持在583～600点间的低位；金属矿石维持在632～646点；矿建材料总体呈现上升态势，全年维持在1336～1358点；非金属矿石维持在959～970点。煤炭、金属矿石年末较年初均下降1.7%，平均运价指数较去年同期分别上升0.4%、2.2%；非金属矿石、矿建材料运价指数年末较年初分别上升1.4%、0.6%；平均运价指数较去年同期分别上升0.3%、下降0.1%。

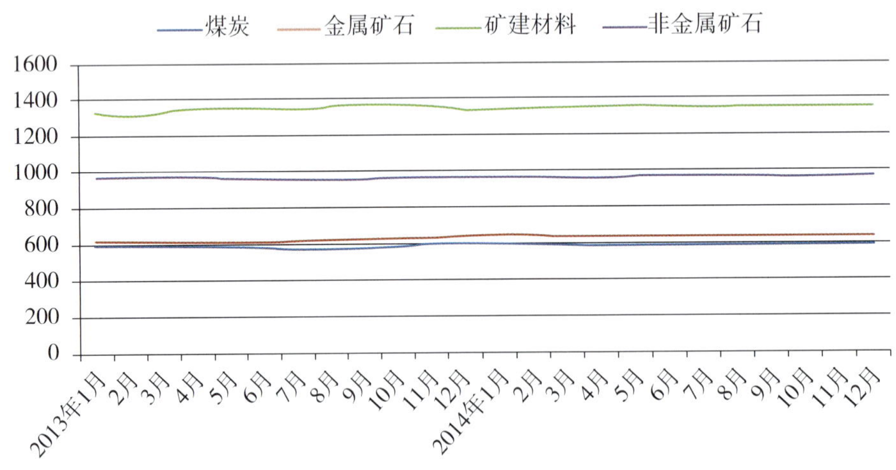

图3.1-7　长江主要干散货运价指数

●长江集装箱综合运价指数走势

集装箱运价全面回升，集装箱综合运价指数全年均高于2013年同期水平，维持在981～995点，平均综合运价指数为987.9点，较2013年上升2.0%；年内综合运价指数总体逐月走高，年末较年初上升1.1%。

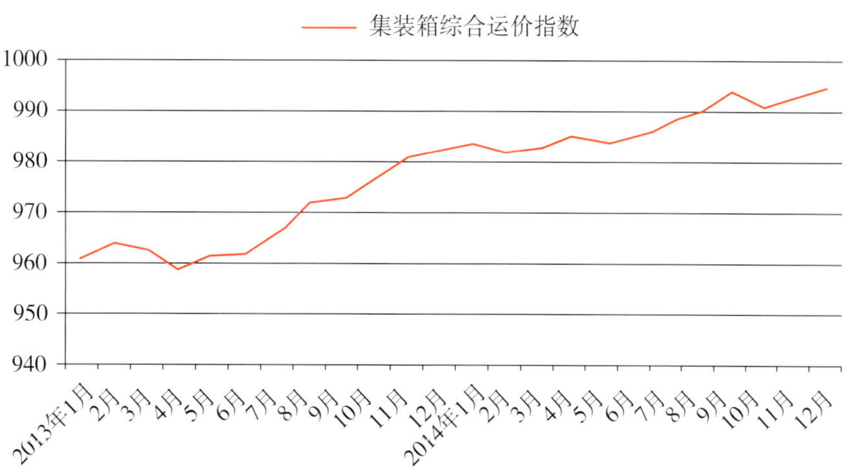

图3.1-8 长江集装箱运价指数

从区域分布看，上游区域集装箱运价指数最高，下游区域最低，上游区域全年运价指数均维持在1000点以上，中、下游区域全年均在1000点以下，全年上、中、下游区域集装箱平均运价指数分别为1010.8点、989.5点、948.3点，较去年分别上升1.4%、1.5%、3.5%，年内上、中、下游区域集装箱运价指数年末较年初分别上升0.7%、0.8%、2.0%。

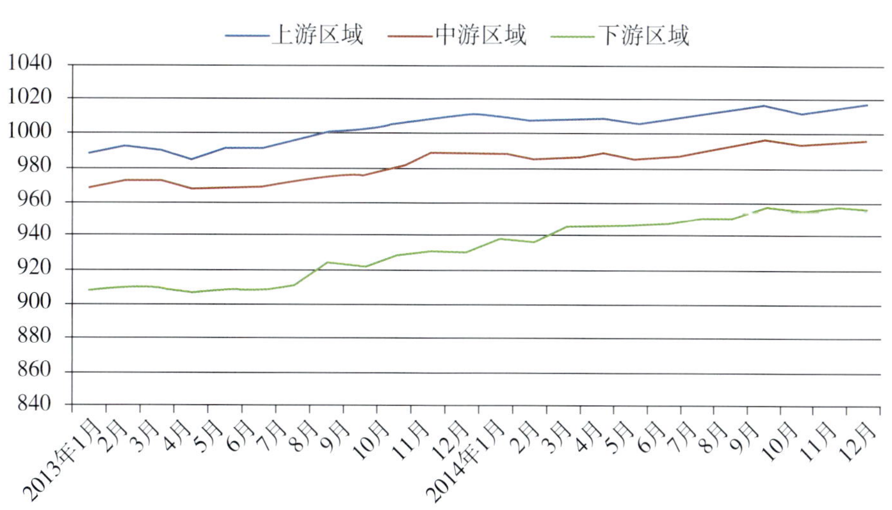

图3.1-9 长江分区段集装箱运价指数

3.2 基础航运业务发展

3.2.1 水路运输生产情况

（一）水路旅客运输

2014年，长江经济带11省市完成水路客运量15793.1万人，比上年增长3.6%；旅客周转量34.08亿人公里，比上年增长2.4%；平均运距21.58公里。水路客运量和旅客周转量分别占全国水路旅客运输量的60.0 %和45.8%。

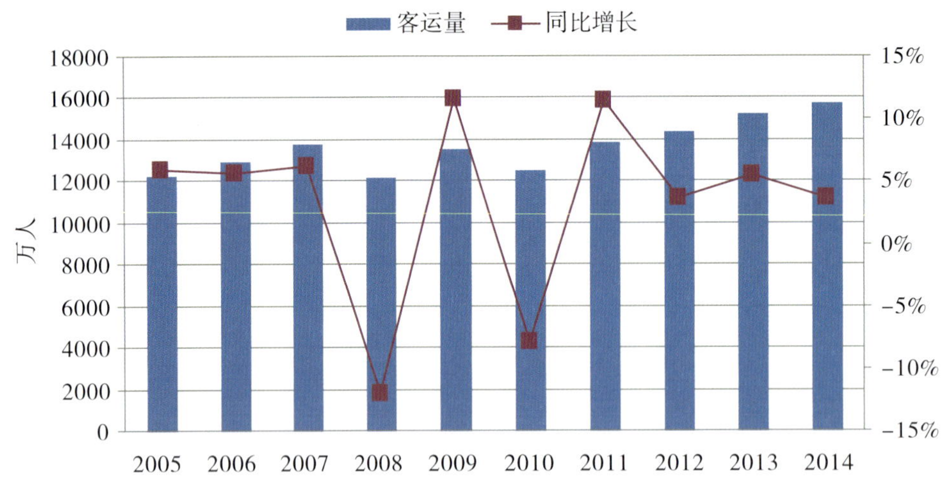

图3.2-1　2005-2014年长江经济带11省市水路客运量及同比增速

其中，11省市内河运输完成客运量12754.4万人、旅客周转量27.7亿人公里，平均运距21.72公里。内河客运主要以山区、湖区、库区等短途客流和乡镇渡口客渡为主；长江干线客运以宜昌至重庆航线为主。

上游地区（云南、贵州、四川、重庆）完成客运量6823.2万人、旅客周转量18.0亿人公里，分别比上年下降4.1%和增长7.3%，分别占水路旅客运输总量的43.2%和52.7%；中游地区（湖北、湖南、江西）完成客运量2278.3万人、旅客周转量6.1亿人公里，分别比上年增长7.1%和下降4.8%，分别占水路旅客运输总量的14.4 %和18.0%；下游地区（安徽、江苏、浙江、上海）完成客运量6691.6万人、旅客周转量10.0亿人公里，分别比上年增长11.6%和下降0.9%，分别占水路旅客运输总量的42.4%和29.3%。

2014年长江经济带11省市水路旅客运输量　　表3.2-1

省（市）	客运量		旅客周转量		其中：内河运输		
	（万人）	比上年增长	（万人公里）	比上年增长	客运量（万人）	旅客周转量（万人公里）	平均运距（公里）
总计	15793.1	3.6%	340846	2.4%	12754.4	277009	21.72
云南省	1099.0	5.2%	23729	6.5%	1099.0	23729	21.59
贵州省	2334.5	8.4%	53743	22.6%	2334.5	53743	23.02
四川省	2677.6	-17.1%	26534	-7.8%	2677.6	26534	9.91
重庆市	712.1	3.3%	75659	4.2%	712.1	75659	106.25
湖北省	548.2	24.2%	29259	-9.6%	548.2	29259	53.37
湖南省	1448.8	-2.1%	28444	-0.2%	1448.8	28444	19.63
江西省	281.3	35.9%	3702	1.6%	281.3	3702	13.16
安徽省	178.0	164.6%	3227	68.5%	178.0	3227	18.13
江苏省	2563.4	4.5%	30339	-23.5%	2529.9	23064	9.12
浙江省	3581.2	15.1%	55587	9.2%	945.0	9648	10.21
上海市	369.0	0.8%	10623	29.2%			

（二）水路货物运输

（1）货物运输量

长江经济带11省市完成水路货运量39.24亿吨，比上年增长5.4%；货物周转量44671.6亿吨公里，比上年增长7.2%；平均运距1138.5公里。水路货运量和货物周转量分别占全国水路货物运输量的65.6%和48.1%。

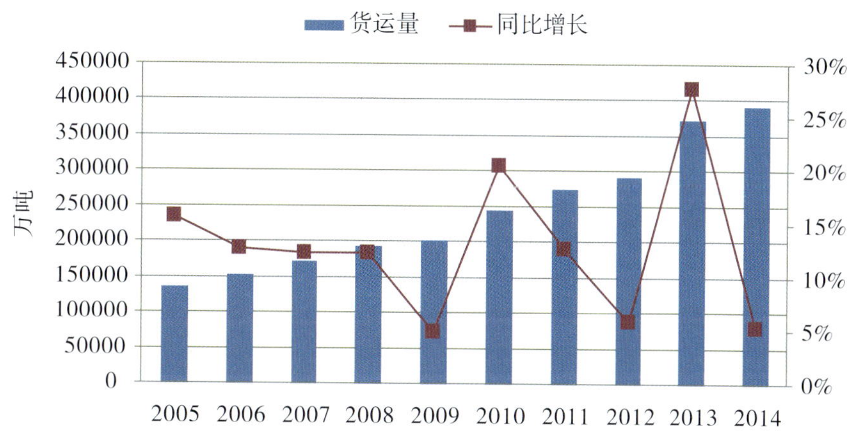

图3.2-2　2005-2014年长江经济带九省二市水路货运量及同比增速

按运输船舶航行区域分，11省市内河运输完成货运量25.96亿吨、货物周转量10652.2亿吨公里，分别占全国内河水路货物运输量的77.7%和83.3%，平均运距410.4公里；沿海运输完成货运量10.5亿吨、货物周转量12349.9亿吨公里，分别占全国沿海货物运输量的55.5%和51.3%；远洋运输完成货运量2.80亿吨、货物周转量21675.9亿吨公里，分别占全国远洋货物运输量的37.5%和38.8%。

长江经济带上游地区完成货运量2.44亿吨、货物周转量1830.9亿吨公里，同比增长12.6%和13.3%，分别占水路货物运输总量的6.2%和4.1%；中游地区完成货运量6.46亿吨、货物周转量3238.2亿吨公里，同比分别增长15.0 %和27.4%，分别占水路货物运输总量的 16.5%和7.2%；下游地区完成货运量30.33亿吨、货物周转量39602.6亿吨公里，同比分别增长3.0 %和5.5%，分别占水路货物运输总量的77.3%和88.7%。

2014年长江经济带九省二市水路货物运输量　　表3.2-2

省（市）	货运量		货物周转量		其中：内河运输		
	（万吨）	比上年增长	（亿吨公里）	比上年增长	货运量（万吨）	货物周转量（亿吨公里）	平均运距（公里）
总计	392382.5	5.4%	44671.6	7.2%	259583.8	10652.2	410.36
云南省	560.0	10.2%	13.1	12.4%	560.0	13.1	233.93
贵州省	1375.4	20.4%	32.3	25.9%	1375.4	30.9	224.95
四川省	8361.1	17.8%	154.2	-2.9%	8361.1	154.2	184.43
重庆市	14117.0	9.2%	1631.3	14.8%	14047.0	1627.2	1158.40

续上表

省（市）	货运量		货物周转量		其中：内河运输		
	（万吨）	比上年增长	（亿吨公里）	比上年增长	货运量（万吨）	货物周转量（亿吨公里）	平均运距（公里）
湖北省	29794.2	22.1%	2316.2	29.3%	21152.8	1347.1	636.84
湖南省	25687.0	11.2%	709.9	28.5%	25461.8	505.8	198.65
江西省	9152.5	5.5%	212.0	6.9%	8654.6	151.8	175.40
安徽省	108587.0	8.3%	5298.2	7.8%	104903.0	4976.4	474.38
江苏省	75328.0	6.2%	8087.1	4.3%	51603.0	1505.2	291.69
浙江省	72837.3	-5.0%	7897.2	7.3%	21113.1	294.6	139.53
上海市	46583.0	-0.2%	18320.1	4.7%	2352.0	45.9	195.15

（2）分货类水路货物运输量

从水路分货类运输情况看，煤炭、石油天然气及制品、金属矿石、矿建材料、非金属矿石等五大类传统大宗散货完成运输量26.5亿吨、周转量24897亿吨公里，占总量的比重分别为67.6%和55.7%。

2014年长江经济带11省市水路货物运输分货类运输量 表3.2-3

货类	货运量（万吨）	货物周转量（亿吨公里）
合计	392382	44672
煤炭	62280	6097
石油天然气及制品	30096	9196
金属矿石	23173	3917
钢铁	13013	1359
矿建材料	131625	4666
水泥	25500	1258
木材	2796	176
非金属矿石	18231	1021
化肥及农药	4276	283
盐	3258	145
粮食	7570	795
其他	70564	15758

（3）集装箱运输量

从水路集装箱运输情况看，11省市完成水路集装箱运输量2933.8万TEU，货运量35684.1万吨，同比分别增长3.6%和4.7%。

2014年长江经济带11省市全社会水路集装箱运输量　　表3.2-4

省（市）	箱运量（万TEU）	其中：远洋	货运量（万吨）	其中：远洋
总计	2933.8	1164.1	35684.1	12648.3
云南省	0	0	0	0
贵州省	0	0	0	0
四川省	1.9	0	32.9	0
重庆市	84.2	0	1103.3	0
湖北省	5.0	0	60.2	0
湖南省	18.9	0	281.0	0
江西省	8.1	0	82.7	0
安徽省	166.7	0	1361.2	0
江苏省	475.3	11.9	3850.2	87.9
浙江省	272.5	17.9	3670.5	179.5
上海市	1901.3	1134.4	25241.9	12380.9

（三）水路运力与客货运输量

2014年，长江经济带11省市全社会船舶净载重量达15810.26万吨，同比增长7.8%；实现货运量392382万吨，同比增长5.4%；货物周转量达44671.65亿吨公里，同比增长7.2%。

2014年长江经济带11省市水路运力及客货运输量　　表3.2-5

	轮驳船总计		旅客运输		货物运输	
	艘数（艘）	净载重量（吨）	客运量（万人）	旅客周转量（万人公里）	货运量（万吨）	货物周转量（万吨公里）
云南省	1010	124277	1099	23729	560	130890
贵州省	2234	131130	2335	53743	1375	323000
四川省	7642	1146567	2678	26534	8361	1542222
重庆市	3531	5575311	712	75659	14117	16313289
湖南省	7362	3356012	1449	28444	25687	7099397
湖北省	4744	7632938	548	29259	29794	23162397
江西省	3775	2354112	281	3702	9153	2119731
安徽省	29497	36803154	178	3227	108587	52982354
江苏省	46158	40901009	2563	30339	75328	80870703
浙江省	17781	24053074	3581	55587	72837	78971645
上海市	1802	36025031	369	10623	46583	183200921
合计	125536	158102615	15793	340846	392382	446716548

2014年长江经济带11省市水路运力及客货运输量（内河）　　表3.2-6

	轮驳船总计		旅客运输		货物运输	
	艘数（艘）	净载重量（吨）	客运量（万人）	旅客周转量（万人公里）	货运量（万吨）	货物周转量（万吨公里）
云南省	1010	124277	1099	23729	560	130890
贵州省	2234	131130	2335	53743	1375	323000
四川省	7642	1146567	2678	26534	8361	1542222
重庆市	3529	5551904	712	75659	14047	16271944
湖南省	7326	3089909	1449	28444	25462	5057586
湖北省	4518	5776911	548	29259	21153	13470672
江西省	3730	2153242	281	3702	8655	1518021
安徽省	29097	35202230	178	3227	104903	49763750
江苏省	44737	28527213	2530	23064	51603	15052024
浙江省	14387	3558778	945	9648	21113	2946482
上海市	785	439956			2352	458717
合计	118995	85702117	12754	277009	259584	106535307

3.2.2　港口生产情况

（一）旅客运输服务

2014年长江经济带11省市港口完成旅客吞吐量8707.6万人，比上年下降15.5%，占全国港口旅客吞吐量的47.6%。

其中，内河港口完成旅客吞吐量7814.8万人，比上年下降17.2%；占全国内河港口旅客吞吐量76.6%。长江上游地区港口完成旅客吞吐量5698.8万人，比上年下降18.4%，占全部港口旅客吞吐量的65.5%；中游地区港口完成旅客吞吐量1977.4万人，比上年增长3.5%，占全部港口旅客吞吐量的22.7%；下游地区港口完成旅客吞吐量1031.4万人，比上年下降27.2%，占全部港口旅客吞吐量的11.8%。

长江干线上的港区完成旅客吞吐量818.0万人，主要集中在重庆至宜昌航线。其中，重庆市完成旅客吞吐量554.1万人、湖北省完成旅客吞吐量179.4万人。

2014年长江经济带11省市港口旅客吞吐量　　表3.2-7

<table>
<tr><th rowspan="2">省（市）</th><th colspan="2">旅客吞吐量（万人）</th><th colspan="4">分区域吞吐量（万人）</th></tr>
<tr><th>全　港</th><th>其中：内河港口</th><th>上游地区</th><th>中游地区</th><th>下游地区</th><th>所占份额（%）</th></tr>
<tr><td>总计</td><td>8707.6</td><td>7814.8</td><td></td><td></td><td></td><td></td></tr>
<tr><td>云南省</td><td>1052.2</td><td>1052.2</td><td rowspan="4">5698.8</td><td></td><td></td><td rowspan="4">65.5</td></tr>
<tr><td>贵州省</td><td>2253.3</td><td>2253.3</td><td></td><td></td></tr>
<tr><td>四川省</td><td>1499.3</td><td>1499.3</td><td></td><td></td></tr>
<tr><td>重庆市</td><td>894.0</td><td>894.0</td><td></td><td></td></tr>
</table>

续上表

<table>
<tr><th rowspan="2">省（市）</th><th colspan="2">旅客吞吐量（万人）</th><th colspan="4">分区域吞吐量（万人）</th></tr>
<tr><th>全 港</th><th>其中：内河港口</th><th>上游地区</th><th>中游地区</th><th>下游地区</th><th>所占份额（%）</th></tr>
<tr><td>湖北省</td><td>369.7</td><td>369.7</td><td></td><td rowspan="3">1977.4</td><td></td><td rowspan="3">22.7</td></tr>
<tr><td>湖南省</td><td>1250.0</td><td>1250.0</td><td></td><td></td></tr>
<tr><td>江西省</td><td>357.7</td><td>357.7</td><td></td><td></td></tr>
<tr><td>安徽省</td><td>76.4</td><td>76.4</td><td></td><td></td><td rowspan="4">1031.4</td><td rowspan="4">11.8</td></tr>
<tr><td>江苏省</td><td>9.3</td><td></td><td></td><td></td></tr>
<tr><td>浙江省</td><td>767.6</td><td>62.2</td><td></td><td></td></tr>
<tr><td>上海市</td><td>178.1</td><td>—</td><td></td><td></td></tr>
</table>

（二）货物运输服务

（1）货物吞吐量总体情况2014年，长江经济带11省市港口完成货物吞吐量59.5亿吨，比上年增长4.7%；占全国港口货物吞吐量47.8%。其中，全年完成外贸货物吞吐量12.3亿吨，比上年增长6.1%；集装箱吞吐量7606.5万TEU，比上年增长4.3%；滚装汽车531.3万辆，比上年增长5.4%。长江上游地区港口完成货物吞吐量25078.1万吨，比上年增长7.4%，占全部港口货物吞吐量的4.2%；中游地区港口完成货物吞吐量85266.2万吨，比上年增长12.8%，占全部港口货物吞吐量的14.3%；下游地区港口完成货物吞吐量484487.1万吨，比上年增长3.3%，占全部港口货物吞吐量的81.5%。长江中、上游地区港口货物吞吐量快速增长，下游地区港口货物吞吐量增幅放缓。

2014年长江经济带11省市港口货物吞吐量 表3.2-8

<table>
<tr><th rowspan="3">省（市）</th><th colspan="4">全 港</th><th colspan="4">其中：内河港口</th></tr>
<tr><th colspan="2">货物吞吐量（万吨）</th><th rowspan="2">集装箱（万TEU）</th><th rowspan="2">滚装汽车（万辆）</th><th colspan="2">货物吞吐量（万吨）</th><th rowspan="2">集装箱（万TEU）</th><th rowspan="2">滚装汽车（万辆）</th></tr>
<tr><th>合计</th><th>其中：外贸</th><th>合计</th><th>其中：外贸</th></tr>
<tr><td>总计</td><td>594831.4</td><td>123319.5</td><td>7606.5</td><td>531.3</td><td>393957.4</td><td>28640.1</td><td>1431.0</td><td>142.7</td></tr>
<tr><td>云南省</td><td>545.7</td><td>48.0</td><td>—</td><td>—</td><td>545.7</td><td>48.0</td><td>—</td><td>—</td></tr>
<tr><td>贵州省</td><td>688.6</td><td>—</td><td>—</td><td>—</td><td>688.6</td><td>—</td><td>—</td><td>—</td></tr>
<tr><td>四川省</td><td>9159.1</td><td>50.6</td><td>44.1</td><td>—</td><td>9159.1</td><td>50.6</td><td>44.1</td><td>—</td></tr>
<tr><td>重庆市</td><td>14684.7</td><td>506.9</td><td>101.5</td><td>71.0</td><td>14684.7</td><td>506.9</td><td>101.5</td><td>71.0</td></tr>
<tr><td>湖北省</td><td>28969.1</td><td>1248.9</td><td>125.6</td><td>58.1</td><td>28969.1</td><td>1248.9</td><td>125.6</td><td>58.1</td></tr>
<tr><td>湖南省</td><td>25322.3</td><td>367.6</td><td>33.6</td><td>—</td><td>25322.3</td><td>367.6</td><td>33.6</td><td>—</td></tr>
<tr><td>江西省</td><td>30974.8</td><td>269.0</td><td>32.1</td><td>—</td><td>30974.9</td><td>269.0</td><td>32.1</td><td>—</td></tr>
<tr><td>安徽省</td><td>43837.9</td><td>419.6</td><td>76.4</td><td>8.2</td><td>43837.9</td><td>419.6</td><td>76.4</td><td>8.2</td></tr>
<tr><td>江苏省</td><td>226049.2</td><td>37990.9</td><td>1500.5</td><td>5.4</td><td>200305.6</td><td>25585.3</td><td>989.6</td><td>5.4</td></tr>
<tr><td>浙江省</td><td>139071.1</td><td>44186.1</td><td>2164.2</td><td>235.9</td><td>30894.5</td><td>144.2</td><td>28.1</td><td>—</td></tr>
<tr><td>上海市</td><td>75528.9</td><td>38231.9</td><td>3528.5</td><td>152.7</td><td>8575.0</td><td>—</td><td>—</td><td>—</td></tr>
</table>

内河港口完成货物吞吐量39.4亿吨，比上年增长4.9%，占全国内河港口货物吞吐量89.2%。其中，外贸货物吞吐量28640.1亿吨，比上年增长7.5%，占全国内河港口88.7%；集装箱吞吐量1431.0万TEU，比上年下降2.5%，占全国内河港口69.3%；滚装汽车142.7万辆，比上年增长8.9%。长江上游地区内河港口货物吞吐量占全部内河港口货物吞吐量的6.4%，中游地区内河港口货物吞吐量占全部内河港口货物吞吐量的21.6%，下游地区内河港口货物吞吐量占全部内河港口货物吞吐量的72.0%。

沿海港口完成货物吞吐量19.5亿吨，比上年增长0.9%。其中，外贸货物吞吐量9.5亿吨，比上年增长5.7%；集装箱吞吐量6175.5万TEU，比上年增长6.0%；滚装汽车388.6万辆，比上年增长4.2%。其中，2014年上海港口货物吞吐量达到7.55亿吨，比上年下降2.6%，集装箱吞吐量3528.53万TEU，比上年增长5%；集装箱水水中转比例为45.8%，比上年提高0.4个百分点；国际中转比例为7.1%，比上年提高0.1个百分点；接待邮轮靠泊269艘次，以上海为母港的邮轮240艘次，邮轮旅客吞吐量121.52万人次，比上年增长60.6%。宁波一舟山港完成货物吞吐量8.7亿吨，比上年同比增长7.9%，连续六年位居世界第一，集装箱吞吐量达到1945万TEU，比上年同比增长12%。

2014年长江经济带沿海港口货物吞吐量 表3.2-9

省（市）	货物吞吐量				集装箱吞吐量			
	合计（万吨）		出港（万吨）		箱数（万TEU）	重量（万吨）		滚装汽车（万辆）
		其中：外贸		其中：外贸			其中：货重	
总计	194574.1	94679.3	80555.6	30709.3	6175.5	62632.3	50359.8	388.6
江苏省	25743.6	12405.5	8458.1	2186.3	510.9	5073.9	4021.7	—
浙江省	101876.6	44042.0	42881.8	11300.3	2136.1	22223.8	17797.7	235.9
上海市	66953.9	38231.8	29215.7	17222.7	3528.5	35334.6	28540.4	152.7

（2）内河港口分货类吞吐量情况

内河港口货物吞吐量中，完成液体散货吞吐量1.8亿吨，占4.5%，比上年增长4.9%，主要分布在下游地区，占80.1%；干散货吞吐量29.8亿吨，占75.7%，比上年增长4.8%，主要分布在中、下游地区，分别占36.0%、58.1%；件杂货吞吐量5.4亿吨，占13.6%，比上年增长3.2%，主要分布在下游地区，占73.6%；滚装汽车（按辆计算）吞吐量176.3万辆，比上年增长34.6%，主要分布在中、上游地区，分别占56.7%、40.2%。

2014年长江经济带11省市内河港口货物吞吐量 表3.2-10

货　类	货物吞吐量		分区域吞吐量（万吨）		
	绝对数（万吨）	比上年增长（%）	上游地区	中游地区	下游地区
合计	393957.4	4.9	25078.0	129104.3	239775.1
1.液体散货	17587.4	2.8	671.5	2833.1	14082.8

续上表

货 类	货物吞吐量		分区域吞吐量（万吨）		
	绝对数（万吨）	比上年增长（%）	上游地区	中游地区	下游地区
其中：原油	2375.3	0.7	37.6	526.7	1811.0
成品油	5703.9	-1.6	366.3	1696.5	3641.1
液化气天然气及制品	609.8	-9.1	54.9	170.0	384.9
2.干散货	298362.2	4.8	17455.5	107421.5	173485.2
其中：煤炭及制品	71817.3	3.6	2344.0	13149.5	56323.8
金属矿石	49572.0	7.3	1318.2	11580.6	36673.2
散水泥	31819.8	145.4	506.8	25048.1	6264.9
散粮	2477.3	-1.8	96.0	328.6	2052.8
散化肥	775.1	270.9	46.4	226.0	502.7
3.件杂货	53698.9	3.2	3147.6	11034.8	39516.5
其中：木材	5463.1	81.7	142.5	2367.6	2953.0
粮食	5414.8	13.2	145.8	952.9	4316.1
化肥	2346.0	-13.6	329.3	924.1	1092.5
水泥	8749.3	5.4	583.6	3731.2	4434.6
4.集装箱（万TEU）	1613.8	10.0	145.6	450.5	1017.7
5.滚装汽车（万辆）	176.3	34.6	71.0	99.9	5.4

（三）内河港口吞吐量综合排名情况

内河港口中，货物吞吐量超过亿吨的港口有11个。芜湖港货物吞吐量首次突破1亿吨，成为安徽省第一个亿吨大港。

2014年长江经济带11省市货物吞吐量超过亿吨的内河港口 表3.2-11

序号	港 口	货物吞吐量		其中：外贸货物吞吐量	
		吞吐量（万吨）	比上年增长（%）	吞吐量（万吨）	比上年增长（%）
1	苏州港	47792.0	9.9	12302.3	15.6
2	南通港	21599.4	5.4	4813.6	6.1
3	南京港	21000.8	4.0	1974.3	-10.4
4	泰州港	15822.0	2.6	1629.5	27.3
5	重庆港	14684.7	7.4	506.9	13.2
6	武汉新港	14600.0	10.3	705.6	4.8
7	镇江港	14061.2	-0.3	2313.3	-12.8
8	江阴港	12462.3	-1.0	1333.3	-9.7
9	岳阳港	12021.0	10.6	240.2	9.9
10	芜湖港	10847.4	16.5	224.3	18.1
11	嘉兴内河港	10109.9	-9.0	79.8	

注：（1）重庆港、岳阳港、芜湖港按全市港口计算。
（2）武汉新港包括原武汉港和黄冈市、鄂州市、咸宁市的沿江区域港区。
（3）江苏港口为长江港区，不包括全市内河港区。

从内河港口集装箱吞吐量来看，吞吐量超过20万TEU的港口有12个，九江港首次突破20万TEU。其中，泸州港集装箱吞吐量增速最快，高达59.7%完成铁水联运集装箱吞吐量1.1万TEU，同比增长268.23%；芜湖港、重庆港增幅接近40%；江阴、苏州、镇江等下游集装箱吞吐量增幅有不同程度下降。长江主要通航支流港口，内河集装箱运输呈快速发展态势。其中，合肥港、淮安港集装箱吞吐量增幅均超过50%，湖州港增幅接近40%。

`2014年内河港口集装箱吞吐量排名 表3.2-12

集装箱吞吐量超过20万TEU的港口			长江支流主要集装箱港口		
港口	吞吐量（万TEU）	比上年增长（%）	港口	吞吐量（万TEU）	比上年增长（%）
苏州港	445.0	-16.1	合肥港	15.4	53.2
南京港	276.5	3.6	嘉兴内河港（京杭运河）	15.2	6.7
重庆港	125.6	38.6	湖州港	12.1	39.9
武汉新港	100.5	17.8	长沙港	11.3	22.6
南通港	71.1	18.3	淮安港	10.3	50.6
扬州港	55.2	9.3	南昌港	9.6	5.7
江阴港	52.2	-56.6	无锡港（京杭运河）	2.8	11.6
芜湖港	40.3	39.9			
镇江港	37.5	-1.3			
泸州港	32.1	59.7			
九江港	22.4	14.9			
岳阳港	22.1	10.5			

从内河港口滚装船汽车吞吐量来看，汽车滚装运输主要集中在长江干线，滚装码头主要分布在重庆、宜昌、武汉、芜湖、南京、苏州等地，其中，载货汽车滚装运输主要由重庆港和宜昌港完成，2014年分别完成吞吐量32.55万辆和32.87万辆；商品汽车滚装运输则主要在中下游地区，2014年4月，太仓港港务集团有限公司与上海海通国际汽车码头有限公司签署合作协议，规划建设年96万辆整车装卸、物流运输能力的汽车滚装码头。

2014年内河港口滚装船汽车吞吐量 表3.2-13

港　口	滚装汽车吞吐量（万辆）	比上年增长（%）
重庆港	70.9777	12.1
宜昌港	32.87	14.2
武汉港	25.24	-8.0
芜湖港	8.1994	10.4
南京港	2.9026	41.5
苏州港	2.5416	20.8

3.3 航运服务业发展

3.3.1 航运交易服务

交通运输部公布的三批船舶交易服务机构中，涉及本区域的分别为：上海航运交易所、浙江船舶交易市场有限公司、宁波船舶交易市场有限公司、芜湖市长江船舶交易市场、重庆航运交易所、温州市银海船舶交易有限公司、南京市船舶交易经营管理服务公司、盐城市中川船舶交易服务有限公司、巢湖市海天船舶服务有限公司。

主要船舶交易服务机构 表3.3-1

地区	船舶交易服务机构	
上海	上海航运交易所	
浙江	浙江船舶交易市场有限公司	宁波船舶交易市场有限公司
	温州市银海船舶交易有限公司	温州海泰资产管理服务有限公司
	台州市船舶交易中心有限公司	湖州船舶交易市场有限公司
	绍兴通达船舶交易有限公司	嘉兴市安通船舶交易有限公司
江苏	南京市船舶交易经营管理服务公司	盐城市中川船舶交易服务有限公司
	扬州长江船舶交易服务有限公司	淮安市京杭运河船舶交易服务有限公司
	扬州市兴港船舶交易有限公司	泰州市泰轮船舶交易中心
	南通苏中船舶交易服务有限公司	连云港市金国船舶交易市场有限公司
	江苏鸿海船舶交易服务有限公司	常州大梁船舶交易市场有限公司
	南通衡平船舶交易服务有限公司	徐州市华顺船舶交易服务有限公司
	扬州兴昭船舶交易市场有限公司	宿迁市河海船舶交易鉴证事务所
安徽	芜湖市长江船舶交易市场	巢湖市海天船舶服务有限公司
	蚌埠市淮河船舶交易所有限公司	阜阳市耘海船舶交易服务有限公司
江西	江西省昌胜船舶服务有限公司	
湖北	武汉市船舶交易管理所	
湖南	湖南湘联船舶交易有限公司	
重庆	重庆航运交易所	

2014年，重庆航运交易所完成航运交易额71亿元，与上年同比增长29%。其中，水路货运完成交易46.8亿元，与上年同比增长30%；港口装卸完成交易9.6亿元，与上年同比增长7%；水路客运完成交易10.2亿元，与上年同比增长42%；货代完成交易0.4亿元；交易船舶269艘，成交金额4.03亿元，与上年同比增长5.5%。芜湖市长江船舶交易市场交易船舶761艘，交易额达18.17亿元，与上年同比分别增长12.4%、31.5%。江西省昌胜船舶交易有限公司共交易船舶161艘，总吨位137588吨，净吨位74626吨，载重吨188657吨，交易额22946万元。浙江省完成船舶交易1653艘、145.33万总吨、197.55万载重吨，交易数量较2013年减少了19.44%，全年完成船舶交易额54.7亿元。

3.3.2 航运信息咨询服务

一是进一步加强政务信息工作，提高政务信息质量，推进政府信息公开。各级行业管理机构建立健全本行政机关的政府信息公开工作制度，依托门户网站推进信息主动公开。

二是建立市场监测和风险预警机制。长江航务管理局定期发布船员工资指数和液货危险品、旅游客运市场监测报告等，为港航企业及时提供信息引导服务。沿江省市水路运输管理机构定期发布水路运输市场分析报告。

三是加快口岸信息平台建设，推进港航企业、货主、口岸监管部门之间的信息共享，促进运输便利化。重庆航运交易所交通电子口岸已覆盖全市所有集装箱码头和团结村铁路中心站，并实现内河第一家与上海EDI中心、长航航务管理局、交通运输部实现互联互通和数据共享，提高了口岸通关一体化水平，促进了贸易和物流便利化发展。2014年，通过重庆交通电子口岸平台共完成集装箱作业101万TEU，完成报文传输120余万个，日平均报文量3000个以上,用户数量达到73家。武汉新港公共物流信息平台、筹建的南京“智慧港口”公共信息服务平台，通过整合港口物流信息资源，提供公益性和公共性信息服务，形成航运物流企业、口岸监管单位、行业主管部门三方信息的互通互联、业务协同机制。

四是依托建设航运中心，加快航运综合信息服务平台建设。上海国际航运信息中心及上海航运交易所综合信息服务平台、重庆航运交易所航运交易平台和交通电子口岸、正在建设的武汉长江中游航运中心航运公共信息交换中心、筹建的南京航运交易所港航综合服务平台，成为信息共享交换的枢纽、数据分析处理的中心、港口物流信息服务的窗口、综合集成应用的平台和辅助决策支持的工具。

五是长江航务管理局充分发挥综合管理职能，加快建设长江航运公共信息服务平台和长江航运物流公共信息平台，逐步实现与长江沿线港航企事业单位信息服务平台的互联、互通和互用。

六是有一批影响力的航运咨询和研究机构，发挥着智库的作用。如重庆航运交易所开展了《西部港口物流枢纽信息平台》、《三峡船闸通航扩能分析》、《长江上游地区产业布局及航运物流适应性研究》等重大战略研究，编制发布了《2013重庆航运发展报告》、《2013重庆航运人才发展报告》、《2013重庆市营运船舶运力报告》、《2013重庆航运绿色循环低碳发展报告》以及季度、月度分析报告等，为航运企业经营管理和相关港航管理部门宏观决策提供依据。

3.3.3 运价指数服务

一是长江航务管理局充分发挥综合管理职能，定期编制发布长江干散货运价指数、长江集装箱运价指数。

二是上海航运交易所定期编制发布中国出口集装箱运价指数（简称“CCFI”）、中国沿海（散货）运价指数（简称“CBFI”）、上海地区出口集装箱运价指数等指数，及时反映了沿海航运市场的价格变动趋势和集装箱班轮运输市场状况。

三是重庆航运交易所按期发布重庆典型航线干散货运价指数，在价值发现、引导和稳定市场等方面起到重要作用。测算公布重庆水运市场运价、保本运价、铁路集装箱运价，以及船舶燃油、船用钢材、船员薪酬等生产要素价格，增强航运企业话语权和与货主单位议价能力。

3.3.4　航运金融保险服务

上海、武汉、重庆等城市结合本地的特点和优势，推出积极扶持政策，鼓励和吸引航运金融机构落户并开展航运金融业务的创新。

2014年，重庆航运交易所成功筹建重庆船东互保协会和互保管理公司，意向投保船舶达到183艘、69万总吨。积极开展航运企业雇主责任险服务，全年共有56家航运企业、2100余人投保，累计投保7800余人；加快筹建航运融资担保公司，帮助企业解决在发展三峡标准化船型过程中遇到的融资难问题。

上海航运保险协会，目前共有31个会员单位，其中25个会员是保险公司。2013年，上海保险市场船舶险保费收入22.89亿元，占全国市场43.07%；货运险保费收入13.41亿元，占全国市场12.94%。到2014年年底，全国已经有近50%的船舶险落地上海，远洋保险也已经有80%～85%集聚在上海。2007-2014年，航运保险为上海地区的船舶和货物运输提供风险保障从2.15万亿元上升到7.62万亿元；2009-2014年，上海航运保险业累计支付船舶险和货运险赔款73.88亿元。2014年10月14日，中国首个航运和金融产业基地在上海浦东的陆家嘴正式启动。2013年，上海各主要银行业金融机构对上海航运产业的授信总额1984亿元人民币，比上年同比上升30.6%；授信客户总计1200多户，比上年同比增长23.4%；航运相关企业的贷款余额955亿元人民币，比上年同比上升7.1%；融资租赁余额183亿元人民币，比上年同比上升5.6；经营租赁13.7亿元人民币，比上年同比增长1.9倍；其他融资方式为206亿元人民币，比上年同比增长49.1%。

3.3.5　航运法律服务

全球航运法律纠纷主要靠仲裁和诉讼两种方式解决。我国有十个海事法院，其中设立在本区域的有：宁波海事法院、上海海事法院、武汉海事法院。

2014年，宁波海事法院新收各类案件4824件，收案标的金额111.85亿元，比上年同比分别增长11.74%和7.3%；办结案件4668件，结案标的91.61亿元，比上年同比增长6.99%和减少1.3%；全年拍卖船舶27艘、房产3套，总成交金额达1.64亿元。上海海事法院2013年院共受理一审、执行等各类案件2573件，比上年同比上升0.08%；涉案标的37.46亿，比上年同比上升40.6%；从1984年6月成立至2014年6月，共计受理一审、执行案件2.7万余件，案件标的总额人民币180余亿元。

武汉海事法院作为全国十家海事法院中唯一设立在长江的海事法院，是我国内地唯一涉外的海事审判机关。负责审理发生在四川宜宾合江门至江苏太仓浏河口之间长江干线及支流的海事海商案件的专门法院，管辖区域跨越四川、重庆、湖北、湖南、江西、安徽、江苏等七省市。2014年审理海事海商案件1819件。

上海市国际航运中心发展促进会成立法务工作委员会，其主旨是为帮助会员单位及行业单位促进内部管理，维护合法经营权益，防范经营风险，并提升我国航运法律在国际上的话语权。

3.3.6 长江引航服务

长江引航中心现有办公用房12处，其中中心机关1处，基层站点11处；有交通艇6艘，其中30米级1艘，20米级5艘。长江引航服务设施布局明显改善，扬中、南通引航交接基地基本建成，初步实现了分段引航和全面夜航，引航人员30分钟到达现场，连续引航时间基本不超过6小时。

2014年，长江引航中心共引领中外籍船舶54986艘次、总吨7.2亿、净吨3.9亿、里程736万公里。目前正加快推进引航动态管理与综合服务系统工程建设，将为实现长江引航“三点四段”引航模式，达到连续引航时间不超过6小时，合理配置引航资源，提高长江引航工作效率，保障被引航船舶航行安全，提供了硬件条件。

3.3.7 船员培训及服务

（一）船员状况

截至2014年12月，长江海事局辖区注册内河船舶船员的总数为7万人（2014年新进内河船舶船员队伍人员数量为4000人），其中持有有效适任证书的职务船员3.4万人，一类船舶职务船员占比82%，驾驶占比61.5%，轮机占比38.5%；注册海员总数4.4万人（2014年新进海船船员4400人），其中国际航线3.7万人，占比84%，国内航线占比16%。

从各省情况看，四川省共有内河船员有效证书12995本，一类船员1188本，二类船员1332本，三类船员10475本；持内河客船船员特殊培训合格证3958本，持内河高速船船员特殊培训合格证2本。湖南省共有注册船员24086人。江西省共有注册船员13259人，持适任证书船员8895人，持特殊船舶培训合格证船员2832人。安徽省共有注册船员125025人，持适任证书船员77856人，持特殊船舶培训合格证船员2630人。浙江省注册船员1.33万余名。

（二）船员培训机构及服务机构

长江海事局辖区有内河船舶船员培训资质的机构18家，其中具有海河兼顾学历教育资质的机构4家，具有内河学历教育资质的机构6家，其余8家只开展船员短期培训。培训机构分布长江沿线四省一市：重庆6家（1家海河兼顾），武汉4家（3家河海兼顾），芜湖3家，宜昌、荆州、黄石、岳阳、安庆各1家，九江地区内河船舶船员培训在地方海事局管辖的培训机构开展。具有海船船员培训的机构12家（湖北武汉8家，四川、重庆、江西、安徽各1家），其中具有本科学历教育的机构2家，大专学历教育的机构6家，中职学历教育的3家，仅从事船员短期培训的机构1家。17家海员外派机构，18家甲级海船船员服务机构、75家乙级海船船员服务机构，27家内河船员服务机构。2014年，举行各类船员适任考试2435期，组织考试7万余人次，签发各类船员适任证书5.6万本。

江苏海事局辖区有6家海员船员培训机构、1家内河船员培训机构，24家海员外派机构（其中23家具有甲级船员服务机构），24家甲级海船船员服务机构、69家乙级海船船员服务机构和5家内河船舶船员服务机构。2014年，组织船员考试5.14万人次，签发各类船员证书2.41万本。

上海海事局辖区有9家海船船员培训机构（上海地区），25家海员外派机构，23家甲级海船船员服务机构、37家乙级海船船员服务机构，1家内河船员服务机构。

浙江海事局辖区有9家海员船员培训机构，8家海员外派机构，7家甲级海船船员服务机构、40家乙级海船船员服务机构。

地方海事在组织各类船员培训考试方面，四川省地方海事系统共组织1856人次参加各类船员适任考试，977人次参加内河客船船员特殊培训考试，107人次参加内河载运包装危险货物船舶船员特殊培训考试，经考试合格核发适任证书1724本；湖南省地方海事系统共培训船员2828人次；安徽省地方海事系统共开展12期考试、1573人次；浙江省地方海事系统组织船员参加内河二类船舶船员适任考试人员330人次，办理浙江省地方海事局内河二类船舶船员适任签发许可107件（延续8件），参加辖区内河基本安全培训考试人员1208人次。上海市地方海事局共举行船员理论考试34场次，参加理论考试人数1159名；为船舶单位组织、安排船员适任证书实际操作考试106次，人数218名。

重庆航运交易所切实发挥航运人才中心作用，积极整合资源，与重庆市移民局、市扶贫办建立战略合作关系，把移民、扶贫等支持政策与航运人才培养结相合，实施“双万工程”、“千人计划”，对航运人才参加就业培训和岗位技能提升培训实施补助。开展重庆船员职业档案统一备案服务，完成307家航运企业，2100余艘船舶，1.7万余名船员档案初次备案，为建立诚信机制，促进船员有序流动奠定重要基础。继续推进重庆航运人才“151”工程，培训航运人才200余人次，全年共发布人才信息6000余条。此外，芜湖长江船员服务协会、上海船员服务协会、湖北省船员服务协会、江苏省船员服务协会等为广大船员和服务机构提供各项服务。

3.4 市场主体发展

3.4.1 港航企业及其辅助业基本情况

云南省，批准筹建和开业水路运输企业21家。内河港口企业和码头单位数94个（长江干线17个）。

贵州省，内河港口企业和码头单位数132个。

四川省，水路运输企业185家（货运企业106家、客运企业67家、客货兼营企业12家）。其中，省际水运企业84家，1万载重吨以上的水运企业28家。水路运输服务业12家（船舶代理4家、货运代理7家、客运代理1家）。港口企业59家（长江干线46），个体经营户106户（长江干线45家）；从事危险货物作业10家，从事集装箱作业2家。

重庆市，水路运输企业329家（货运企业248家、客运企业48家），个体经营户956户。其中，省际水运企业260家， 20万载重吨以上的水运企业5家。水路运输服务业59家（船舶管理2家）。内河港口企业和码头单位数283个（长江干线240个）。

湖南省，水路运输企业182家。其中，省际水运企业150家。湖南省具有内支线集装箱运输资质的企业13家，具有液货危险品运输资质企业3家（沿海企业1家）。港口企业24家，注销1家。

湖北省，水路运输企业424家，个体经营户553户。船舶管理企业31家。取得港口经营许可证户数782家（港口企业590家、个体经营户192家），其中从事普通货物作业600家、危险货物作业135家、集装箱作业5家、旅客运输42家。

江西省，水路运输企业185家。新设立企业8家，企业注销21家。水路运输服务业78家（船舶代理55家、客货运代理21家、船舶管理2家）。取得港口经营许可证户数274家，其中从事普通货物作业236家、危险货物作业37家、旅客运输1家。

安徽省，水路运输企业762家（货运企业712家、客运企业50家），个体经营户358户。其中，省际水运企业662家。新开业水路运输企业40家，注销经营资质企业2家。水路运输服务业194家（船舶代理101家、客货运代理88家、船舶管理5家）。内河港口企业和码头单位数663个（长江干线300个），其中从事普通货物作业559家、危险货物作业47家、集装箱作业8家、旅客运输6家；新设立20家，注销6家。

江苏省，水路运输企业1107家，其中地方内河运输企业902家。5万载重吨以上的水运企业118家，5万载重吨以上的水运企业54家。水路运输服务业617家（船舶代理373家、货运代理196家、船舶管理48家）。取得港口经营许可证户数755户，新设立8家，注销1家；从事码头及货物装卸、仓储服务540家，旅客运输1家，船舶港口服务184家，港口设施服务30家。

上海市，地方航运企业248家（货运企业220家、客运企业28家、客货兼营企业1家，个体经营户38户。其中，沿海运输企业140家、内河运输企业108家，省际水运企业211家。水路运输服务业370家（船舶代理308家、货运代理293家、客运代理8家、船舶管理42家）。内河港口企业和码头单位数1281个，其中从事普通货物作业1216个、危险货物作业42个、集装箱作业3个、旅客运输20个。

浙江省，水路运输企业688家（沿海水路运输企业495家、内河水路运输企业193家），水路运输服务企业459家。取得港口经营许可证户数2606户，港口企业2651家（从事普通货物作业2201个、危险货物作业394个、旅客运输56个）；内河港口企业和码头单位数1898个。

3.4.2 港口物流企业的区域合作

长江沿线港航物流企业发起成立“长江经济带港口物流区域合作联席会” 合作机制。首批成员单位包括宜宾、泸州、重庆、宜昌、荆州、岳阳、武汉、黄石、安庆、池州、铜陵、芜湖、合肥、马鞍山、淮安、南京等城市的相关企业。

上海国际港务（集团）股份有限公司长江战略得到进一步深化。公司增资入股芜湖港务有限责任公司、合资设立安吉上港国际港务有限公司、签署湖南城陵矶港务集团合作框架协议等，独山港区口岸开放获得国务院批准，合作经营太仓港正和集装箱码头有限公司。至此，上海港借助与长江沿线各港在资本、业务等方面的合作，形成包括港口（南京、江阴、芜湖、长沙、重庆、宜宾集装箱码头，武汉、九江、城陵矶港务集团）以及物流、代理企业组成的以上海母港资源为核心的长江流域物流网络体系，有力地推进了上海港长江集疏运网络的建设。

舟山加强与长江沿线港口企业合作，打造长江流域江海联运服务中心，全力支持长江流域海进江（主要为油品、金属矿石、煤炭、矿建材料和粮食）、江出海（主要为矿建材料、钢铁、水泥）运输。

3.4.3 推进港航资源整合和转型升级

交通运输部发布了《关于推进港口转型升级的指导意见》，长航局发布了《长航局关于促进航运业转型升级健康发展的实施意见》等，沿江省市也出台相应实施意见，积极引导港航企业以资本为纽带开展兼并重组，促进区域港口集约化、一体化发展。

四川省由省交投集团牵头按照“统一规划、统一管理、统一运营、统一筹融资建设”的原则，推进泸州、宜宾两港资源整合工作。重庆市着力优化港口企业结构，兼并重组港航企业26家，引导企业拓展综合物流、全程物流，延伸产业链，全年完成老旧码头搬迁整合34座，收回优质岸线2000余米。湖南省联手上港集团组建湖南城陵矶港务集团，整合港口水运资源，统筹集装箱集疏运体系；湖北省推进长江港口资源整合，鄂东南五市（武汉、黄石、鄂州、黄冈、咸宁）港口企业整合工作率先启动。安徽省拆除、关停码头101座、泊位204个，涉及港口吞吐能力2600万吨，升级改造老旧码头34座。上海市继续实施上海港“长江战略”，以资本、技术、信息为纽带促进沿江港口物流资源整合，共同建设“长江物流一体化运营平台”，鼓励发展“江海直达”运输。宁波港集团与舟山港集团签署《关于进一步完善全面战略合作加快推进宁波—舟山港一体化建设机制的协议》，以“资本为纽带、项目为载体”，积极推进宁波—舟山港开发。

长江港口企业适应市场变化，多渠道拓展港口物流服务功能，取得较好的市场经济效益。部分港口如南京港、苏州港、芜湖港等，依托港口资产和场地优势，大力发展港口相关产业，推动港口、货主、产业的联动，稳定了港口货源支撑。部分港口如重庆港、荆州港等，大力发展全程物流，加快港口物流链向上下游延伸，多渠道、多方式整合运输业务、拖带业务、代理业务和装卸业务，实现货物运输“门到门”服务。部分港口如重庆港、荆州港、泰州港等，依托临港工业发展，完善“前港后园”的功能布局，积极打造集仓储、加工、委托采购、金融服务为一体的综合物流发展模式，充分发挥港口中转枢纽作用。

长江航运企业在加快转型升级过程中，主要表现为以下几个特点：一是更加注重经营理念的转变，部分航运企业积极推动公司由传统交通运输企业向现代综合物流企业转型，或加大同大货主的合作，或与港口企业、干流航运企业与支流航运企业的经营重组，积极寻找新的出路。二是更加注重优化运力结构，充分利用船型标准化补贴政策和政府主管部门对危化品和客运两个市场板块运力调控政策，加速淘汰不适应市场的老旧船舶和能耗高、污染重、技术落后的船舶，积极发展有市场潜力的新型船型，船舶大型化、专业化日趋明显，LNG动力船舶、节能环保高能效船舶都呈现较快的增长势头。三是更加注重加强内部管理、降低经营成本，着力优化公司管理层人员结构、规范公司管理人员服务船舶的具体内容，对船舶实行精细化管理，从监控船舶油耗到经营上降低运营成本等方面，强化成本管控。四是更加注重完善服务网络、规范经营运作流程，一些企业根据货源形势和船舶流向，在长江沿线重要城市成立办事处，实行信息沟通、上下联动、中转对接、组织货源、加快运输船舶周转；一些企业利用现代信息技术规范经营运作业务流程，提高企业人员的工作效率和业务处理准确率。五是更加注重安全节能环保生产能力，在强化安全生产的同时，航运企业对船舶节能环保的意识也明显增强，把节能作为控本增效的途径之一。

3.4.4 主要企业经营情况

（一）中国外运长航集团有限公司

截至2014年底，长航集团拥有和控制的船舶数量1097艘，总运载规模252万载重吨，比年初减少29艘，2万载重吨。其中：干散货船433艘，223万载重吨，比年初减少14艘，3万载重吨；油轮52艘，11万载重吨，与去年持平；集装箱船51艘，13721TEU，与去年持平。全年完成货运量8704万吨，同比减少229万吨、下降2.6%；完成货运周转量790亿吨公里，同比减少59亿吨公里、下降7.0%；实现业务收入32.01亿元，同比减少2.75亿元，下降7.9%；实现业务利润同比减亏增利4.41亿元。

其中，中国长江航运有限责任公司长江事业部拥有货运船舶107艘、63.73万载重吨，比上年增加14艘、8.54万载重量；完成货运量3424.3万吨、货物周转量313.26亿吨公里，分别比上年增长16.5%.21.2%；实现主营业务收入8.75亿元，与上年同比增长11.4%，实现主营业务利润7300万元，与上年同比增长202.4%。

（二）民生轮船股份有限公司

民生轮船股份有限公司继续领跑长江上游集装箱运输，2014年占重庆港吞吐量的30.5%，同比上升1.5个百分点。截至2014年底，公司拥有集装箱船舶44艘、14289箱位，比上年增长2艘、717箱位，完成集装箱量29.99万TEU，同比增长3.6%，实现主营业务收入34972.2万元，同比增长8.6%，实现主营业务利润1848.9万元，同比减少24.0%。

2014年，公司组建了物流公司汽车物流事业部，从体制机制上推动公司商品车物流发展。在稳定下水商品车市场、开发四川水陆联运商品车业务的同时，着力开发上水商品车市场，新开发了中甫航运上海—芜湖上水业务，结合下水航线延伸至芜湖，加强与奇瑞、安盛、长航、中联物流等合作，大幅提高了上水商品车发运量。公司在长江商品汽车滚装运输行业占据优势地位，但占比有所下降，2014年占近50%的市场份额。截至2014年底，公司拥有商品汽车滚装船舶15艘、10120车位，比上年增加3艘、3280车位，完成车运量27.47万辆，同比增长6.0%，实现主营业务收入11471.5万元，同比增长4.6%，实现主营业务利润2670.5万元，同比增长44.0%。

（三）重庆港务物流集团有限公司

重庆港务物流集团有限公司拥有各类生产性码头泊位118个，年综合通过能力8092万吨（其中散货、件杂货2676万吨，集装箱294万TEU，旅客2660万人，载货滚装汽车29万辆，商品滚装汽车80万辆）。2014年，完成旅客吞吐量233.2万人，同比减少9.4%，货物吞吐量4581.3万吨（其中外贸吞吐量441.9万吨），同比增长13.0%（15.4%），集装箱吞吐量89.6万TEU，同比增长12.4%。实现主营业务收入84.8亿元，同比下降4.5%；主营业务利润6.12亿元，同比下降1.7%。

（四）武汉港务集团有限公司

武汉港务集团拥有生产泊位51个，岸线全长7579米，铁路专用线20.9公里。最大靠泊能力10000吨级，锚地一次系泊能力70万吨，设备最大起重能力500吨，散货、件杂货通过能力3100万吨，集装箱通过能力60万TEU，商品滚装汽车25万辆。

2014年，完成货物吞吐量4342.5万吨（其中外贸吞吐量407万吨），比上年同比增长2.9%（9.4%），集装箱吞吐量60.4万TEU，同比增长17.7%。实现主营业务收入14.6亿元，同比下降16.5%，主营业务利润-6655.5万元，同比减少亏损3067.6万元。

（五）南京港（集团）有限公司

南京港（集团）有限公司是长江干线最大的公共码头经营企业，大力发展以集装箱、散杂货、汽车滚装、石油及液体化工为主的港口营运主业。2014年，完成货物吞吐量完成8952.40万吨（其中外贸吞吐量1568.3万吨），同比增长4.5%（-6.5%），集装箱吞吐量完成275.08万TEU，同比增长4.6%。集团合并财务报表营业总收入25.2亿元，同比增长4.4%；利润总额5901万元，同比增加3636.79万元。

（六）上海国际港务（集团）股份有限公司

2014年，上海国际港务股份有限公司母港货物吞吐量完成 5.39 亿吨，同比下降 0.8%，其中，母港散杂货吞吐量完成 1.86 亿吨，同比下降 8.8%。母港集装箱吞吐量完成 3528.5 万标准箱，同比增长 4.5%，上海港年集装箱吞吐量已连续五年保持世界第一。2014 年公司水水中转同比增长 5.7%，水水中转比例达到 45.8%。公司实现营业收入 287.79亿元，同比增长 2.19%，归属于母公司的净利润 67.67 亿元，同比增长 28.75%。

3.5 水路运输管理服务

3.5.1 完善水路运输管理制度

依据《国内水路运输管理条例》的有关规定，《国内水路运输管理规定》和《国内水路运输辅助业管理规定》于2014年1月3日分别以交通运输部令第2号和第3号发布，自2014年3月1日起施行。两个规定进一步落实了国内水路运输的经营资质条件，简化了行政审批程序，完善了对经营资质和经营行为的监督检查制度，强化了对水路运输经营活动的监管措施。同时，也进一步明确了长江航务管理局和省（市）水路运输管理机构水路运输和辅助业市场管理职责。

3.5.2 加强水路运输市场监管和服务

（1）开展水路运输及水路运输服务业年度核查

交通运输部部署了2014年国内水路运输业及水路运输辅助业核查工作。根据各省（市）水路运输管理部门2014年核查数据，云南省共核查水路运输经营业户424个（省际运输企业8家、省内运输企业75家，个体运输经营者340户，船代企业1家）；核查营运船舶928艘。贵州省共核查水路运输经营业户791户（其中：水运企业88家，个体、工商户702家，水路辅助企业1家），核查率达99.62%。四川省共核查水运企业167家（其中省际运输企业84家、省内运输企业83家）、个体（联户）经营者4286户、运输船舶8043艘（其中省际船舶572艘、省内船舶7471艘），水运服务业7家，其中船代企业5家、客货代企业2

家。江西省共核查水路运输经营业户304户（企业178户，个体运输经营者126户）；水路运输辅助业户78户；核查营运船舶2135艘 。安徽省共核查水运企业762家（其中：沿海运输企业58家，省际内河运输企业662家，省内内河运输企业42家），个体经营者358户，服务企业194（其中：船代101家， 客货代88家， 管理企业5家）。上海市纳入2014年度核查范围的对象共为667户，其中水路运输企业254户、个体运输户52户；水运服务企业361户（船舶管理企业39户）。

（2）继续执行省际客船、危险品船运输市场宏观调控政策

长江航务管理局制定发布了《关于做好长江水系省际液货危险品运输企业和船舶行政许可前公示的通告》等，减少液货危险品经营主体4家，采取以旧换新方式更新了35艘船舶。

（3）加强市场经营行为的监督检查

长江航务管理局开展了三峡库区省际水上客运市场、川江及三峡库区载货汽车滚装运输服务质量等专项整治活动。开展了长江水系运政大检查、政风行风走访和涉企收费检查及问题整改。

（4）探索建立行业诚信管理机制

长江航务管理局研发了长江水系省际客船、液货危险品船、滚装船运输经营者及船员诚信管理系统。湖北省制定并实施水运企业诚信评价实施办法。

（5）优化运输组织协调

强化春运、三峡枢纽检修期等重点时段运输组织协调，确保旅客、抢险救灾物资、鲜活农产品和军运任务等重点运输的安全畅通有序。积极支持江海直达、干支直达运输。启动了三峡库区滚装甩挂运输试点。开通了忠县至宜昌滚装航线和长江下游上海至池州邮轮航线。

3.5.3　船舶的监督管理

（1）船舶登记

2014年，长江海事局各登记机关共办理各类登记8152艘次。其中办理船舶所有权1354登记艘次，办理国籍登记2658艘次，抵押登记1171艘次，光船租赁登记539艘次，注销登记2430艘次。截至2014年底，长江海事局登记在册船舶11818艘，总吨位1660万，单船平均吨位1405。国际航行船舶9艘，总吨位2.94万，平均单船吨位3267；国内沿海航行船舶1343艘，总吨位326万，单船平均吨位2427；内河船舶10466艘，总吨位1331万，平均单船吨位1271。

2014年，长江海事局登记新造船舶402艘，80.5万总吨，单船平均吨位2002。其中，海船52艘，14.5万总吨，单船平均吨位2786；内河船350艘，66万总吨，单船平均吨位1886。新登记船舶的区域分布及种类情况如表3.5-1~3.5-3所示。

2014年长江海事辖区新登记海船分布　　表3.5-1

单　位	数　量
长江海事局	1
重庆海事局	1
宜昌海事局	2
武汉海事局	10
芜湖海事局	36

2014年长江海事辖区新造海船种类情况　　表3.5-2

种　类	数　量
干散货船	33
集装箱船和多用途船	3
油船	3
工程船	12
重大件船	1

2014年长江海事辖区新登记内河船区域分布　　表3.5-3

单　位	数　量	总　吨	平均吨位
合计	350	660100	1886
重庆	129	226022	1750
宜昌	35	22560	645
荆州	12	12410	1034
岳阳	6	4819	803
武汉	33	53684	1627
黄石	13	14896	1146
九江	9	31066	3452
安庆	24	40325	1680
芜湖	89	254318	2858

2014年长江海事辖区新登记内河船种类分布（艘）　　表3.5-4

数量合计	干散货船	液货船	多用途船	集装箱船	滚装船	采砂船	客（滚）渡船	普通客船	旅游客船	高速客船	工程公务船	趸船	其他
350	156	30	14	1	1	13	55	1	1	2	37	31	8

2014年，江苏海事局办理船舶登记3098艘次。

地方海事机构：四川省登记注册船舶共14179艘，乡镇登记的自用船有22001艘。湖南省登记注册船舶共18177艘，432.80总吨；办理船舶登记7412艘次。安徽省登记注册船舶共38383艘，2002.1万总吨。浙江省登记注册船舶共24593万艘，360万总吨。江西省共办理船舶登记2494艘次。上海市共办理船舶所有权登记88次，船舶国籍登记202次，船舶光船租赁10次，注销登记91次，船舶抵押权登记31次，受理和核发船舶识别号189次。

（2）船舶检验

长江海事局、江苏海事局等船检管理工作以服务船检机构提高检验质量为目标，从验船人员培训、抓船检机构管理入手，不断促进船检机构的规范管理和自我提升，把好船舶安全源头关。2014年，长江海事局实施船舶实船吨位复核1162艘，签发临时吨位证书1820本，在安检中对4456艘次船舶开展了验船质量检查，检查率23.91%；江苏海事局完成国内航运公司和船舶审核499次。

地方海事船检机构继续有效实施监管和服务。云南省受理并完成了180艘船舶图纸设计审查，15艘船舶的建造检验任务，31艘各类船舶的转港检验业务，68项船用产品（轴系、舵系、螺旋桨）检验工作；四川省共检验船舶1.36万艘次、144万总吨、74.6万千瓦，审查船舶图纸135套；湖南省完成船舶检验1.2万艘次、396万总吨，其中新建造船舶检验624艘、36万总吨；湖北省完成船舶建造检验913艘、营运检验4734艘，清理疑似套号船舶20艘；江西省完成船舶检验4445艘次、223万总吨，其中新建造船舶检验107艘、7.6万总吨；安徽省完成建造船舶检验863艘，营运船舶检验3万余艘次；浙江省完成新造船舶检验1027艘、49.3万总吨；上海市受理船舶吨位复核提请115艘次，审核并核发《临时内河船舶吨位证书》111份、《内河船舶吨位证书》67份，完成船舶审图 37套；建造检验 43艘，94347总吨，营运检验 986艘，1202226 总吨，船用产品检验 99 件。

3.6 港口管理服务

3.6.1 港口经营管理

2014年12月，交通运输部对《港口经营管理规定》（交通运输部令2009年第13号）进行修改并重新发布，新修改的内容主要是进一步明确了港口经营许可条件。为进一步推进简政放权，充分发挥市场配置资源的决定性作用，国务院办公厅发布《关于进一步加强涉企收费管理减轻企业负担的通知》（国办发〔2014〕30号），长江经济带各省市相继出台有关贯彻落实措施，重庆市清理、简化行政许可事项，取消2项，下放6项，承接交通部下放项目1项，同时，开通网上办事大厅，实现部分重点审批业务快捷申报，港口经营许可实行“远程审批、当地发证”；江苏省发布《关于取消交通港口行政部门收取的港口货物港务费的通知》（苏财综[2014]95号），决定自2015年1月1日起，取消全省各级交通港口行政部门收取的港口货物港务费。

3.6.2 港口岸线管理

四川省正加快制定相关的省政府规章和配套性文件，进一步明确和细化港口岸线有偿使用的制度措施。重庆市发布《重庆市交通委员会、重庆市发展和改革委员会关于贯彻实施《港口岸线使用审批管理办法》的通知》（渝交委〔2014〕42号），为进一步规范港口岸线使用审批管理。湖北省政府全面推进长江、汉江（干流）岸线利用控制性规划编制工作，宜昌、荆州、黄石、鄂州等市相继取得阶段性成果。湖南岳阳市政府、市政协召开“加强长江岸线资源管理与利用”专题协商会议，审议通过了《关于“加强长江岸线资源管理与利用”向岳阳市人民政府的建议案》。安徽铜陵市出台《铜陵市港口岸线使用管理办法》，强化岸线资源的节约利用、保护和监督管理。上海市对《上海港口岸线管理办法》进行修正，进一步加强港口岸线的规划、使用管理。

3.6.3 港口市场监管

加强港口经营资质的动态监管，长江经济带各省市港航管理部门开展了港口经营资质核查工作，规范港口经营行为。加大对港口经营人扰乱港口经营秩序行为的监管力度，杜绝在港口建设、经营活动中违反规划建设、未批先建、未经验工验收试运行及无证经营、超范围经营、危货作业不申报等现象，切实维护港口发展的健康环境，进一步提升港口行业监管水平。

开展港口收费价格和收费行为的监管，根据《关于整顿规范进出口环节经营性服务和收费的通知》（发改电〔2014〕198号）文精神，港口行政管理部门对本地区外贸货物港口经营服务性收费情况开展整顿规范专项工作。

第4章

航道养护与管理

4.1 航道通航情况

4.1.1 长江干线航道通航情况

2014年，长江干线完成货物通过量20.6亿吨，同比增长7.3%。按运输区域分，干线至干线的货运量为5.6亿吨，比上年增长9.4%；支流进入干线或干线进入支流的货运量为2.6亿吨，比上年增长9.7%；海进江和江出海货运量为11.7亿吨，比上年增长5.9%。江海运量占总通过量的57%，干线和干支运量占总通过量的40%。

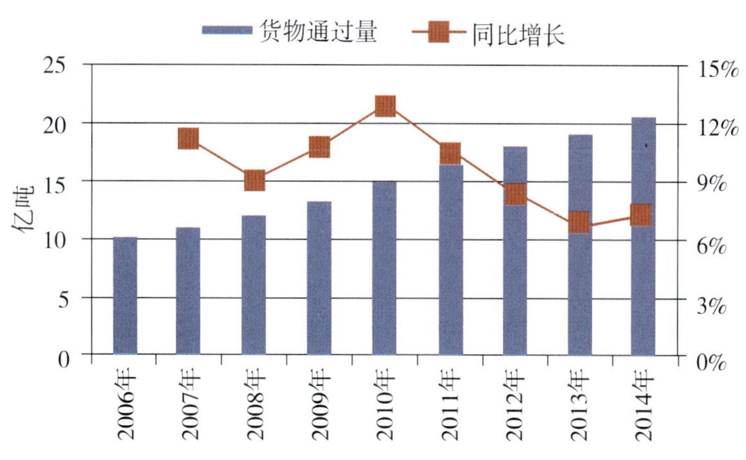

图4.1-1 2006-2014年长江干线货物通过量

通过量排在前3位的货物依次为煤炭5.2亿吨，金属矿石4.0亿吨，矿建材料3.4亿吨，分别占总通过量的25.2%、19.4%和16.5%。

长江干线航道设有27个水上交通流量观测断面，全年日平均标准船舶流量的平均值为655.2艘次，比上年增长4.3%。其中，上游航道6个断面，日平均标准船舶流量的平均值为203.0艘次，下降0.3%；中游航道3个断面，日平均标准船舶流量的平均值为254.1艘次，增长5.3%；下游航道18个断面，日平均标准船舶流量的平均值为872.8艘次，增长4.7%。

2013年长江干线货物通过量（按货类分） 表4.1-1

货　类	货物通过量（亿吨）	同比增长（%）
合计	20.6	7.3%
其中：		
煤炭	5.2	5.5%
金属矿石	4.0	9.6%
钢铁	1.3	6.6%
矿建材料	3.4	7.9%
其他	6.7	8.0%

2014年各月长江干线（长江海事局辖区）典型断面船舶流量（艘次/日） 表4.1-2

观测点	1月	2月	3月	4月	5月	6月	7月	8月	9月	10月	11月	12月
江津	61	63	68	91	85	82	87	82	74	166	89	92
朝天门	258	249	236	253	240	242	266	262	234	236	267	269
万州	242	224	244	248	229	242	235	229	234	220	235	241
巫山	250	185	193	196	181	198	184	194	159	198	226	228
三峡大坝	353	364	349	352	349	359	355	349	314	322	318	329
枝城	189	208	220	191	213	222	207	233	214	212	209	208
荆州	173	126	168	171	164	161	152	137	147	175	200	175
城陵矶	327	319	314	303	285	288	298	282	341	319	304	281
武汉大桥	340	349	353	390	381	360	331	395	412	384	375	376
阳逻大桥	342	373	336	328	278	372	371	338	287	367	265	274
黄石大桥	477	323	352	421	453	428	406	380	405	353	357	422
九江大桥	572	517	570	546	609	617	604	597	565	532	545	559
九江湖口	719	642	738	768	739	970	915	918	910	771	755	865
安庆大桥	904	718	891	926	820	930	954	896	912	958	775	815
铜陵大桥	1114	1106	1021	1054	1008	1090	1108	1029	975	1012	1107	1150
芜湖大桥	1339	1299	1332	1446	1387	1475	1739	1205	1520	1595	1579	1552

在长江干线上的港区完成货物吞吐量23.7亿吨，比上年增长10.8%；外贸货物吞吐量2.82亿吨，比上年增长7.1%；集装箱吞吐量1352.4万TEU，比上年减少3.8%（因统计口径调整）。长江上游、中游、下游三个区段港口吞吐量占干线港口吞吐量的比重为7.3：19.3：73.4，三个区段港口吞吐量分别比上年增长11.4%、41.0%、5.1%，中游港口吞吐量增幅最大。

2014年长江干线港区吞吐量　　表4.1-3

省（市）	货物吞吐量		集装箱吞吐量			商品汽车滚装吞吐量（万辆）	载货汽车滚装吞吐量（万辆）	旅客吞吐量（万人）
	合计（万吨）	其中：外贸	箱数（万TEU）	重量（万吨）	其中：货重			
合计	237185.5	28218.9	1352.4	14994.4	13874.2	52.0	90.7	905.0
云南省	345.1	—	—	—	—	—	—	63.4
四川省	3842.9	50.6	44.1	499.4	415.4	—	—	87.0
重庆市	13171.7	506.9	101.5	1194.4	984.2	38.4	32.6	554.1
湖北省	25629.3	1248.9	125.6	182.4	1568.2	—	58.1	179.4
湖南省	12021.0	240.2	22.1	273.4	229.8	—	—	8.8
江西省	8035.9	201.5	22.4	276.6	232.3	—	—	12.3
安徽省	30221.6	411.4	60.7	460.0	339.4	8.2	—	—
江苏省	143918.0	25559.4	976.0	12108.2	10104.9	5.4	—	—

注：统计范围为在长江干线上的港区。

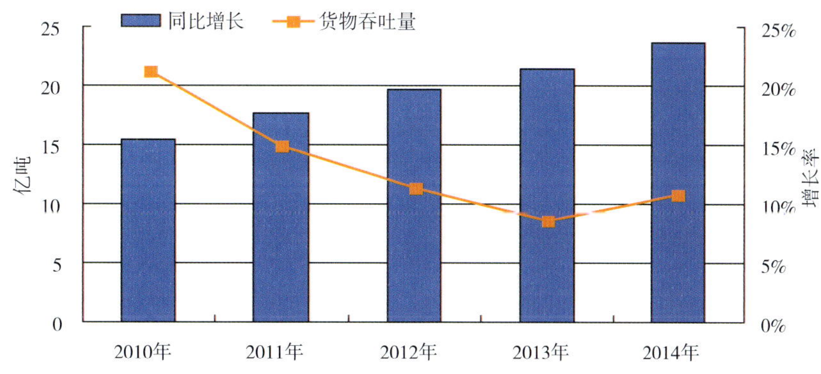

图4.1-2　2010-2014年长江干线港口吞吐量发展态势图

4.1.2　主要支流航道通航情况

岷江完成港口吞吐量398.47万吨。

嘉陵江四川段完成港口吞吐量2493.07万吨，重庆段完成524.45万吨；其支流渠江完成367.97万吨，涪江完成398.76万吨。

乌江贵州段完成港口吞吐量635.20万吨，重庆段完成港口吞吐量341.64万吨。

沅水流域，贵州段（清水江）完成港口吞吐量42.14万吨，湖南段完成港口吞吐量2120.29万吨。

湘江流域（不含岳阳）完成港口吞吐量8156.46万吨。2014年湘江长沙综合枢纽船闸通航，全年累计开启12329闸次，船舶通过76817艘次，过闸货运量4971.18万吨。其中，砂石运输船舶通过量25351艘次，货运量3208.72万吨，占过闸货运总量的64.55%；危险品船舶（含汽、柴油）1126艘次，占1.47%；集装箱船舶694艘次，占0.91%。自2012年10月10日试通航以来，累计开启22782闸次，船舶通过146548艘次，过闸货运量8380.12万吨。

汉江湖北段完成港口吞吐量2139万吨，陕西段完成港口吞吐量386.07万吨。

赣江流域（不含九江）完成港口吞吐量7864.20万吨。

信江流域完成港口吞吐量2296.7801万吨。

合裕线完成港口吞吐量2412.37万吨。

4.2　航道养护情况

4.2.1　长江干线航道养护

长江干线航道上起云南水富，下至长江入海口，全长2838公里。其中：云南水富至四川宜宾合江门段由四川省交通运输厅负责养护管理，湖北宜昌中水门至秭归庙河段由长江三峡通航管理局负责养护管理，江苏太仓浏河口至上海长江口（南支）段由长江口航道管理局负责养护管理，其余河段由长江航道局负责养护管理。养护内容主要包括：航道和航标的维护管理、航道维护性疏浚、航道整治建筑物维护、航道测量监测与试验研究、工作船舶和基地维护管理等。

（一）长江口航道养护

2014年，长江口12.5米深水航道养护里程125.2公里，一类维护，航道通航深度保证率维护在95%以上；南槽航道养护里程86.0公里，一类维护，南槽航道疏浚工程于2014年8月通过竣工验收，航道水深保证率不低于90%。根据监测结果，对整治建筑物技术状况进行评价并对损坏部位进行修复、及时排除安全隐患，整治建筑物“导流、挡沙、减淤”三大功能正常发挥。开展大量现场观测和试验研究，航道回淤原因分析和减淤措施研究取得进展。“南港—北槽深水航道三维悬沙数模开发和应用研究”、“长江口南港—北槽深水航道常态回淤原因并行研究”、“长江口近底水沙观测技术研究”等专题取得阶段性成果。在常态回淤原因研究成果提出的航道回淤原因及减淤思路的基础上，交通运输部长江口航道管理局组织开展了减淤工程方案研究，提出了先期实施北槽南坝田挡沙堤加高方案，方案已通过交通运输部批准，计划于2015年实施。

（二）长江干线航道养护

2014年，长江干线航道维护里程4515.8公里。其中长江航道局航道养护里程4449.3公里，包括主航道2628.8公里、海轮航道653.2公里、其他航道（含缓流航道、副航道、小轮航道及支流河口航道）1167.3公里；长江三峡通航管理局航道养护里程66.5公里，包括主航道59公里、副航道7.5公里。

宜宾合江门至宜昌下临江坪段为上游航道（其中，宜宾合江门至江津红花碛河段为

受向家坝等水库群影响的航道，江津红花碛至重庆涪陵为三峡水库变动回水区航道，重庆涪陵至三峡大坝为常年库区航道，三峡大坝至葛洲坝为两坝间航道），宜昌下临江坪至武汉长江大桥段为中游航道，武汉长江大桥至长江口段为下游航道。航道养护类别为一类航道养护，航标配布类别为一类航标配布。

长江航道局的养护管理，航标维护、航道测绘、航道疏浚、整治建筑物维修工作量均超计划完成，全线分段分时实际航道维护水深均大于计划维护水深，长江干线未发生因航道养护原因造成的碍航、阻航事故。全年最大设标数6999座天，完成航标养护249万座天，航标养护正常率100%；各信号台实际开班5898台天,指挥各类船舶 226万艘次，信号揭示正常率为1000‰；完成航道测绘51167换算平方公里，其中电子航道图测绘更新2万换算平方公里；21艘疏浚船舶对21处水道实施航道养护疏浚施工2130万立方米；完成航道整治建筑物检查5983艘班和12处航道整治建筑物维修工程。

加强枯水期、洪水期、三峡水库及向家坝蓄水期期间的航道维护工作。长江航道局各单位密切关注水位变化和河床演变，加大日常航道探测、航标巡查力度，不断优化航标配布方案，先后调遣13艘不同类型的挖泥船对李庄等12个重点水道进行了维护性疏浚工作。枯水期共完成航标维护125.2万座天，探测航道10898次，调整航标8337座次，航道改槽（改孔） 11次，恢复失常航标2425座次；航道测量23814换算平方公里；航道疏浚886.4万立方米；航道水深保证率100%，航标维护正常率100%；信号台开班3560台班，指挥行轮112335艘次，信号揭示正常率100%；完成整治建筑物维修16处，确保了航道畅通安全。

（三）长江干线航道维护尺度

充分利用航道整治工程效果，充分利用航道自然水深条件和信息化技术，长江航道局分段分时先后提高长江干线航道维护尺度。2014年，试运行或正式提高14个航段的航道维护水深（其中10段为干线航道，4段为支汊航道），新开通2段支汊航道为公用航道。

自2014年5月1日起，正式提高宜宾至重庆段中洪水期航道尺度，其中洪水期从3.0米提高到3.7米，中水期5、11月由3.0米提高到3.2米，6、10月提高到3.5米。自1月1日起，正式提高大埠街至城陵矶、城陵矶至武汉段枯水期航道尺度，水深分别从3.2米提高到3.3米，3.5米提高到3.7米。自4月1日起，正式提高宜昌下临江坪至大埠街、大埠街至城陵矶、城陵矶至武汉段中洪水期航道尺度；其中宜昌下临江坪至大埠街段5月由3.8米提高到4.0米，6～8月由4.5米提高到5.0米；大埠街至城陵矶段4月由3.5米提高到3.8米，6～8月由4.5米提高到5.0米；城陵矶至武汉段4、5、10月由4.0米提高到4.5米,6～9月由4.5米提高到5.0米。自1月1日起，试运行提高武汉至安庆段枯水期维护尺度，水深从4.0米提高到4.5米；正式提高安庆至芜湖段航道尺度，枯水期水深从5.5米提高到6.0米，中水期（5月、10月）从6.5米提高到7.0米，洪水期（6～8月）由7.5提高到8.0米；正式提高太仓至浏河口段航道水深至12.5米。自5月1日起，正式提高南京至江阴段航道尺度，5–10月水深从10.5

米提高到10.8米。自7月9日起，试运行提高南通天生港至太仓荡茜闸航道维护水深至12.5米。

从1月1日起试运行提高长江口北支水道、太平洲捷水道、太平府水道、乌江水道等4段支汊航道维护尺度，3月20日和9月5日分别试运行开通安庆南水道和铜陵东港航道为公用航道。

2014年长江干线航道最小维护尺度表 表4.2-1

河　段	里程（公里）	最小维护标准尺度（水深×航宽×弯曲半径）（米×米×米）	保证率（%）
水富—宜宾	30.0	1.8×40×320	95
宜宾—重庆	384.0	2.7×50×560	98
重庆—涪陵	112.4	3.5×100×800	98
涪陵—宜昌中水门	544.1	4.5×140×1000	98
其中：葛洲坝三江航道	—	4.0×120×1000	98
宜昌中水门—下临江坪	14.5	4.5×80×750	95
下临江坪—大埠街	99	3.2×80×750	95
大埠街—城陵矶	286	3.3×80×750	95
城陵矶—武汉长江大桥	227.5	3.7×80×750	98
武汉长江大桥—安庆皖河口	402.7	4.5×100×1050	98
安庆皖河口—芜湖高安圩	168	6.0×200×1050	98
芜湖高安圩—芜湖长江大桥	37	6.0×500×1050	98
芜湖长江大桥—南京	101	9.0×500×1050	98
南京—太仓	288.6	10.5×500×1050	98
太仓—长江口	143.0	12.5×500×1050	—

目前，5万吨级海轮可以从长江口直达南通港，10万吨级及以上海轮也可乘潮减载抵达。3万吨海船可直达南京，洪水期可驶抵芜湖港。洪水期万吨级海轮可直抵安庆港。5000吨级海船可直达武汉，3000吨级海轮可直达城陵矶。

武汉长江大桥至城陵矶河段、安庆钱江嘴至武汉段，海轮航道采用海轮推荐航线的方式。长江中游武汉长江大桥至城陵矶段海轮航道开放期为于2014年5月1日至9月30日，5月份维护水深为5.0米，航宽为150米。安庆（钱江嘴）至武汉段为2014年4月1日至11月15日，安庆（钱江嘴）至安庆皖河口5月为7.5米，其他月份同主航道；安庆皖河口至武汉4月为5.5米，5月为6.5米，6月、9月为7.0米，7月、8月为7.5米，10月为6.0米，11月上半月为5.0米。

4.2.2 省管航道养护情况

四川省，内河航道维护里程4026公里（一类维护20公里、二类维护981公里、三类维护3025公里），设标总里程809公里（一类航标20公里、二类航标282公里、三类航标507公里），航标总座数3174座，维护正常率95%。岷江大件航道养护，推进萝卜寺滩、牛栏坪滩和铜锣湾滩整治工程，癞儿滩和杨花渡滩工程通过交工验收；强化嘉陵江航道航标管养，确保正位率达到100%；省级投入应急抢通资金2000余万元，抢通航道52公里。

重庆市，建成乌江、小江、梅溪河、抱龙河等航道支持保障系统，新开通小安溪22公里航道，建成4个航道标准化示范站，新增航道维护工作艇趸14艘。此外，乌江重庆武隆航段首个乌江航道基地正式建成投用。

湖南省，内河航道维护里程1389公里，设标里程1912公里，维护正常率99.5%。推进沅水开湖航线省级文明样板航道创建；完成航道应急抢通投资2100万元，航道浅滩疏浚26处、清障2处、打捞沉船4艘。

湖北省，内河航道维护里程869公里（一类维护438公里、二类维护282公里、三类维护149公里），设标总里程869公里（一类航标438公里、二类航标282公里、三类航标149公里），航标总座数1580座，维护正常率95%。2014年首次启动航道养护市场化，汉江兴隆枢纽至河口航行实现昼夜通航。

江西省，完成赣州水口塘滩、桃园滩、樟树公路桥上行孔滩、丰城游家洲滩、上饶团转滩、龙口上滩、龙口中滩、南昌太平滩、瓦窑滩、猪婆滩共计299901.84立方米的清障任务。

安徽省，内河航道维护里程3268公里（一类维护435.19公里、二类维护2546.5公里、三类维护286.36公里），设标总里程2821.52公里（一类航标478.36公里、二类航标274.29公里、三类航标326.97公里），航标总座数1650座，维护正常率97%。重点维护了合裕线、秋浦河、青弋江等58条航道（航线），完成疏浚土方17.75万立方米，航道维护性测量30.5公里，南淝河、淮河航道无主碍航沉船打捞2艘。

上海市，内河航道维护里程31.93公里（一类维护17.16公里、二类维护14.77公里），设标总里程147.2公里（一类航标57.82公里），航标总座数56座，维护正常率100%。开展实施了10条航道（段）的维护疏浚工程和定点清障及沉船打捞工作，疏浚里程约90公里，疏浚方量333万立方米，打捞沉船5艘，应急抢通清障方量0.15万立方米；实施完成31条内河航道及航道设施的检测和修测工作，里程约634公里，航道测绘工作量2900多平方公里，同时继续开展航道回淤分析工作。

浙江省，内河航道维护里程9718公里（一类维护1567公里、二类维护1840公里、三类维护6310公里），设标总里程2245公里（二类航标21公里、三类航标401公里），航标总座数4406座，并逐步安装遥测电子监控设施。

4.3 航道行业管理

4.3.1 配合做好《中华人民共和国航道法》立法论证和贯彻落实工作

航道管理部门积极配合做好立法调研、专题研究、材料修改等工作，长江航道局还主动开展了《中华人民共和国航道法》配套法规体系研究工作。2014年12月28日第十二届全国人民代表大会常务委员会第十二次会议通过《中华人民共和国航道法》，并自2015年3月1日起施行。主要内容是规范和加强航道的规划、建设、养护、保护等；该法对于综合运输交通法律体系的完善具有重要意义，补上了水运发展的短板，有利于从法律制度上保障航道建设养护的资金来源，有利于保护和利用航道战略资源，有利于促进水运事业的发展，有利于推进与航道有关的国家发展战略和对外开放的需要，在打造长江黄金水道以及其他水域的发展，促进航道发展中起着非常重要的作用。

4.3.2 加强航道管理制度建设，推进航道管理体制改革

完善航道管理和执法的制度、程序，推进基层执法职业化、标准化、规范化建设。长江航道局制定了长江干线与通航有关设施航道专项查验、长江航道行政处罚等制度；推进航道行政审批改革，实现专设航标行政许可网络办理。贵州省成立省通航管理局，省地方海事局、省航务管理局增加通航管理业务，加强省管航道的养护和管理工作。湖南省颁布实施《湖南省干线航道精细化管理规定》。安徽省出台了《关于加强航道管理和养护工作的指导意见》，起草《安徽省航道管理和养护工作规定》。江苏省出台实施《江苏省内河航道养护测量管理办法》。

同时，长江航务管理局积极稳妥推进长江干线航道管理体制改革，加强改革政策研究，形成长江干线航道管理体制改革和长江航道分类改革的意见和建议。

4.3.3 长江干线拦河、跨河、临河建筑物的通航管理

长江航务管理局继续加强对航道通航条件有影响的拦河、跨河、临河建筑物和河道、航道治理等其他工程设施的通航管理，切实保护航运资源、航道及航道设施。一是加强对跨越长江干线航道的桥梁通航标准和技术要求的审查、落实和维护工作。完成了商合杭铁路芜湖长江大桥等10座干线（支汊）桥梁通航安全影响论证审查和通航专项查验工作，组织开展了对沪通铁路长江大桥等在建项目批复执行情况的检查，完成了杨泗港长江大桥边跨方案调整、青山长江大桥天兴洲守护方案审查等专项管理工作。二是开展了对其他过河建筑物的管理，组织对淮南—南京—上海1000千伏输电工程苏通长江大跨越工程通航管理工作进行专题研究。加强对河道整治工程及码头项目的通航管理，研究长江干线河道整治工程管理措施。三是规范了临河建筑物通航论证管理工作，印发了

《长航局关于加强长江干线临河建筑物通航安全影响论证和通航安全评估工作的通知》和《关于进一步明确长江干线临河建筑物通航安全影响论证工作的通知》。

4.3.4　加强长江干线采砂通航管理

长江航务管理局继续加强与长江水利委员会、沿江各级水行政主管部门和交通运输行政主管部门的合作，加大对非法采砂的打击力度，组织完成了为期半年的长江干线采砂通航管理专项活动，深入采砂管理现场，开展了对长江中下游5省8市采砂检查。强化工程性采砂通航论证及后评估，指导长江航道局完成了8项采砂工程对航道与通航影响论证审查工作和2项采砂工程的航道影响后评估工作。

第5章

平安长江建设

5.1 安全生产形势

5.1.1 水上交通安全形势

2014年，长江水上交通安全形势基本稳定，未发生一次性死亡10人以上的重大水上交通事故和重大船舶污染事故。长江引航中心未发生等级以上引航责任事故。

2014年长江经济带11省市运输船舶水上交通事故指标统计 表5.1-1

区域		四项指标				比上年同期增减百分比			
		一般等级以上交通事故（件）	死亡失踪人数（人）	沉船艘数（艘）	直接经济损失（万元）	一般等级以上交通事故	死亡失踪人数	沉船艘数	直接经济损失
部直属海事局辖区	长江海事局	12.5	24	8	708	↓10.7%	↓35.0%	↓33.0%	↓38.4%
	江苏海事局	22	29	17	2367.76	↓20.0%	↓6.5%	↓19.1%	↓66.1%
	上海海事局	32	15	19	6933	0	↑36.4%	↓20.8%	↓69.7%
	浙江海事局	33.5	29	23	7485.91	↓33.0%	↑190.0%	↓23.3%	↓30.4%
地方海事辖区	云南地方水域	0	0	0	0				
	贵州地方水域	0	0	0	0				
	四川地方水域	0	0	0	0				
	重庆地方水域	0	0	0	0				
	湖北地方水域	2.5	2	2	22	↑66.67%	0	↑100%	↑46.67
	湖南地方水域	5	9	4	322.8	↓44.4%	↓62.5%	↓42.9%	↓64.1%
	江西地方水域	2	3	2	181	↓60.0%	↑200.0%	↓60.0%	↓59.2%
	安徽地方水域	14.17	2	9	592.8	↑136.2%	↑100%	↑80.0%	↑79.6%
	江苏地方水域	15	12	7	220.38	↓6.3%	↓7.7%	0	↓3.0%
	上海地方水域	7	5	5	204.12	↑40%	↑25%	↑150%	↑77.5%
	浙江地方水域	15	6		133.9	↓21.0%	↓50.0%	↓46.2%	↑23.3%

注：长江海事局辖区为长江干线重庆至安徽段；江苏海事局辖区为长江江苏段和江苏沿海；上海海事局辖区为上海沿海水域和上海港区；浙江海事局辖区包括浙江沿海所有水域和宁波、舟山、温州、台州四市所有内河水域以及绍兴（上虞）部分内河水域。

长江海事局辖区死亡人数为1986年有统计记录以来历史次低。云南、贵州、四川均未发生统计上报的水上交通事故，贵州省连续五年实现“双零”，四川省首次实现事故起数、死亡人数和经济损失三项指标全部为零。重庆市水上交通连续11年未发生重特大安全事故，地方水域连续4年实现了“零死亡”。

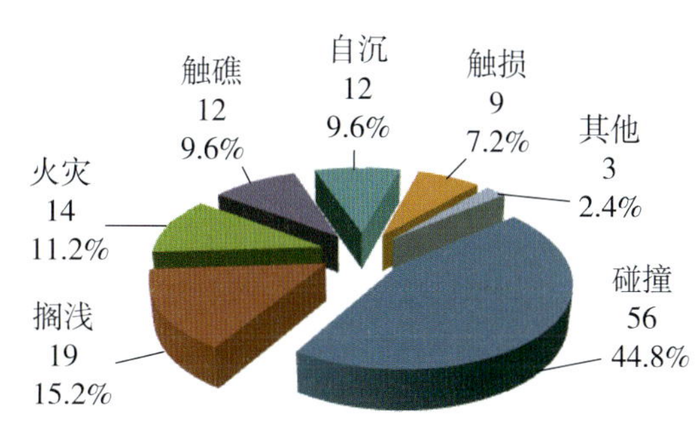

图5.1-1　2014年长江海事局辖区水上交通事故种类分布

以长江海事局辖区2014年水上交通事故为例，水上交通事故的特点和原因主要表现为：

（一）按事故种类划分

共发生水上交通事故125件，其中碰撞56件、搁浅19件、火灾14件、触礁12件、自沉12件、触损9件、其他事故3件。碰撞事故占44.8%，自2010年以来，年度下降率约15%。

（二）事故种类与水域综合分析

2014年长江海事局辖区事故种类水域分布情况　　表5.1-2

	碰撞	搁浅	触礁	触损	火灾/爆炸	自沉	风灾	其他	合计
上游自然航段	1	3	6		1	2		1	14
三峡库区	3		1			3			7
中游	14	12		3	6	3		1	39
下游	38	4	5	6	7	4		1	65
合计	56	19	12	9	14	12	0	3	125

上游“触礁”、下游“碰撞”的基本特征依然明显。中游呈现“搁浅”转向“碰撞+搁浅”并发的特征。中游段船舶航行秩序监管亟待加强。

2014年长江海事局辖区事故多发水域情况　　表5.1-3

	2011年	2012年	2013年	2014年	2014年占比
朝天门水域	19	9	10	6	30.0%
肖家堤拐水域	7	2	7	3	23.1%
武桥水域	10	3	1	5	45.5%
戴家州水道	9	7	14	2	15.4%
马当南水道	2	2	8	4	22.2%
黑沙州南水道	3	2	6	6	23.1%
白茆水道	0	1	8	2	7.7%
江心州水道	6	5	5	5	19.2%

除戴家洲水道、白茆水道水域事故大幅降低外，其他水域事故依然多发。

（三）按事故船舶种类划分

普通货船85艘，砂石运输船56艘，危险品船17艘，集装箱船12艘，工程船6艘，客滚船4艘，客（汽）渡船2艘，旅游客船1艘，多用途船3艘，滚装船1艘，趸船1艘，其他船舶3艘（农用船、渔船各1艘）。

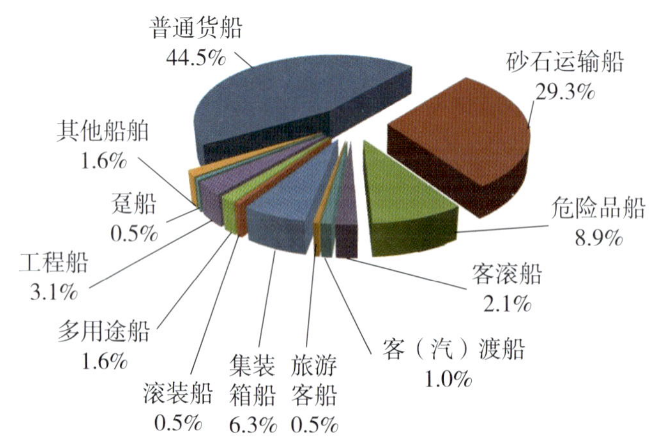

图5.1-2　2014年长江海事局辖区事故船舶种类分布

2014年客船共发生事故7件，为近五年来最低，比前四年年均13件下降了约46%。但7件事故中碰撞占5件，尤其是“江城4”号渡船、“长航江山11”旅游船的碰撞事故虽没有造成人员伤亡，但安全隐患非常大。

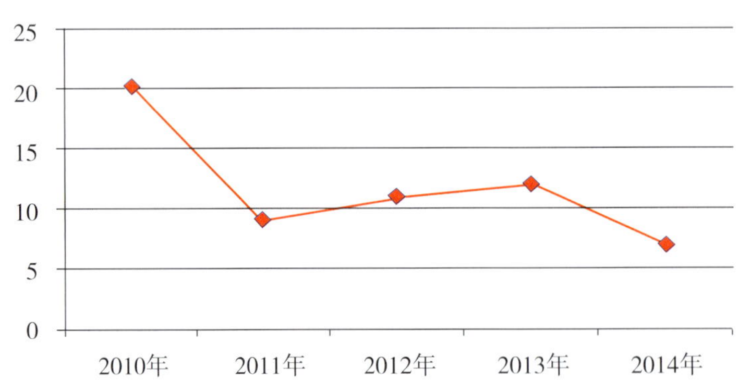

图5.1-3　长江海事局辖区载客类船舶事故情况

2014年危险品船舶共发生事故17件，涉事危险品船17艘，为近5年来最低，比前四年年均30艘（次）下降了约43%。但3月24日载甲苯993吨的“赣荣顺化18”轮的触损事故、7月19日载混合二甲苯2960吨的“皖江26”轮的碰撞事故，虽没有造成污染，但涉及一类危化品事故。

近五年危险品船舶事故	
2010年	30
2011年	34
2012年	31
2013年	24
2014年	17

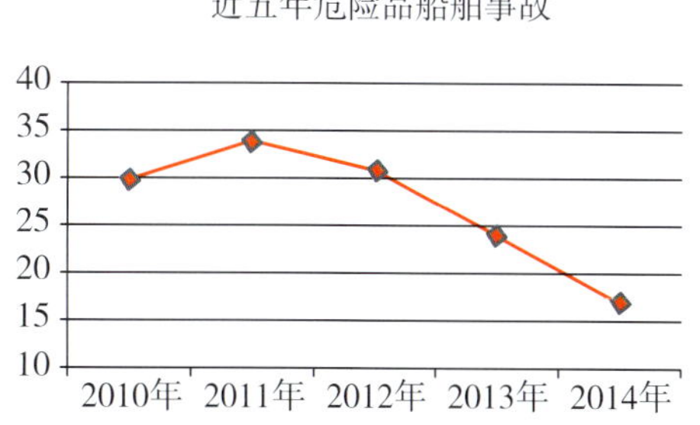

图5.1-4　长江海事局辖区危险品船舶事故情况

全年共发生砂石船事故54件，为近五年来次低。但砂石船事故共造成21人死亡失踪，占全年死亡失踪总数的87.5%。

长江海事局辖区砂石船事故情况 表5.1-4

	事故总数	一般以上等级事故数	死亡失踪人数	死亡人数占比
2009年	105	20	37	86.0%
2010年	105	8	18	64.3%
2011年	65	9	9	75.0%
2012年	78	6	2	7.4%
2013年	51	8	14	37.8%
2014年	57	8.5	21	87.5%
所占位置	次低	居中	次高	最高

（四）事故发生时间分析

56件碰撞事故中，有31件发生在0：00~6：00点，占55.4%。

2014年长江海事局辖区事故发生时间分布情况 表5.1-5

发生时间	0：00~6：00	6：00~12：00	12：00～18：00	18：00~24：00
事故件数	47	29	18	31
比例	37.6%	23.2%	14.4%	24.8%
碰撞事故数	31	16	3	13
比例	55.4%	16.1%	5.4%	23.2%

5.1.2　水上治安与消防安全形势

长江干线水上共接处警38728起，处警率100%；与上年同比,接处警总量上升12.2%。立刑事案件2184起（含补立年前案件49起），破1920起，破案率87%；与上年同比，立案数基本持平。查处治安案件17180起，查处率99%；与上年同比略上升8.9%。

长江干线水域发生火灾24起，死亡2人，受伤4人，直接财产损失约1127.6万元；与上年同比，火灾指数有所上升，上升20%，死亡人数减少1人、受伤人数增加1人。

从船舶类型分析，货船18艘，油船2艘，客船、滚装船、采砂船、运砂船各1艘。

从起火部位原因分析，因电气线路引起火灾9起，机械故障和机舱主机高温引起火灾9起，吸烟、自燃引起火灾各1起，变压器过负荷引起火灾1起，维修产生火花引燃可燃气体爆燃1起，机油泄漏至主机排烟管上引发火灾1起，柴油机排气管排出火星至地面引燃可燃物1起。

5.2 完善安全监管长效机制

5.2.1 贯彻落实《安全生产法》

2014年12月1日，新修订的《安全生产法》正式实施。《安全生产法》作为安全生产领域的综合性、基础性法律，不仅明确了交通运输等行业管理部门作为“负有安全生产监督管理职责的部门”的责任、执法地位和权限，并且在完善安全生产工作方针，建立“五位一体”的安全管理机制，严格企业有关安全管理人员配备标准和考核管理，加强事故预防隐患预防预控，强化联合执法检查和违法信息共享、加强事故信息公开等方面提出了诸多新的要求，对规范交通运输安全生产秩序，提升交通运输安全监管水平，构建交通运输安全生产长效机制具有重要意义。各级交通运输部门在加强新《安全生产法》宣贯工作的同时，结合各自实际，加快完善相关配套制度，细化明确具体操作程序和规范，完善相应安全监管措施，确保法律各项规定落实到实处。

5.2.2 完善水上交通安全监管责任体系

各级交通运输部门按照“党政同责、一岗双责、齐抓共管”、“管行业必须管安全、管业务必须管安全、管生产经营必须管安全”的要求，进一步建立完善水上交通安全监管责任体系，明确领导责任、部门责任和岗位责任，将水上交通安全监管工作关口前移、重心下移，突出源头管理、现场管理和动态管理，加大督促检查、指导服务和监管执法工作力度，确保各项水上交通安全监管责任落实到位。

督促企业依法落实安全生产主体责任。一是继续推进企业安全生产标准化工作。制定实施了《长江干线跨省航运企业安全生产标准化考评监督管理办法》。全面完成了辖区“四客一危”航运企业达标考评工作，普货航运企业安全生产标准化建设宣贯推进全面展开。2014年组织培训发证企业自评员2880人次，考评员579人次，认证考评机构4家，完成企业安全生产标准化达标考评发证223家。二是实施事故约谈和挂牌督办机制。长江航务管理局对发生事故的10家公司进行了约谈，对14艘事故船舶实施了停航整顿。贵州省完成75个水路运输企业的安全生产标准化建设和达标考评工作。安徽省完成53家客运企业、危货企业和40家普货企业安全生产标准化达标考评任务。

5.2.3　推动水上交通安全生产长效机制建设

一是以“平安交通”建设为主线，创新安全管理方式方法，按照“全覆盖、零容忍、严执法、重实效”的原则，完善隐患排查治理和挂牌督办制度，健全水上交通安全隐患排查治理体系。交通运输部印发《交通运输部安全生产事故责任追究办法（试行）》；长江航务管理局制定了《长航局安全生产暗访抽查工作制度》，修订了《长航局安全生产约谈办法》、《服务长江港航企业区段通航安全保障座谈会制度》等。

二是全面推行水上交通安全风险管理，强化水上交通安全风险源辨识、评估和管控，大力推进水路运输企业安全生产标准化建设，提升水上交通安全发展能力和水平。交通运输部印发《交通运输部关于推进安全生产风险管理工作的意见》（交安监发〔2014〕120号），通过制度标准、运行机制、资金保障、技术支撑等建设推进安全生产风险管理工作。安全生产风险管理内容主要包括：开展风险源辨识、评估和控制，加强工程建设风险管理，加强在役基础设施风险管理，加强运输风险管理，加强应急演练和处置能力建设。

三是突出水上交通安全生产的重点和难点，强化科技攻关和关键技术研究，推广应用科技成果和现代信息化技术。重点开展了《长江海事电子巡航关键技术研究与应用》的研究。

四是加大安全生产投入，加强水上交通安全生产和安全监管装备设施和重点区域监测监控系统建设，加快淘汰和更新老旧船舶，进一步改善水上交通安全生产基础条件。

五是加强事故调查处理，严格执行事故查处挂牌督办、警示通报和诫勉约谈，及时准确统计事故，认真分析研判事故原因、规律和特点，深刻吸取事故教训，为水上交通安全决策部署提供科学依据。

5.2.4　调整水上交通安全监管重点船舶和重点区域

为加强水上交通安全管理，交通运输部结合当前水上交通运输和安全监管出现了新形势、新变化、新要求，对水上交通安全重点船舶和重点区域的内容作出调整。将原“四客一危”重点监管船舶调整为“四类重点船舶”，即：客船（含普通客船、高速客船、旅游船、邮轮、客滚船、客渡船、汽渡船、火车轮渡、载货汽车滚装船等）、危险品船、砂石船、易流态化固体散装货物运输船舶。将原“四区一线”重点监管水域调整为“六区一线”重点水域，“六区”为：渤海水域（含成山角及以北水域）、长江口水域、舟山群岛水域、台湾海峡水域、珠江口水域、琼州海峡水域，“一线”为：长江一线水域（含西南山区水域）。

5.2.5　加强预防预控和应急救援能力建设

不断完善各类应急预案并加强演练，切实增强预案的针对性、实用性和可操作性，不断提高防范和应对重大突发事件的能力。

长江航务管理局组织了三峡船闸上引航道船舶失控应急救助桌面推演，成功举行了三峡库区“长江观光5号”大型客船旅客疏散演习，武汉“江城3号”渡船无脚本疏散应急演习，重庆、岳阳溢油应急演习。加强消防战备及勤务训练，开展了青奥会水上灭火救援演练，危化品泄漏联合演练、夜间消防演练以及各类船舶灭火救援应急预案的演练。

沿江省市交通运输部门开展了各类水上突发事件应急演练，进一步完善应急预案，推动应急联动机制建设，应急处置水平有效提升。

5.3 海事“三化”建设和海事监管

5.3.1 海事改革和“三化”建设

推进海事行政体制改革。根据交通运输部《关于建立水运和海事管理权力清单制度的公告》（交通运输部公告2014年第48号）精神，各级海事管理机构要以贯彻落实海事管理权力清单制度为重要抓手，进一步完善权力运行机制，加强事中事后监管，认真清理规范性文件。长江海事局取消行政审批项目9项、下放1项；江苏海事局清理了建局以来规范性文件和内部管理制度，形成江苏海事管理体系标准文本。进一步规范海事行政执法政务公开行为，积极推进行政审批制度改革。交通运输部海事局印发《2014版海事行政执法政务公开指南》，推进海事行政执法政务公开。长江海事局海事处机构调整方案得到批复，125个执法大队保留，完成了海事处机构调整；海事技能训练中心获批复成立；稳妥完成两级机关机构设置和人员配备；积极开展取消签证后的对策研究，提出的3项制度、2项机制纳入部局实施方案。

“三化”建设稳步开局。交通运输部海事局召开了2014年全国海事系统“三化”建设推进工作会议，部署了2014年“三化”建设工作任务。各海事机构制定了“三化”建设实施意见，推进“三化”建设重点工作任务落实。长江海事局开展了“三化”建设指标体系研究，科学谋划长江海事发展战略；江苏海事局制定了《江苏海事局“革命化、正规化、现代化”发展战略纲要（2014-2020）》，在局属单位开展全程执法信息化等“三化”重点示范建设。

在海事政务服务方面，长江海事局积极贯彻落实各项惠民政策，减免各类规费7500余万元；船公司审核网上申报系统上线试运行；开通微博、微信公众服务平台，电子政务实现“掌上办理”。江苏海事局进一步完善电子政务平台建设，实现国际航行船舶进出口岸与危管防污业务外网申报、内网办理，创新实施政务窗口“全受理”模式。联合江苏省电子口岸公司开发应用“船港动态”功能模块，积极推动口岸查验“三个一”、“三互”工作。

5.3.2　水上交通安全监管

（一）船舶源头管理

加强船舶船公司管理、船员管理、船检管理。长江海事局创新诚信管理体系，深化差异化管理，选取了85家公司、1374艘船舶、320名船员、8处事故多发水域作为重点对象加强监管。开展船公司“代而不管”、船舶“让代不让管”行为治理；评选了13家五星级和A级诚信公司、26艘诚信船舶；对9家公司实施附加审核和跟踪审核，约谈30家公司；全面换发了安检员证书，配发安检员装备；船舶签证66.7万艘次；安检26278艘次，滞留船舶1276艘次，滞留率4.8%。实施船员违法记分2万余件、3万余分；完成了48家海员外派机构、船员服务机构、培训机构的质量管理体系审核和资质校验。在安检中对4456艘次船舶开展了验船质量检查，检查率23.91%；组织编写了《内河小船营运检验人员适任制考试大纲》；完成片区2014年全国注册验船师考试工作；开展LNG燃料动力船检验和安全监管培训。

四川省完成船舶安全检查48244艘次，滞留船舶112艘次，船舶进出港签证97.6万艘次。安徽省完成营运船舶检验3万余艘次。浙江省实施内河船舶安全检查12012艘次，滞留船舶18艘次。

（二）重点船舶监管

长江海事局实施重点船舶动态和禁航区域通报制度，每日全面掌握辖区重点情况，对小型液货船实施夜间管制。江苏海事局推行危化品船选船机制和船岸界面管理机制，初步厘清海事机构与相关部门在危险货物运输和防治船舶污染方面的监管责任。

在渡船安全管理方面，长江海事局开展渡船“斑马线”行动，划定实施斑马线366条，有效降低渡船碰撞风险；开展渡船实操评估与履职能力检查；落实20米以下渡船乘客（船员）穿（持）救生衣制度。推动渡船安全与油料补贴挂钩；更新改造渡船41艘，渡船标准化率达77%，同比提高9%；保障了沿江4900万人次，480万车次渡运安全，全年实现渡船“零死亡”。

在危险品船安全管理方面，全面禁止了单壳油船、单壳化学品船进入三峡库区。同时，对600总吨以下非双底双壳载运危险品液货运输船以及600总吨以下载运一类危险货物液货运输船实施了夜间禁航措施，配套设立349处锚地，共管制船舶2976艘次。管制措施实施后，未发生小型危化品船舶安全事故及险情。与沿江直属局及港航管理机构初步建立了危险品运输监管协作机制，搭建了联动信息平台，探索建立了危险品货主选船机制。

（三）通航管理

实施了李渡至界石盘分道航行规则，开展了部分航路优化调整，横驶区取消6个，调整4个，取消10个单控航段，全面实现了长江干线主航道航行规则全覆盖。长江海事局辖区全线实现了电子巡航，推进电子巡航3.0系统建设。江苏海事局深化区域联动和电子巡航。

在现场监管和动态执法方面，长江海事局全年巡航9.4万余次，巡航时间16.6万小时；跟踪维护载运一类危险品船舶14.8万艘次，现场维护6556艘次；远程纠违4万起。江苏海事局办理船舶载运危险货物审批11.4万艘次、水工作业审批和通航作业报备2993次。

（四）应急搜救

长江海事局全年实施预警704次，有效应对了洪峰过境、三峡蓄水、恶劣天气侵袭等多重考验，救助船舶164艘次，救助遇险人员1986人，人命救助成功率98.5%。江苏海事局组织水上救助行动211起，成功救助人员1592人、船舶133艘，人命救助成功率96.25%。

5.4 水上治安和消防管理

5.4.1 水上治安防控

积极推进长江干线治安防控建设，制定了《关于进一步推进长江干线治安防控“四张网”建设的意见》。长航公安水上巡逻已成常态化，逐步推进治安防控社会化，大批水上治安志愿者、义务巡逻船只参与水上巡逻防范。已共享海事AIS系统和相关单位视频监控资源，技防监管能力有了提升。加强重大活动期间水上安保工作，保障了活动期间水上治安秩序稳定。进一步延伸客船治安管理，在中、下游12个分局建立了联络点，要求中、下游联络员及时接船、及时协助处置案（事）件，不出现漏管等工作制度。

长航公安全年开展水上巡逻11534次，处置水上突发事件154起，调解纠纷664起，救助船舶53艘次，救助人员267人次。管辖派乘船舶76艘，派乘民警4893人次，安全营运2884航次。

5.4.2 水上重点航道工程治安管理

长航公安按照重点工程指定管辖的原则，组建了荆江航道安保工作领导小组，制定了《长江中游航道整治工程安保方案》，多次召开领导小组协调会。通过成立警务室，水上执勤点，规范警务室建设标准和勤务模式，进一步强化了国家重点航道整治工程安保工作基础。

5.4.3 消防安全监管

坚持日常消防安全检查和专项检查工相结合的原则，先后组织开展了元旦、春节消防安全检查，第二次“清剿火患”行动、“两会”、“五一”、夏季防火、客运船舶消防检查、上海亚信峰会、南京青奥会等一系列水上消防安全专项检查。以“四客一危”船舶、三峡两坝船闸、危险品码头和人员密集场所为重点，强化火灾隐患排查整治，预防和遏制了水上重特大火灾事故的发生。按照交通运输部公安局的要求，对长江危险化

学品运输消防监督管理进行了调研，完成《长江干线水域危险化学品消防安全监管有关情况的调研报告》，草拟了《长江水上危险化学品消防监督管理规定》可行性调研报告并报交通运输部。以“立足现状、着眼发展”的原则，推动全线范围内消防监督管理主体的进一步明确。长航公安岳阳、黄石、南通、上海分局以及芜湖分局的铜陵地区与地方消防部门完成消防安全监管主体的划分。

2014年，检查消防重点单位8471个次、陆域单位2746个次，检查各类船舶20402艘次，办理违反消防管理行政案件1265起；建筑工程防火审核47起，消防验收63起；组织义务消防培训714次、发放宣传资料21962份，组织辖区单位、码头、船舶消防演练601次。

5.5　联合执法和专项整治

5.5.1　继续深化联合执法

长航系统联合执法11个区段，除交通安全检查外水上现场检查，共检查航道航标223015次、船舶消防83924艘次、船舶营运证221316本、通信证照155451次；海事部门向航道、公安、通信等部门通报检查情况共计657次，移交检查材料共计449次。与上一年度相比，海事部门检查航道航标次数基本持平，检查船舶消防、船舶营运证次数明显增加，向航道、公安部门通报检查情况、移交检查材料数量大幅增加。

长航系统联合执法11个区段长江水上政务中心共受理船舶登记申请17031艘，办理船舶签证667020艘次，核发水上无线电台频率、呼号指配及船舶电台执照30151本，受理船舶电台进网证42597本，受理水工管理申请132件。与上一年度相比，受理船舶登记申请、办理船舶签证大幅度减少；核发水上无线电台频率、呼号指配及船舶电台执照数量较上一年度大幅度增加，受理船舶电台进网证和水工管理申请较上一年度明显减少。

联合开展重点时段安全保障工作。圆满完成亚信会和青奥会水上安保，做好了枯水期、水位交替期、洪水期、春运、“两会”、十八届四中全会等重点时段通航安全保障工作。

5.5.2　推进重点领域重点时段的专项整治

按照《交通运输部关于加强“平安交通”建设集中整治安全生产若干问题的意见》的总体部署和要求，长江航务管理局印发了《长航局关于加强“平安长江”建设集中整治安全生产突出问题的通知》和《长航局关于开展“平安交通”建设示范工作方案》，深入开展“平安渡线”、“平安船舶”、“平安航道”、“平安三峡”、“平安港站”、“平安引航”和“平安工地”等活动，重点开展“三打三治三控”：一是开展三峡库区水上客运专项整治，打击各类非法违法及违反航行和停泊规定的行为，整治船舶超载、配员不足、船员疲劳驾驶等问题，严控新增市场主体和运力；二是开展渡口渡船专项整治，打击私设渡口和无证无照渡船非法营运行为，整治渡船超航线、超载、冒雾（大风）航行，严控渡船航行和停泊秩序；三是开展危化品水上运输专项整治，打击危化品船舶非法运输行为，整治危化品船舶消防设备缺损、瞒报谎报货物品名、违章航行与停泊等问题，严格监控一级危化品船舶航行和停泊动态。集中整治工作以来，以“四类重点”船舶和三峡坝区、桥区、油区等水域为重点，严厉打击各类突出违法行为。共查处船舶无证无照、私改滥建235件，船舶非法从事水上水下施工作业54件，非法碍航采砂、非法过驳作业459件，船公司非法挂靠经营31件，违法渡运和非法载客51件。共查处治安行政案件636起、查处消防行政案件36起，查堵危险品、违禁品14.21吨，破获水上物流刑事案件65起、抓获犯罪嫌疑人33人。

沿江省市水上交通管理部门深入开展“平安港口”、“平安船舶”、“平安渡口”、“平安航道”、“平安船员”等创建活动，对水运工程施工、渡运安全、水上危险品运输、港口危化品罐区等重点领域开展了集中整治。

（一）水上客运安全专项整治活动

强化三峡库区客船隐患排查。长江航务系统对26家省际客运企业、103艘客船和22家港口客运站进行了逐一复查验收，启动实施了大型旅游客船全程动态跟踪。组织重庆、湖北港航管理部门开展了客船企业经营资质保持情况专项核查。组织长江海事局、中国船级社武汉分社对现有客船的建造质量、安全设备等方面开展了专项检查，共检查客船228艘次，查出缺陷1021项，对存在重大缺陷未整改的客船一律禁止上线运营。

强化客渡船安全监管。规范渡船航行和停泊行为，查处违反“斑马线”规定的渡船220余艘次。实施渡船跟船检查和节前上线安全检查。全年累计实施渡口渡船专项巡查3万余次、安检渡船3829艘次，跟船检查1.4万艘次，实施渡船禁航7000多次，免费培训渡船船员1.2万人次，向渡船投入帮扶资金约143.8万元。

交通运输部印发《交通运输部关于深入开展水上客运安全专项整治活动的通知》（交海函［2014］707号），从“推进水上客运规范化、规模化，进一步落实客渡标准船型，加强玻璃钢船艇检验工作，提高客运船舶灾害预防能力，强化船舶现场监管工作，完善水上安全管理法规规范体系”等方面深入开展水上客运安全专项整治活动。

（二）水上危险化学品运输安全专项整治活动

加强危险品运输安全监督管理。交通运输部印发《交通运输部关于加强危险品运输安全监督管理的若干意见》（交安监发〔2014〕211号），加强危险品运输安全监督管理。加强长江干线危险品运输作业过程监督管理。实施了一类危险品船舶全程动态跟踪、重点水域现场维护。制定并印发了《长航局落实〈国务院办公厅关于推进长江危险化学品运输安全保障体系建设工作方案〉主要工作措施及工作分工》实施方案。贯彻执行《中华人民共和国海事局关于印发2014年全国海事系统水上危险化学品运输安全专项

整治活动方案的通知》（海危防〔2014〕473号）要求，各海事系统结合辖区实际情况，制订2014年水上危险化学品运输安全专项整治活动实施方案。

在水上危险品专项整治活动中，重点开展了以下几个方面的工作：一是加强危险源风险控制和监管，强化水上危险化学品从业单位和人员管理。集中加大对船舶、相关从业单位和人员的监督检查力度，查找和排除水上危险化学品运输安全隐患，提高船员、船舶、船公司和相关单位及人员对水上危险化学品运输的安全责任意识，打击危险化学品运输瞒报谎报行为。二是强化集装箱开箱及装箱质量检查。实行严格的集装箱开箱检查，严厉打击谎报、瞒报危险品等行为。三是强化作业安全与防污染措施落实情况的检查。重点检查作业船舶和码头安全措施的落实、防污和应急预案的落实、值班人员的职责落实以及检查记录情况。四是强化液货船监管。

（三）河道采砂专项治理

开展了采砂专项治理，制定实施了砂石船分类监管制度，强化了对洞庭湖、鄱阳湖、巴河等重点水域的监管，实施了600总吨以下砂石船舶夜间禁止通过重点水域的管制措施，严厉打击了砂石船舶超载、超吃水、非法采砂碍航等行为。

（四）“江安”专项整治行动

根据水上治安特点，组织全线开展为期9个月“江安”专项整治行动，加大对水运物流、水尸命案、危害航运安全等行业特色案件的侦破力度，命案实现全破的目标，及时查破万州、重庆、南通等水域交通肇事案，侦破利用计算机实施犯罪的芜湖水域非法出售提供公民个人信息案、三峡水域破坏计算机信息系统删改船舶过闸信息案等新型案件。在“江安”严打行动中为港航单位及群众挽回经济损失1419余万元。

5.6　港口安全管理

交通运输部印发《港口安全设施目录》，对码头区安全设施、库场区安全设施、辅助生产区安全设施、消防安全实施、安全标志、个体防护安全设施进行了系统性规范，将促进企业安全生产标准化体系建设，提升企业安全管理的水平。长江经济带各省市以安全生产标准化建设为抓手，全面推进港口企业主体责任落实；按照交通运输部总体部署和要求，扎实开展港口油气输送管线安全专项排查整治工作、“平安交通”建设集中整治专项行动、港口危险化学品安全专项整治工作等，督促企业开展自查自纠和整改；加强对辖区内港口作业码头的巡查，严厉查处和打击非法偷装偷卸危险化学品行为，抓好港口作业码头安全生产的日常监管工作。

第6章 枢纽通航与运行管理

6.1 三峡枢纽断面通航情况

6.1.1 过坝运输总体情况

（一）过闸运输情况

2014年，三峡船闸累计运行10794闸次，通过船舶44458艘次，旅客52.10万人次，货运量10898.01万吨；与去年同期相比，闸次、旅客、货运量分别上升了0.22%、20.52%、12.27%,艘次下降了2.65%；计入客轮折合吨后，船闸通过量为11929.22万吨，同比上升12.98%。

葛洲坝三座船闸累计运行18619闸次，通过船舶48725艘次，旅客266846人次，货运量11553.1万吨；与去年同期相比，闸次、旅客、货运量分别上升了4.17%、567.47%、12.20%，艘次下降了0.78%；计入客轮折合吨后船闸通过量为11772.45万吨，同比上升12.39%。

2014年三峡船闸、葛洲坝船闸运行状况 表6.1-1

		2014年			与上年相比	
		上行	下行	合计	2013年	同比变幅（%）
葛洲坝	闸次	10258	8361	18619	17873	4.17
	艘次	24500	24225	48725	49109	-0.78
	客船艘次	591	587	1178	1103	6.80
	客运量（人次）	148500	118346	266846	39979	567.47
	客船定额人数（人次）	325898	324984	650882	468601	38.90
	客轮折合吨（吨）	1170720	1022831	2193551	1781302	23.14
	货运量（吨）	61660036	53870936	115530972	102967886	12.20
	货船定额吨（吨）	86516067	85530793	172046860	170758812	0.75
	船闸通过量（吨）	62830756	54893767	117724523	104749188	12.39

续上表

		2014年			与上年相比	
		上行	下行	合计	2013年	同比变幅（%）
三峡	闸次	5407	5387	10794	10770	0.22
	艘次	22357	22101	44458	45669	-2.65
	客船艘次	1317	1321	2638	2533	4.15
	客运量（人次）	264257	256777	521034	432330	20.52
	客船定额人数（人次）	510074	510396	1020470	883320	15.53
	客轮折合吨（吨）	5807398	4504629	10312027	8517973	21.06
	货运量（吨）	61374072	47606076	108980148	97066724	12.27
	货船定额吨（吨）	80918569	79933757	160852326	162136706	-0.79
	船闸通过量（吨）	67181470	52110705	119292175	105584697	12.98
	集装箱（TEU）	376317	353292	729609	604541	20.69

（二）滚装过坝运输情况

三峡坝上港口滚装专用码头进出滚装船舶8962艘次，较去年上升了17.15%，作业滚装车326587辆，较去年上升了12.55%。

2014年三峡坝区滚装过坝运输情况 表6.1-2

	滚装船（艘次）			滚装车（辆）			换算吨		
	合计	上行	下行	合计	上行	下行	合计	上行	下行
2013年	7650	3843	3807	290159	160839	129320	10155565	5629365	4526200
2014年	8962	4489	4473	326587	172533	154054	11430545	6038655	5391890
同比（百分比）	17.15%			12.55%					

6.1.2 船闸运行指标

三峡船闸年通航天数为：北线354.33天，南线354.34天。日均运行30.38闸次（上行15.22、下行15.16）；一次过闸船舶艘次为4.119艘/闸（上行4.135，下行4.103），按艘次折算客轮约占640.48闸次（上行318.51，下行321.99）；货船平均额定吨位为3846.30吨（上行3845.94，下行3846.67），货船一次过闸平均吨位为15842.03吨/闸（上行15902.29、下行15781.55）；船舶平均装载系数为0.678（上行0.758，下行0.596）；运量不均衡系数为1.169（上行1.217，下行1.204）。

三峡船闸面积利用率：南线船闸70.81%，北线船闸71.08%。与上年比，南线船闸下降1.03%，北线船闸上升0.25%。

葛洲坝船闸面积利用率：一号船闸66.53%，二号船闸70.99%，三号船闸59.65%，与上年比，一号船闸下降0.75%，二、三号船闸分别增长0.50%和2.18%。

2014年三峡船闸运行技术指标 表6.1-3

指　　标	平 均 值	方　　向	
		上行	下行
日均运行闸次（闸次）	30.38	15.22	15.16
一次过闸船舶艘次（艘/闸）	4.119	4.135	4.103
货船平均额定吨位（吨）	3846.3	3845.94	3846.67
货船一次过闸平均吨位（吨/闸）	15842.03	15902.29	15781.55
船舶平均装载系数	0.678	0.758	0.596
运量不均衡系数	1.169	1.217	1.204

2014年过闸船舶平均待闸时间 表6.1-4

方　　向	类　　型	艘　　次	待闸时间　（单位：小时）		
			平均值	最小值	最大值
葛洲坝上行	普通船舶	21860	40.13	0.00	281.53
	危险品	2640	62.06	0.00	266.80
	上行	24500	42.49	0.00	281.53
三峡下行	普通船舶	19488	35.31	0.00	259.08
	危险品	2613	54.79	0.00	273.55
	下行	22101	37.62	0.00	273.55
上下行	综合	46601	40.18	0.00	281.53

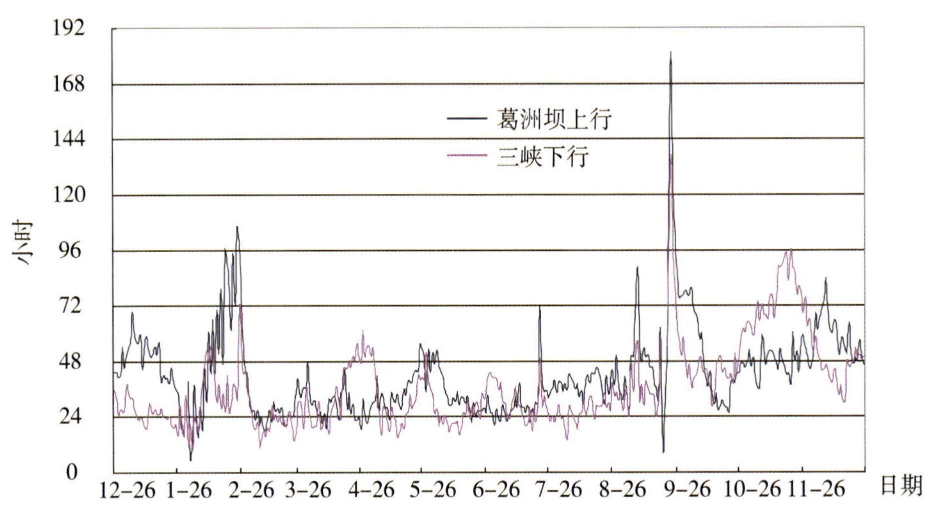

图6.1-1　过闸船舶日平均待闸时间

6.2　船闸运行管理及通航保障

6.2.1　船闸运行维护管理

长江航务管理局配合国务院三峡工程建设委员会办公室抓紧研究三峡及葛洲坝既有船闸扩能改造工程方案，积极协调推进三峡水运新通道前期研究工作。三峡通航管理部门全面实行船闸设备设施包机责任制，确保工况良好和运行稳定。进一步加强三峡两坝船闸精细管理，实施船舶过闸现场到锚与调度计划编排二次确认制度，保障了船舶过坝调度无缝衔接。三峡船闸过闸船舶吃水至4.3米基本实现常态化，葛洲坝三江下引航道枯水期维护水深提高至4.0米，船舶装载率有大幅提升。长效实施“软调节”，保持上下行船舶流不均衡系数0.5。不断健全绿色通道制度，保障重点物资及时过闸。两坝船闸通航保证率100%，设备故障碍航率0，未发生双线同时停止运行2小时或单线停止运行4小时事故。

6.2.2　坝区通航安全保障

全年调度、维护44458艘次船舶安全通过两坝船闸，锚地安全指泊船舶35091艘次，其中危险品船舶2190艘次。办理船舶进出港签证26411艘次，维护载运一级危险品船舶安全通过辖区1690艘次。航标维护正常率达到100%，航道标准水深年保证率达到100%。

2014年三峡坝区通航安全保障主要工作指标　　表6.2-1

项　　目	2014年	2013年	同比变幅
巡航时间（小时）	7849.00	7865.45	-0.21%
船舶签证（艘次）	26411	26618	-0.78%
航标维护（座天）	53774	54946	-2.13%
航道维护（天公里）	24272.5	24272.5	0.00%
水深测报（次）	940	746	26.01%

积极应对大风、大雾恶劣天气对坝区通航影响，发布风雾恶劣天气安全预警93次，开展应急处置演习103次。加强重点水域、重点时段、重点船舶及桥梁施工现场水域的远程监控和现场监管，保障船舶航行、停泊、作业及过坝安全，确保了青奥会、APEC峰会等重大活动期间通航安全稳定。深入开展打非治违、违规申报等安全生产专项整治活动，纠正违法行为1017起，整改客运船舶安全隐患1099项，安全警示约谈船公司6家。进一步完善落实汛期通航综合管控措施，成功应对了汛期4.9万立方米/秒和5.5万立方米/秒2次洪峰考验。全年三峡坝区水上零沉船、人员零死亡，未发生船舶漂流撞坝事故、污染事故；客渡船安全渡运无事故。

6.2.3 三峡航运专项工作

（一）葛洲坝二号船闸计划性检修

首次将葛洲坝二号船闸停航检修提前到春节开工，且工期控制在20天以内，科学实施检修施工及通航保障“1+9”方案，并提前7小时恢复通航，对航运的影响大幅降低，截至检修结束，坝区水域待闸船舶数量仅为327艘次。所有检修项目均一次性通过单项质量验收，实现了“三零四达标”（0安全事故、0伤亡事故和0设备事故，工程检修安全、质量、进度、环保全部达标）目标。检修期间，首次在20天工期内完成两扇大型人字门顶升检修作业，统筹运用大江、三江靠泊设施，优化过闸交通组织，缩短船舶进闸时间，提高检修期船闸运行与交通组织管理水平，葛洲坝一号船闸运行有载闸次第一次达到单日19个闸次。

（二）两坝间航道汛期实船试航

为保障汛期船舶航行安全，三峡通航管理部门对航行于两坝间的船舶研究出台了《船舶主汛期通过两坝间河段单位马力拖带量控制标准》及相关管控措施。为进一步验证完善两坝间汛期不同类型船舶（队）通航流量标准和管控措施，在确保安全前提下，尽可能提高船舶汛期通航率，减少船舶在三峡坝区水域滞留，交通运输部长江航务管理局组织开展了两坝间汛期实船试航工作。2013年顺利实施了25000立方米/秒、30000立方米/秒、35000立方米/秒等3个流量级14艘次船舶实船试航，2014年实施了40000立方米/秒、45000立方米/秒等2个流量级5艘次船舶实船试航，至此，实船试航方案确定的5个流量级试航任务完成，为今后验证和完善两坝间汛期通航流量标准和管控措施提供实测数据支撑。

第7章

智能与生态服务

7.1 科技创新与应用

7.1.1 科技攻关和关键技术研究

2014年，长江航运科技工作围绕长江航道系统整治、枢纽通航扩能、船型标准化、节能环保、信息服务与安全保障等领域重大制约性技术问题，集中力量进行研发攻关，大力提升科技创新能力。其中，长江航务系统共开展了189个科技项目的研究，投入科研经费2400万元。

（一）“黄金水道通过能力提升技术”重大科技专项

由长江航务管理局组织牵头的“黄金水道通过能力提升技术”重大科技专项，汇聚了全国水运行业20多家知名高等院校和科研机构、近千名科研工作者，经过4年的技术攻关，已完成全部研究任务。形成报告74份，编制标准规范10项，提出新的理论方法49个，开发软硬件装备12套，取得专利28项，取得软件著作权29项，发表论文243篇，撰写专著10本，培养人才197名。

专项重点突破了长江和西江通航条件及标准船型、长江重点河段和西江的枢纽下游航道系统整治、长江三峡枢纽和西江长洲枢纽船闸通过能力、长江航运综合信息服务、重点航段通航安全保障、危险品运输安全监管与应急反应、内河船舶污染综合防治等方面的关键技术，专项研究成果总体达到国际先进水平，部分重大关键技术成果达到国际领先水平。

通过专项研究成果转化应用，提升黄金水道的通过能力和服务水平，实现：①长江干线平均提高航道水深1.0m（宜昌～安庆段提高航道水深0.5m，安庆～芜湖段提高航道水深1.0m，芜湖～南京段提高航道水深1.5m，南京～浏河口段提高航道水深2.0m），三峡船闸在现有基础上提高1～2个闸次/天，长江航运安全应急反应速度提高20%以上，长江黄金水道通行能力提高20%以上；②西江长洲枢纽船闸闸室利用率提高20%以上，提高船闸通过能力30%以上，百色升船机通过能力提高15%，减少大藤峡下游非衔接段II级航道建设工程投资20%，提高对西江船舶、船闸、航道等的管理水平与综合服务能力，扩大西江黄金水道的通过能力。

（二）其他重点关键技术研发项目

开展了“三峡升船机通航与运行保障关键技术研究”、“长江航道要素智能感知与融合技术研究及综合应用”、“长江航运信息化顶层设计及数据交换机制研究”、“长江干线危险品船舶动态监测体系研究”、“长江干线生态型港口建设水平及评价研究”、“长江海事电子巡航关键技术研究与应用”、“乌江梯级渠化条件下的航道建设关键技术研究”等课题研究。完成了“山区河流水上设施风、光、水流新能源复合供电关键技术研究”、“高水头船闸闸、阀门及启闭机状态检测分析关键技术研究”等一批西部科技项目的研究，并通过了鉴定验收。

7.1.2　科技项目获奖及专利获得情况

科技项目获奖方面，14个科技项目荣获省部级以上奖励。其中，“长江航道数据交互技术体系及应用研究”等6个项目获中国航海学会科学技术奖，“长江航道整治软体排设计与施工成套技术研发及应用”等7个项目获中国水运建设行业协会科学技术奖，“长江智能航道顶层设计与关键技术研发及应用”等获中国智能交通协会科学技术奖。

专利技术获得方面，“铺排船加载横向导轨作业系统”、“水下探测器支架”、“移动信息设备船载装置”等23个项目获国家实用新型专利，“长江航运综合信息服务平台”、“基于激光扫描技术的船闸闸室禁停区域船舶越界探测及报警系统软件”等6个项目获得软件著作权。

7.1.3　科技成果推广应用

“船舶进闸效率提升技术”研究成果在三峡船闸得到成功应用与验证，该项成果的推广与应用，实现了在三峡船闸原有单线日均13闸次的基础上提升至15～16闸次的目标，带来的直接经济效益为3.8亿元，同时为三峡枢纽航运效益的发挥，为长江航运经济的快速发展提供强了有力的支撑与保障。

“山区河流水上设施风、光、水流新能源复合供电关键技术研究”项目重点研究了山区河流水上设施风、光、水流新能源复合供电关键技术并做示范性应用，旨在为山区河流水上设施提供一种独立于传统能量来源形式的绿色节能环保新型能量来源的供电方式，该项目的研究符合我国建设资源节约型、环境友好型社会的总体要求，新能源项目研究成果的应用对我国应对能源和环境危机挑战、加快转变经济发展方式具有重要现实意义。

“高水头船闸闸、阀门及启闭机状态检测分析关键技术研究”项目重点研究了闸、

阀门及启闭机重点部件卡阻、运行磨损情况检测分析技术，对人字闸门顶、底枢和反向弧形门支铰卡阻情况，人字闸门机械式启闭机卧式减速器运转情况和三峡船闸液压式启闭机磨损情况进行了检测分析，为实现设备的状态检修，减少浪费，缩短检修工期，减少停碍航时间，提高船闸的通航率，充分发挥船闸的社会和经济效益打下坚实基础。

“多维智能航运应用基础平台”能有机地结合二维电子航道图的宏观、精准、整体、简洁性和三维航道模型的局部、真实、直观的优点，同时又能克服二维电子航道图的不易辨识、解读和三维模型的宏观和抽象信息不足；建立了新的航标、船舶等动态目标优化显示方法和动态目标双向查询方法，并实现了航标监控、水位监控和船舶监控。

“拼装式透水框架”采用了组装框架部件的方式来实现批量生产，适用于长江中下游航道整治工程建设，相比目前采用预制、焊接生产透水框架的方式，取消了钢筋连接，减少了焊接施工环节，使生产效率得到大幅提高，且大大降低了劳动强度、生产成本等。

“枢纽泄流影响下的桥区航道整治技术研究”主要开展了枢纽泄流影响下桥区水力因素的非恒定特性、龙滩桥区段航道整治技术和枢纽泄流对桥区船舶航行的影响等三项专题研究。在枢纽非恒定泄流影响下的桥区水力因素的传播影响规律，改善桥区通航条件、提高船舶航行安全性的航道整治原则及综合整治措施，船舶安全航行的相关评价指标方面取得了创新性成果。同时为依托工程龙滩桥区航道整治工程设计提供了技术支持。

7.1.4　标准制定

长江航道局作为主编单位编制的《内河通航标准》由中华人民共和国住房和城乡建设部以第407号公告发布，标准编号为GB 50139—2014，自2015年1月1日起实施。

长江航道局作为主编单位编制了《长江（干线）通航标准》、《长江干线桥区及航道整治建筑物助航标志》、《航道整治工程施工规范》、《内河电子航道图技术规范》、《内河航标技术规范》、《内河航道维护技术规范》等6项行业标准；参与编制《内河电子航道图工程技术标准》等1项国家标准。

7.2　航运信息化发展

2014年，长江航运信息化发展与建设在智能航道建设、智能管理监控系统、信息化标准与安全保障体系方面取得了极大进展。

7.2.1　信息资源的整合与互联互通

长江干线实现电子航道图数据（000格式）、水位信息、船舶基本信息、长江干线船舶位置、船舶配员、三峡坝区河段航道测量、水位信息、船舶位置信息的交换共享。

完成《长江航运信息化顶层设计与总体发展框架》、《长江航运信息资源规划研究》、《长江航运信息资源交换共享管理规定》、《长江航运信息资源共享交换标准研究》等各专题研究报告初稿。修订完成《长江电子航道图制作规范》。完成《内河导航终端技术规格书（讨论稿）》的编制，提出了船载终端信息服务要求。完成《长江黄金水道综合信息服务关键技术研究》主要研究任务，确定了应用示范的合作单位及相应的应用示范系统，制定了应用示范推进方案。

7.2.2 重点领域信息系统应用情况

（一）长江电子航道图

在2012年10月至2014年底的试运行期间，长航集团、民生轮船公司、湖南畅通、上海港航等20多家企业30余艘货运船舶及100多艘长江航道维护管理船舶使用了长江电子航道图系统，显著提高了航运效益和工作效率。有关数据显示，利用长江电子航道图推荐的深水航道，在不同河段普遍可多利用航道水深0.3米至1.0米。2015年1月1日，交通运输部授权长航局正式发布长江电子航道图，长江航道迈进了智能航道新时代。电子航道图数据经长江航运数据中心共享到长江海事局，已用于长江干线海事业务电子巡航。

汉江汉口至汉川段网络版电子航道图系统于2014年4月底上线试运行，拉开了汉江数字航道建设的序幕。

（二）长江航运物流公共信息平台

通过平台，用户可免费查询船舶、船员、三峡通航、安全、水位气象、水情、水深等管理公共信息；货源、空船期、船舶交易、人才招聘求职等配套服务信息，港航企业还可通过船货系统、集装箱物流信息系统、危险品物流信息系统，实时了解船货状况，从而为制定生产计划提供切实有用的信息。随着越来越多的港航企业加入，长江航运物流数据将更加丰富和完善，逐步实现信息流、货物流、资金流的完整运转。

（三）长江干线水路交通应急指挥平台

平台应急指挥业务系统应用了长江电子航道图3.0版，长江海事局、长江航运公安局、长江三峡通航管理局GPS、CCTV等信息。长江干线水路交通应急指挥平台应急软件系统可将各种信息转化为统一的格式显示，除满足应急指挥系统功能，还能兼顾日常管理和其他业务应用。整合后的应急力量涵盖长江海事局、长江航道局、长江三峡通航管理局、长江航运公安局、长江航运总医院等单位的应急资源。长江航务管理局还与沿江7省2市交通主管部门和主要城市人民政府签定了战略合作协议，以有效处置突发事件。长江航运应急指挥平台通过对接入的气象、事故、航道、水位、三峡通航、地质灾害等信息进行融合和分析，可对极端天气、航道拥塞、坝区船舶严重积压、地质灾害等情况做出预警，然后通过长江航务管理局政府网站、长江水上安全信息台、AIS系统及时发布，进行预警信息发布。长江航运应急指挥平台还具有监测和监控功能，应急指挥平台在接

到突发事件信息时，能通过电话、传真、短信、电视会议、网络通信等方式，及时收集和掌握现场处置动态。应急指挥中心根据这些信息协调有关应急资源，下达指令。

（四）海事业务应用系统

交通运输部海事局开发推广的应用系统主要在船舶管理、安全监督、船员管理等业务领域，包括船舶登记系统、船舶动态管理系统、事故调查统计分析系统、船舶识别号管理系统、船舶卡应用管理系统、交通安全管理体系审核信息系统、船员管理系统和船员考试考务系统等。各省（市）地方海事局、各直属海事局结合自身特点，也相继开发应用相应的管理信息系统。

（五）港航业务应用系统

港航管理方面的业务系统以各省（市）港航管理部门开发为主，主要有：港口综合管理系统、水路运政管理系统系统、水运项目库管理系统、航道管理信息系统、水运建设市场信用服务系统等。港航物流企业近年来加快生产管理信息系统、物流信息平台等方面的研究、开发与应用。

7.3　绿色循环低碳航运发展

近年来，绿色循环低碳发展理念正全面融入长江航运各领域、全过程，落实到建设、运输、管理、服务等各项工作中，通过顶层设计、专项行动、示范推进、创新实践等，绿色循环低碳长江航运体系建设逐渐步入长效化、规范化、制度化轨道。

7.3.1　绿色循环低碳示范项目建设

交通运输部绿色循环低碳示范项目是交通运输部在百个节能减排示范项目后推出的又一项示范创建活动，旨在进一步推进交通运输行业节能减排工作，总结推广技术成熟、节能减排效果明显的示范项目经验。

交通运输行业首批绿色循环低碳示范项目共计30个。常州市航道管理处水上混凝土运泵一体化工法及资源综合利用技术在绿色航道中的应用、中交上海航道局有限公司绞吸挖泥船新型绞刀齿研制与应用节能减排项目、张家港港务集团有限公司煤炭码头流程多级筛分工艺节能改造项目、华中航运集团有限公司内河船舶节能操作法、重庆市泽胜船务（集团）有限公司主机冷却水余热利用改造项目等5个项目入选。

水上混凝土运泵一体化工法及资源综合利用技术在绿色航道中的应用。常州市航道管理处在丹金溧漕河金坛段航道整治项目中采用土方综合利用、水利设施共建、绿色廊道、水上混凝土运泵一体化、驳岸墙大模板小龙门移动模架等一系列绿色循环低碳技术，实现节能量超过7000toc（toc表示污水中有机碳的含量），节约建设成本4000多万元，经济效益显著。

绞吸挖泥船新型绞刀齿研制与应用节能减排项目。通过改进绞刀齿齿形、优化绞刀齿材料和铸造热处理工艺、设计绞刀齿与齿座的反螺旋契合等3项措施，有效提高了绞吸式挖泥船综合切削能力和挖泥效率，并通过新海豚等4艘3500方绞吸式挖泥船的实际应用，对所采取新型绞刀齿达到的节能效果进行了实船验证和数据分析。

煤炭码头流程多级筛分工艺节能改造。项目将两级筛分设备融合在一套正弦筛分系统中，实现了在卸船效率不变的情况下煤炭卸船与筛分同步完成，经统计，改造后煤炭筛分工艺能耗仅为原能耗的46%，同时由于在筛分系统中设计有雾化除尘系统，避免了原筛分工艺的二次扬尘。

华航集团船舶操作法项目。内河自航船舶节能减排操作法包括降速航行节油法、单机运行节油法、抛锚节油法、经济航线节油法、正确操舵节油法、利用潮汐节油法、首侧推操作节油法等7种方法。目前在华航集团37条内河自航船上应用，年节约柴油2149吨，减少CO_2排放6791.91吨。

主机冷却水余热利用改造项目。项目对21艘化学品船舶液货舱加热系统进行改造，拆除已安装的额定蒸发量为3000公斤/小时的燃油锅炉，同时对其机舱主机冷却管路、液货舱管路进行改造，新增两个循环水舱并安装循环水泵等相应设备，使主机冷却水能够进入液货舱加热管路并形成闭式循环，对主机进行持续冷却并对货物进行保温或加热。

7.3.2 重点区域重点项目绿色循环低碳发展

（一）江苏创建首个绿色循环低碳交通运输示范省

2014年，江苏省政府办公厅印发了《江苏省绿色循环低碳交通运输发展规划（2013-2020年）》，交通运输系统组织编制了《江苏省绿色循环低碳交通运输发展区域性项目实施方案（2013-2017年）》，积极开展先行先试，以优化能源消费结构、提高能源利用效率、降低碳排放强度为核心，以区域性主题性试点和专项行动为重点，从结构调整、技术创新和制度建设三个层面全面推进绿色循环低碳发展。

全面推进部省区域性、主题性示范项目建设。积极推进南京、镇江、常州、无锡、南通、淮安6个绿色循环低碳交通运输体系区域性项目建设，加快推进连云港港、江阴港绿色港口以及丹金溧漕河常州段、芜申线南京段绿色航道等主题性项目建设。芜申线南京段航道、丹金溧漕河常州段航道，将在规划、设计、施工、运营、管理等阶段，针对航道、护岸、船闸、桥梁、服务区以及信息化管理等方面，分别开展31个和33个节能减排项目实施、评估考核、节能减排效益测算等工作。江阴港、张家港港将从绿色循环低碳基础设施建设、绿色循环低碳装卸设备运输应用、港口智能信息系统技术应用、清洁能源推广应用等方面，结合各地实际，建设绿色循环低碳港口。

江阴港制订了低碳港口发展规划，积极推广风光互补LED照明、燃油轮胎起重机“油改电”、港口智能运营管理、港口能效监控等节能减排新技术、新举措，实现了LED灯具的全面覆盖，研制开发了电动轮胎式起重机，建立了包括远程监控系统、消防喷淋系统和路灯控制系统在内的调度信息集中控制系统，成功完成了港口生产管理系统的开发工作并投入试运行，引入应用LNG装载机；张家港港务集团“8泊位煤炭码头流程多级筛分工艺节能改造”项目荣获全国交通运输行业首批绿色循环低碳示范项目，“门机能量回馈系统改造项目”通过竣工验收，绿色循环低碳港口主题性项目实施方案通过评审。

同时，江苏交通运输部门加快推广节能环保技术与装备的运用。加大政策引导力度，推广LNG清洁能源在内河船舶使用，积极推进内河干线航道LNG加气站点规划实施。加快推广港口船用岸电技术，全面推进内河船型标准化工作，促进港口岸线资源合理、有序开发利用。推广使用港口疏浚土等资源的再生和综合利用。积极推进南水北调东线调水干线船舶污染防治工作，与环保部门建立战略合作联动机制，开展“绿色港口”活动，支持船舶生活污水处理装置研发与推广应用，推进船舶生活污水达标排放。

在节能减排方面，江苏全省港口累计投入3.5亿元，新增和改造LNG清洁能源车110辆，改造完成LED节能光源3100套，沿江沿海港口集装箱RTG“油改电”仅剩4台尚未实施，3项节能设备累计完成改造率分别达23%、35%和90%，全省实现港口节能照明覆盖率达70%以上、改造率达40%以上，码头电动起重机覆盖率达95%以上。

（二）长江中游荆江河段生态航道建设

开展了《长江中游荆江河段生态航道建设关键技术研究》。项目以长江中游荆江河段为研究区域，基于国内外航道建设与河流生态修复的新进展，结合荆江河段的水文、地质地貌、生态环境条件，梳理影响河流系统功能与航运功能保障的主要因素，提出生态航道评价的方法体系；结合航道工程建设需求与河流生态功能要求，提出生态航道工程建设的技术体系；结合河流可持续性与航道长久安全的目标，提出生态航道工程建设、维护、运行全过程的综合管理体系。在以上“三个体系”成形的基础上，提出荆江河段生态航道建设的指南和方案。荆江河段生态航道研究的开展对长江航道治理具有重要意义，有助于推进整个长江的生态航道建设。

在荆江河段航道整治工程中，根据本河段各护坡工程河岸土质、水流特征、环境要求及材料来源等因素，采用了钢丝网格护坡、多孔质生态护坡砖护坡等生态护坡型式。航道整治工程参建各方严格按照环境保护与主体工程施工同时设计、同时施工、同时投入的“三同时”原则，积极实施增殖放流活动。活动以“修复生之源、共建美丽长江”为主题，共放流胭脂鱼、四大家鱼（青、草、鲢、鳙）等亲本1000余组，1700多公斤，种植水域植被20亩，投放底栖生物2000公斤，设置人工鱼巢100处，对维护长江水生生物资源多样性、改善长江水域生态环境、保护长江珍稀濒危鱼类种群以及修复长江渔业资源都具有重要的意义。此外，还联合航道、海事、渔政等单位在石首江段开展船载驱鱼及拦截活动，通过对鱼类往下游无伤害的驱赶、拦截，引导保护物种及珍稀鱼类离开原河段，确保工程施工不对长江天鹅洲白鳍豚国家级自然保护区的物种产生直接影响。

（三）长江口航道治理工程疏浚土利用

交通运输部长江口航道管理局与上海市发改委、建交委等相关单位积极协调，探索疏浚土利用的合作模式，推动了横沙三期、横沙六期等吹填工程的实施。在横沙六期吹填工程实施中，探索并采用了“联合招标、委托管理”的合作模式，取得了成功。

在长江口深水航道治理工程建设及维护过程中产生的约9亿方疏浚土中，约3亿方通过设在北槽的四个吹泥站进行了疏浚土吹泥上滩，其中约9300万方通过与上海市合作直接用于横沙东滩和浦东机场圈围工程吹填成陆。

已完成的横沙三期吹填造陆工程利用疏浚土近2700万方，形成陆域面积2.6万亩；正在实施中的横沙六期吹填造陆工程利用疏浚土近6400万方，将形成陆域面积4.84万亩；两工程合计可节约航道维护费用近9亿元。

（四）其他部门绿色循环低碳航运发展

长江航务管理局完成了《长江干线典型营运船舶与重要枢纽港口能效分析与对策研究》等课题，为行业政策提供了有效参考；加强了对交通运输行业节能减排示范项目的推广，选取行业内优秀的节能减排典型项目在中国水运报上进行了专版宣传；不断挖掘支持保障系统节能潜力，加快海事电子巡航、免停靠报港、三峡免停靠报闸和长江电子航道图等新型信息化工作模式的创新与推广，有效提高管理效率，降低能耗也提高了船舶的通行效率。

在乌江航运开发建设中，为保护乌江鱼类资源，修复水生态环境，在乌江河口至白涛河段进行了鱼类增殖放流活动，投放胭脂鱼、岩原鲤、长吻鮠、厚颌鲂等国家二级保护水生野生动物计21000余尾。

重庆市积极推动船舶靠泊岸电技术的应用工作，制定相关技术方案。

湖北省出台《关于加快推进全省交通运输绿色循环低碳发展的指导意见》，提出加快内河船型标准化，积极推广内河节能环保船型，加快建造符合国家发展方向的内河示范船，加快单壳液货危险品船拆解改造、现有船舶生活污水防污染改造、过闸小吨位船舶拆解和老旧运输船舶提前拆解。加快港口航道节能减排技术推广应用，推广应用港口机械节能技术和操作方法，对新建5000吨及以上级别码头，原则上应同步配套建设靠港船舶使用岸电供电设备设施，或在结构和设备上进行预留；在集装箱码头推广使用轨道式集装箱龙门起重机；武汉、黄石、鄂州、荆州、宜昌等港口城市率先完善港口油污水接收和集中处理设施，开展散货码头粉尘污染治理。

上港集团成立LNG及油电混合动力攻关课题组，广泛收集LNG拖轮、油电混合动力拖轮的相关技术资料、图纸及建造检验规范，并研究双燃料船舶使用情况，研究适用于上海港拖轮的最佳节能减排方案，服务上海港绿色港口建设。

浙江省制定了《浙江省港航管理系统“五水共治”实施方案》、《浙江省港口行业开展美丽码头（港区）创建活动实施方案（暂行）》。完成130个船舶垃圾接收点和7个

油污水接收点建设，依法整治内河小散乱码头76家。启动湖嘉申线“五水共治”样板航道创建，开展嘉善生态航道养护试点。

7.3.3　重点领域绿色循环低碳发展

（一）LNG等新能源的推广应用

交通运输部公布水运行业应用液化天然气（LNG）首批试点示范项目名单，共7个试点项目、6个示范项目和3个示范区项目。涉及长江航运的试点项目有中外运长航长江干线主力船型船舶应用LNG综合试点项目、中石化长江干线“油气合一”趸船式LNG加注站建设试点项目、昆仑能源南水北调水源地丹江口库区水运应用LNG综合试点项目和新奥能源长江中下游岸基式LNG加注站及LNG运输中转试点项目；示范项目有上海港应用LNG示范项目、川江及三峡库区水运应用LNG示范项目、长江干线江苏段水运应用LNG示范项目；示范区项目有安徽皖江与巢湖水运应用LNG综合示范区、京杭运河江苏段水运应用LNG综合示范区。

以LNG动力船舶为突破口，加快优化行业能耗结构，加大落实《交通运输部关于推进水运行业应用液化天然气的指导意见》的力度，开展LNG运输船舶和LNG燃料动力船舶过闸研究，开展LNG动力船舶、加注船及其关键设备的技术标准和相关安全管理规定研究，开展LNG加注站布局规划、政策鼓励措施和优化审批效率等方面的研究。

四川省：开展长江上游货船示范先进船型研究工作，稳步推进LNG燃料动力船舶试点的技术研究工作，南充市启动LNG动力船舶试点改造，促进船舶节能减排技术的发展和运用。

重庆市：完成三峡升船机船型研发，编制《单燃料LNG动力船舶技术方案》和《旅游趸船靠泊岸电系统技术方案》，指导LNG动力示范船建造，积极推进船舶节能减排。

湖北省：全国首艘新建内河LNG集散两用船“海川3号”在武汉下水，并与“海川2号”一并通过了交通运输部水科院技术评估。丹江口水库“兴通货1号”、“兴通货2号”完成审图，启动实施LNG实船改造。与此同时，《湖北省船舶LNG加注站布局规划》正组织编制，配套设施加快跟进。

安徽省：安徽巢湖-皖江水域LNG应用综合示范项目，已被列入交通运输部节能减排示范项目。华强天然气公司3艘LNG加油趸船开工建造。目前已有一艘LNG动力船在建，四艘拟建，另12艘船舶图纸在审批中，还有16艘船舶图纸正在设计过程中。

上海市：积极推进乳化柴油的应用，研究解决“船舶加油、油罐储存、办理码头审批手续”等问题，鼓励企业把乳化柴油逐步推广到29艘环卫船舶。

浙江省：推进LNG船舶动力应用，完成2艘内河LNG动力船舶改装工作。

此外，在太阳能利用方面，重庆云阳“渝云阳渡0119”太阳能光伏电源设备安装到位，正式投入运行，成为云阳第一艘使用清洁能源的客渡船。太阳能一体化遥测遥控航标灯在南京航道局辖区试用。太阳能一体化新型智能环保航标灯在鄱阳湖区航道首次使用，并将在赣江上批量使用。航标专用磷酸铁锂电池和恒流驱动LED航标灯相继研发成功，与同类恒压驱动型航标灯相比可省电30%～50%，具有宽电压使用和延长电池寿命等优点，在长江下游得到推广应用。适用于小河三角岸标的新一代硅太阳能超长寿一体化太阳能航标灯成功研制，通过配备的硅太阳能电源供电，具有电源过充过放保护蓄电池功能，能够保证灯器在连续20天阴雨天里正常工作。

（二）水上危险品运输安全环保监管

国务院办公厅发布关于印发《推进长江危险化学品运输安全保障体系建设工作方案的通知》（以下简称《通知》），部署建设长江危化品运输体系，要求长江沿江化工园区布局优化，合理控制上游地区沿江石化、化工产业发展，并且长江沿线取水口水源保护区防控措施要完备。《通知》要求，优化沿江石化、化工产业布局，提高化工园区风险防控能力。综合考虑长江水系生态环境承载力、运输安全等因素，结合生态功能区划、环境保护规划以及城乡规划，尽快研究完善长江危险化学品产业布局规划，规范长江两岸化工园区的建设和发展，优化石化、化工产业结构。根据安排，自2016年1月1日起，长江干线全面禁止单壳化学品船舶和600载重吨以上单壳油船进入，危险化学品运输船舶船型标准化率达到70%。

长江全线26家危险品航运企业在宜昌签订了2015年度《危险品船舶过闸安全防范承诺书》，承诺认真执行危险品船舶过闸安全防范管理和相关程序，密切配合管理单位共同做好危险品船舶过闸安全管理工作，抓好危险品源头管理，保障船舶过闸安全。

三峡库区首支船舶溢油应急专业队伍成立。重庆海事局与重庆长江轮船公司签订溢油应急战略合作协议，成立三峡库区第一支溢油应急专业队伍，将进一步整合三峡库区溢油应急处置资源，为库区水域清洁护航。目前，三峡库区已建成重庆、涪陵、万州、巫山四个防污设备库，奉节、云阳、万州、忠县、涪陵、重庆主城六个小型企业应急设备库。

第8章 未来发展展望

在我国经济发展新常态背景下，全面深化改革和依托黄金水道推动长江经济带发展，必将极大地改善长江航运发展的基础和环境，为长江航运转型发展提供难得的“钻石机遇”，长江航运正处于产业地位的提升期、提升黄金水道功能的建设期和航运服务的转型升级期。同时，长江航运的健康发展也面临不少新情况、新挑战，长江航运潜能尚未充分发挥，高效集疏运体系尚未形成，集约化水平不高，企业生产经营困难等问题仍然突出，发展“软实力”不强。面对新机遇、新挑战。长江航运业将继续围绕“四个交通”和“一条主线、四个长江”的发展战略目标，主动适应和积极引领经济发展新常态，全面深化改革和推进法治建设，完善市场约束机制、内生发展机制和创新机制，着力提升长江黄金水道功能，强化行业管理和服务，促进行业转型升级，增强核心竞争力，充分发挥好在支撑国家战略实施中的先导性作用，进一步提升长江航运服务长江经济带发展的能力。

8.1 总体思路和发展目标

8.1.1 总体发展思路

（一）提升长江黄金水道功能

《国务院关于依托黄金水道推动长江经济带发展的指导意见》明确了长江黄金水道在我国区域发展总体格局中的重要战略地位，对长江航运发展提出了新的更高要求，也指明了长江航运的发展重点和发展方向。充分发挥长江运能大、成本低、能耗少等优势，加快推进长江干线航道系统治理，整治浚深下游航道，有效缓解中上游瓶颈，改善支流通航条件，优化港口功能布局，加强集疏运体系建设，发展江海联运和干支直达运输，打造畅通、高效、平安、绿色的黄金水道。到2020年，形成以上海国际航运中心为龙头、长江干线为骨干、干支流网络衔接、集疏运体系完善的长江黄金水道。

（1）提升干线航道通航能力，统筹推进支线航道建设。加快实施重大航道整治工程，全面推进长江干线航道系统化治理。扩大三峡枢纽通过能力。优化整合渡口渡线。促进过江通道与长江航运、防洪安全和生态环境协调发展。积极推进航道整治和梯级渠化，提高支流航道等级，形成与长江干线有机衔接的支线网络。

（2）促进港口合理布局，加强集疏运体系建设。优化港口功能，加强分工合作，积极推进专业化、规模化和现代化建设，大力发展现代航运服务业。加快上海国际航运中心、武汉长江中游航运中心、重庆长江上游航运中心和南京区域性航运物流中心建设。以航运中心和主要港口为重点，强化集疏运服务功能，提升货物中转能力和效率，扩大港口运输服务的覆盖范围。

（3）加快推进船型标准化。大力推进长江干线船型标准化。积极推广应用节能环保、经济高效船舶，加快淘汰低效率高污染老旧船型；严格按照有关规定使用专业化船舶运输危险品。推广三峡船型，积极发展江海直达船型。

（4）大力发展多式联运。加快推进铁水、公水等联运发展，提高联运比重。制定多式联运标准规范，完善运输装备技术标准体系。培育多式联运经营人，鼓励企业以长江为依托开展多式联运业务，构筑长江黄金水道快捷高效的进出口货运大通道。推动联运企业信息系统互联互通，提高联运效率。

（5）提升智能服务和安全保障水平。建立全面感知、广泛互联、深度融合、机制完善的智能航道技术体系。全面推动客运综合服务信息平台建设，加快智能物流网络发展。提升交通行业安全监管和应急保障水平，加快建设长江干线全方位覆盖、全天候运行、具备快速反应能力的水上安全监管和应急救助体系。

（6）强化资源节约和环境保护。加强长江干线岸线管理和保护，探索港口岸线有偿使用办法。鼓励大型港航企业以资本为纽带整合沿江港口资源。对规划通航河流，水利水电梯级开发应同步建设或改造现有通航设施。进一步优化运输组织，改进船舶技术条件，推进节能减排。鼓励内河船舶使用液化天然气等清洁燃料。完善船舶污染防治标准，加强水上危险品运输监管、船舶溢油防治和污染物处理，严格控制船舶污染排放。

（二）全面深化长江航运改革

《交通运输部关于全面深化交通运输改革的意见》明确了推进交通运输治理体系和治理能力现代化的改革任务和改革举措，将推动长江航运改革在重要领域和关键环节向纵深发展。到2020年，在重要领域和关键环节改革上取得决定性成果，体制机制更加完善，发展质量和服务水平显著提升，支撑和保障国民经济、社会发展、民生改善能力显著增强，形成更加成熟规范、运行有效的制度体系。

（1）深化管理体制改革。深化港口管理体制改革，促进区域港口集约化、一体化发展，完善现代港口服务体系，完善港口岸线管理制度，支持国有港口企业发展混合所有制经济。完善引航体制机制，加强引航服务与安全监督管理。加快推进长江航道管理体

制改革，完善部属航道管理机构与地方航道管理机构的联动机制，建立健全运转高效的三峡等枢纽通航管理体制。深化海事管理体制改革，全面推进海事革命化、正规化、现代化建设，加快推进内河巡航救助一体化，完善船舶污染等突发事件应急处置机制。深化搜救打捞体制改革，探索建立海事巡航和专业救助联动合作机制，健全社会力量共同参与救助打捞的机制。深化公安管理体制改革，积极推进公安正规化、专业化、现代化建设，创新立体化水上治安防控体系，完善区域性和行业性相互补充的执法合作机制。

（2）完善长江航运与综合交通运输协调发展和促进物流业发展的体制机制。统筹长江航运与各种运输方式在规划、建设、管理与服务的融合发展。完善综合运输服务衔接机制，推进综合运输一体化服务。完善与海关等部门综合协调机制，大力推广多式联运等组织方式，加强物流信息资源的整合利用，促进各类物流公共信息平台之间的互联互通和信息共享。

（3）处理好政府和市场的关系，加快完善长江航运市场体系和转变政府职能。完善市场规则，加快建立公平开放、统一透明的长江航运运输市场；注重发挥市场形成价格的作用，放开竞争性环节价格；完善市场信用体系，落实各领域守信激励和失信惩戒各项措施。深化行政审批制度改革，加强公共服务职责，加强市场监管职责，加快事业单位分类改革。

（4）加快推进法治建设。发挥法治在长江航运建设中的引领和规范作用，健全跨部门联合执法机制，健全依法决策机制。

（5）深化投融资体制改革。研究建立与事权相匹配的支出责任体系和管理制度，探索推广社会资本参与建设机制，完善预算管理制度。

（6）完善长江航运转型升级体制机制。加快推进长江航运信息化、智能化，促进基础设施、信息系统等互联互通，完善科技创新体制机制，推进“互联网+”的业务创新和应用。完善绿色航运体制机制，完善节能减排监管和生态保护制度，完善节能减排产品（技术）推广机制，积极推进内河船型标准化。完善平安交通体制机制，健全安全生产责任体系、隐患排查治理体系、安全风险防控体系和安全监督管理制度。加强对外合作与开放，创新航运开放等政策。推进行业文化创新。完善反腐败体制机制。

8.1.2　长江航运发展目标

今后一段时期长江航运的发展目标是：

第一，总体发展目标。

（1）2020年发展目标。航道港口基础设施比较完善，运输装备先进环保，支持保障系统较为完备，现代服务体系初步建立，科技创新能力与信息化水平明显提高，畅通、高效、平安、绿色的现代长江航运体系基本建成，与其他运输方式衔接趋于完善，长江航运对我国内河航运发展的引领作用明显增强，部分领域世界领先，比较优势和潜力得到较好发挥，服务水平总体适应长江经济带发展需求，“一条主线四个长江”战略目标总体实现。

（2）2030年发展目标。以航运基础设施、运输装备、现代服务与治理体系现代化为主要标志，畅通、高效、平安、绿色的长江航运体系全面建成，黄金水道功能全面提升，基本建成全流域黄金水道，引领我国内河航运发展并居世界先进水平。在长江经济带建设中的基础和先导作用充分发挥，在沿江综合立体交通走廊中的主干作用充分发挥，在长江绿色生态廊道建设中的示范作用充分发挥，总体服务能力较好适应长江经济带发展的需求。

第二，主要发展指标。

（1）港航基础设施。

——航道建设发展。

2020年，长江干线航道的建设目标是：①宜宾至重庆段航道提高至Ⅱ级，航道水深由2.7米提高至3.5米，全年通航2000吨级船舶；②重庆至涪陵段航道水深维持3.5米、航宽由100米提高至150米；③涪陵至宜昌段航道水深维持4.5米、航宽由140米提高至150米，进一步改善三峡库尾和两坝间航道条件；④宜昌至城陵矶段航道水深提升至4.0米以上，并积极开展好与三峡、葛洲坝船闸水深相配套的航道整治前期研究；⑤城陵矶至武汉段航道水深由3.7米提升至4.5米、航宽由80米提升至150米；⑥武汉至安庆段航道水深实现6.0米初步贯通；⑦安庆至芜湖段航道水深由6.0米提高至7.0米；⑧芜湖至南京段航道水深实现10.5米初步贯通；⑨南京至长江口河段实现12.5米深水航道贯通，5万吨级海轮常年直达南京。同时，长江水系国家高等级航道基本建成，“一网十线”航道建设完成规划里程的90%以上，高等级航道里程超过1.2万公里。2030年，进一步巩固和合理提高长江干线局部河段航道维护尺度，优化长江水系国家高等级航道布局，建成长江水系高等级航道网，航道综合服务能力和智能化水平全面提升。

——枢纽通航管理。

2020年，推动三峡枢纽水运新通道建设完成立项并争取开工建设，完善翻坝转运系统，三峡、葛洲坝枢纽通航潜力充分挖掘。2030年，三峡枢纽水运新通道建设基本完成，三峡枢纽通航紧张局面得到有效缓解；三峡、葛洲坝枢纽通航管理全面达到国际先进水平。

——港口建设发展。

2020年，长江干线港口布局和能力结构明显优化，港口专业化、规模化建设效果明显，绿色港口建设全面推进，上海、武汉、重庆三大航运中心及南京区域性航运物流中心的引领作用明显增强，与其他主要港口联动发展趋于协调；港口集疏运条件明显改善，建成若干个具有示范效应的铁水、公水等联运枢纽，铁水、公水联运货运量达到30%以上。2030年，港口布局进一步优化，集疏运体系基本完善，港口在城市和产业发展、

综合交通运输和现代物流服务中的枢纽作用充分发挥，岸线、土地利用效率全面提升，绿色港口体系基本形成，依托港口的高端航运服务业充分发展。

（2）运输装备服务。

——运力结构调整。

2020年，长江运输船舶标准化率达到80%以上，大型化、现代化水平明显提高，三峡船型和江海直达船型应用推广取得明显效果，长江干线货运船舶平均载重吨超过2000吨，三峡库区货运船舶平均吨位超过2800吨，长江水系货运船舶超过1200吨。2030年，运输船舶标准化率达到95%以上，基本实现专业化、大型化，三峡船型和江海直达船型应用效果充分，运力供给与市场需求基本合理。

——市场监管与行业服务。

2020年，基本形成统一开放、公平合理、竞争有序的长江航运市场，长江航运运输效率、经济增长质量和效益明显提高，行业竞争力不断增强，产业链进一步拓展，辐射范围进一步扩大。2030年，形成统一开放、竞争有序的现代化长江航运市场，长江航运现代物流产业取得长足发展，较好满足长江经济带发展需求。

——航运企业发展。

2020年，长江航运企业经营资源有效整合，形成若干家服务水平高、市场竞争力强的大型航运企业。2030年，长江航运企业发展质量和效益明显提高，核心竞争力得到巩固。

——市场诚信体系建设。

2020年，初步建立长江水路运输企业和船舶诚信管理制度，初步建立守信激励和失信惩戒制度，建立企业诚信档案，主要企业建立自我约束机制。2030年，建立长江航运市场诚信体系，市场信用程度明显提升。

（3）通航安全保障。

——安全监管与应急能力建设。

2020年，全方位覆盖、全天候运行、具备快速反应能力的长江干线水上交通安全监管和船舶污染防治体系基本建成，年均百万吨港口吞吐量死亡人数下降5%，一次性死亡失踪10人以上水上交通事故得到有效遏制；水上交通事故应急到达时间港区内不超过15分钟、其他航段不超过40分钟，人命救助成功率大于97%，溢油清除控制能力总体200吨，局部重点水域400吨，初步具备一定的危化品污染监测能力；航道应急保障能力显著提升。2030年，建成长江干线水上安全监管和应急救助体系，长江干线多维度立体监管模式基本实现，应对较大突发污染和危化品污染等事故的能力全面提升。

——治安防控和消防能力建设。

2020年，指挥顺畅、运转高效、协调有力的长江水上治安防控体系基本建成，三峡坝区反恐特警基地建成，防范和打击水上物流犯罪的能力显著增强，重大社会治安事件得到有效遏制；初步形成防火、跨区域作战和灭火抢险救援工作体系，长江干线水上消防力量布局更加完善，重点水域30分钟内消防力量能赶赴现场。2030年，长江水上治安体系全面覆盖，重点区域反恐、消防力量配备适应需要，技术手段和设施更加先进，应急保障更加有力，总体实现长江航运治安消防能力现代化。

（4）智能航运发展。

2020年，现代信息技术与运输生产和管理服务广泛融合，长江干线数字航道全线贯通，运输装备、运输组织和运输服务的智能化水平明显提升，行业信息化水平和资源共享能力明显增强，科技创新能力全面提高，“云上长航”建设取得初步成效。2030年，长江干线数字航道提档升级并向水系主要支流扩展，基本建成航运信息综合服务体系，建成“云上长航”，信息资源高度共享，全面实现信息网络化、业务数字化、运输生产和管理服务智能化。

（5）绿色低碳发展。

2020年，绿色发展理念全面深入，节能环保新技术、新材料、新工艺和新能源在行业内得到普遍应用。2030年，长江航运在绿色循环低碳发展轨道上运行，能源消耗和污染物排放全面下降，长江航运环境效益得到充分发挥。

（6）经济社会贡献。

——服务长江经济带发展。

2020年，长江航运集聚效应、辐射优势和依托作用有效发挥，有力支撑长江经济带的建设。2030年，长江航运较好适应沿江经济发展，优势充分发挥，与沿江现代产业链和新型城镇带互动和谐发展。

——行业文化和文明创建。

2020年，行业文化对行业发展的支撑作用明显增强，行业形象和行业自信明显提升。2030年，文明创建及文化成果更加丰硕，行业发展软实力处于我国交通行业领先水平。

8.2 2015年发展重点

2015年是全面完成“十二五”规划的收官之年，是全面深化改革的关键之年，也是依托黄金水道全面推进长江经济带建设的启动之年。李克强总理在2015年政府工作报告中指出，“推进长江经济带建设，有序开工黄金水道治理、沿江码头口岸等重大项目，构筑综合立体大通道，建设产业转移示范区，引导产业由东向西梯度转移”。交通运输部和驻长江的部属管理机构、沿江省市交通主管部门在年度工作会议上，部署了2015年长江航运发展的主要政策和重点任务。总体来说，一是着力提升长江黄金水道功能，增强航运基础设施保障能力和运输服务能力；二是全面深化改革，增强发展新动能；三是适应市场需求，拓展航运服务业发展新空间。

8.2.1　打造长江黄金水道，增强保障能力和服务能力

在确保全面完成“十二五”发展规划目标的基础上，贯彻落实《国务院关于依托黄金水道推动长江经济带发展的指导意见》，启动实施长江经济带等国家重大战略规划中的一批示范性强、作用显著的重大项目，加快提升长江黄金水道功能，增强对建设长江经济带综合立体交通走廊的支撑力，增强服务长江经济带发展的运输保障能力。系统评估“十二五”规划的实施效果，科学谋划“十三五”发展规划。

（一）加强航道系统研究与治理，提升航道通航能力，完善干支、江海衔接网络

全面开展长江干线全河段航道系统治理研究工作，重点完成宜昌至安庆段航道整治模型试验研究论证、宜宾至重庆段航道等级提升等重点专题研究工作，继续开展长江口12.5米深水航道维护期回淤原因及减淤措施研究工作，研究论证宜宾至水富段航道整治工程。研究论证金沙江攀枝花至水富、引江济淮通航和乌江等具有开发潜力航道升级改造的可能性。

继续推进长江干线重大航道整治工程。在下游，实施长江口北槽南坝田挡沙堤加高工程，加快南京以下12.5米深水航道二期等重点工程建设，开工建设江心洲河段航道整治工程，力争开工建设东北水道航道整治工程，争取安庆二期、黑沙洲二期航道整治工程工可获批。在中游，完成荆江航道整治工程主体工程，开工建设赤壁至潘家湾河段、鲤鱼山、宜昌至昌门溪段一期等航道整治工程，抓好宜昌至昌门溪航道整治二期工程、荆江航道整治二期工程前期工作。在上游，加快推进九龙坡至朝天门段航道整治、库区变动回水区碍航礁石炸除二期工程前期工作，完成重庆至涪陵4.5米水深航道建设研究工作，并进一步改善三峡库尾和三峡至葛洲坝两坝间航道条件。

积极研究提升长江干线航道通航标准。自2015年1月1日起，试运行提高长江干线中水门至下临江坪等河段航道维护尺度。其中：宜昌中水门至下临江坪河段，航道维护尺度由4.5×80×750米，提高到4.5×100×750米；下临江坪至大埠街河段，航道维护尺度由3.2×80×750米，提高到3.5×100×750米（1～3月份、10～12月份由3.2米试运行提高至3.5米，其他月份航道维护水深不变）；大埠街—城陵矶河段，航道维护尺度由3.3×80×750米，提高到3.5×100×750米（1～3月份、10～12月份航道维护水深由3.3米试运行提高至3.5米，其他月份航道维护水深不变）；城陵矶至武汉河段，航道维护尺度由3.7×80×750米，提高到3.7×150×1000米；武汉至安庆河段，航道维护尺度由4.5×100×1050米，提高到4.5×200×1050米；长江干线支汊裕溪口水道，由“芜湖水位2米以下维护水深3.0米，芜湖水位2米以上维护水深4.5米”调整为分月维护。

加快推进岷江、嘉陵江、乌江、湘江、沅水、汉江、赣江、合裕线等高等级航道的航道整治和梯级渠化，抓紧实施京杭运河航道建设和船闸扩能工程，加快建设长江三角洲地区高等级航道网络。

（二）强化港口枢纽作用，提升港口功能

积极推进长江沿江港口功能提升，加快一批专业化、规模化和现代化港区建设。加快上海国际航运中心、武汉长江中游航运中心、重庆长江上游航运中心和南京区域性航运物流中心建设。以航运中心和主要港口为重点，加快铁路、高等级公路等与重要港区的连接线建设，强化集疏运服务功能，提升货物中转能力和效率，有效解决“最后一公里”问题。推进港口与沿江开发区、物流园区的通道建设，扩大港口运输服务的覆盖范围。

（三）扩大三峡枢纽通过能力

挖掘既有船闸潜力，启动三峡及葛洲坝既有船闸扩能和三峡至葛洲坝两坝间航道整治工程。加快完善公路水路无缝衔接的翻坝转运系统。加强三峡枢纽水运新通道和葛洲坝枢纽水运配套工程前期研究工作。

（四）继续推进航运支持保障系统建设

加强航道维护基地工程、信号台改造工程等航道生产设施建设；加快推进数字航道建设。加快船舶交通管理系统工程建设，推进长江航运应急指挥平台等应急指挥系统建设，进一步完善水上安全监管和应急救助体系。推进治安防控视频监控等重点项目建设，进一步完善长江干线治安防控体系。加强监管系统信息化建设，增强保障能力。

（五）继续推进船型标准化

加大专项资金投入，大力推进长江干线船型标准化，力争2015年长江干线货运船舶平均吨位达到1400吨。积极引导LNG动力船等节能、环保船舶的发展应用，加快淘汰低效率高污染老旧船型；坚持安全第一，严格按照有关规定使用专业化船舶运输危险品。抓紧推广三峡船型，充分释放三峡船闸通航潜力。根据跨江桥梁净空高度、航道水深和运输需求等条件，积极发展江海直达船型，进一步提高运输效率和效益。

8.2.2 深化长江航运改革，增强发展新动能

（一）深化长江航运体制机制改革

落实交通运输部全面深化改革工作部署，开展长江航运体制改革顶层设计的系统研究，推进长江干线航道管理体制改革、三峡枢纽通航建筑物管理体制改革、长江引航管理体制改革等。继续加强跨区域、跨行业的交流与合作，长江航务管理局将完善与长江水利委员会、农业部长江流域渔政监督管理办公室以及环境保护部华东、华南、西南环境保护督查中心等流域机构间的联系协调机制，深化与沿江省市交通运输主管部门、沿江地市人民政府的“2+N”合作模式。

（二）推进法治政府部门建设

积极推进法治部门建设，加强事中事后监管，制定实施“权力清单”、“责任清单”、“负面清单”。做好《航道法》宣贯实施工作。健全依法决策机制，完善重大决

策和重要文件合法性审查机制，强化决策后评估跟踪反馈和纠错问责制度。抓好“三基三化”建设，提升执法规范化程度。整合执法资源，完善联合执法。

（三）健全航运市场监管机制

坚持创新管理，强化服务，着力提高行业管理效能。贯彻以市场运行监测为中心的监管理念，加强监管信息平台建设，完善制度体系。积极推进决策科学化民主化，重视发挥智库作用。推广电子政务和网上办事。以改善民生为导向，坚持主动作为。

（四）推动长江航运业转型升级

优化运输组织，提升运输服务能力。以多式联运为着力点，加快推进长江航运与其他运输方式的融合发展，充分发挥水运的比较优势，发挥综合运输组合效率和整体优势。加快推进航运业和港口转型升级，推进港口资源整合，加快发展现代航运服务业。加强长江航运经济运行监测和信息服务体系建设，推进物流公共信息平台区域节点建设和交换互联。

突出创新驱动，推动智慧航运发展。继续开展重大基础性、前瞻性、关键性技术研发，完善科技成果转化和产业化机制，提升行业整体技术创新能力。以“智慧航道”、“智慧港口”为突破口，推进信息化智能化建设，推进“互联网”的应用。

推进绿色低碳发展，增强可持续发展能力。加强与水资源综合利用、城市规划等部门的协调，切实保护和利用好长江航运资源。加强节能减排新技术新工艺推广应用，加强船舶大气污染防治工作，强化水上危险品运输安全环保监管、船舶溢油风险防范和船舶污水排放控制。探索航道治理与河道综合整治工程协同推进的机制，强化生态保护和修复。

继续深化平安长江建设，提升安全质量监管和应急保障能力。以贯彻新的《安全生产法》为契机，以建体系、重监管、强保障为重点，促进长江航运安全发展。进一步完善安全体系，加强“四类重点”船舶等重点领域监管。认真落实国务院办公厅加强长江危化品运输保障体系建设的各项任务。落实《加强公路水运工程质量和安全管理工作的若干意见》，做好水运工程质量安全综合督查和专项检查。强化应急救助保障能力，提升应急处置和救助打捞能力。加强水上治安综合治理和反恐防范工作。

8.2.3　适应市场需求，拓展航运服务业发展新空间

在管理部门着力建设基础设施的一体化、网络化以及法制化的营商环境的基础上，企业也要有新思路、新模式、新对策。应该更加关注客户需求的新变化，着力提升服务质量；更加关注运输服务的新市场，着力拓展物流服务网络；更加关注组织经营的新模式，特别注意资本和技术驱动对传统经营模式的颠覆性创新，着力形成市场竞争新优势；更加关注新技术特别是信息技术的推广应用，通过大数据、云计算、物联网、移动互联网等新兴技术，改造业务流程、组织架构和业务模式，着力提升运行效率；更加关

注人才培养，加强教育培训，着力提高绩效水平；更加关注承担社会责任，坚持守法经营、诚信经营，大力发展绿色航运，着力塑造企业新形象；更加关注行业协会的建设与发展，着力发挥协会桥梁和纽带作用。同时，也要注意防控和化解市场风险、技术风险、重组风险、资金风险、法律风险、信用风险，处理好增长与稳定的关系，通过改革创新推动整合优化、增进效率，提升拓展能力，深化管理水平，主动适应新常态、引领新常态。

省域报告

2014年长江经济带9省2市
水运发展回顾与展望

报告1

2014年云南省水运发展综述

1　水运经济运行情况

随着云南省水运基础设施的不断完善和水上旅游业的快速发展，水路运输继续保持平稳较快增长。2014年，全省完成客运量1099万人、客运周转量23729万人公里，比上年分别增长5.2%和6.5%；货运量560万吨、货运周转量130890万吨公里，比上年分别增长10.2%和12.4%。全省水上交通安全形势持续稳定，全年未发生统计上报的水上交通事故，无重特大水上交通事故。

2　水运建设情况

2014年，全省在建的19个水运基本建设项目完成投资56045万元，比去年27393万元增加104.6%。全省水运建设项目13个，其中：新开工建设金沙江中游航运基础设施综合建设一期工程等3个项目，续建2个项目，交工验收项目5个，停工项目1个（富宁港一期工程），中央投资到位未开工建设项目1个（滇池航运建设一期工程），企业投资项目1个。

2014年，全省内河通航总里程3768.22公里，较上年增加200.96公里。内河港口12个，分28个港区；内河港口泊位192个，其中生产性泊位190个（300吨级以上泊位48个），非生产性泊位2个；码头泊位长度9060米，其中生产性泊位8840米，非生产性泊位220米。拥有内河运输船舶1010艘，净载重吨114694吨，客位数21937客位，总功率102952千瓦；与上年相比，船舶数量增加58艘，净载重吨增加3147吨，客位数增加3374客位，总功率增加5171千瓦。

3　行业管理与服务状况

3.1　培育水运市场

全年共批准筹建和开业水路运输企业21家，办理和换发《水路运输许可证》17份、

《船舶营业运输证》33份，注销《船舶营业运输证》15份。对全省424家水路运输企业（省际运输企业8家、省内运输企业75家、个体工商户340户、船代企业1家）、928艘运输船舶进行年度核查，有13家企业（个体工商户）未通过核查。继续抓好农村水路客运燃油补贴申报工作，对513家经营户、802艘船舶进行财政补贴，补助用油量达7937.77吨。在2013年的澜沧江—湄公河成品油试运输期结束后，对澜沧江成品油运输工作进行了全面评估。2014年8月，交通运输部同意云南云投版纳石化有限公司正式在澜沧江—湄公河开展成品油运输业务，使澜沧江—湄公河水路运输的货种得到进一步丰富。

3.2 安全监管常抓不懈，水上交通安全形势稳定

全面落实水运企业、船主、经营人的安全生产管理责任，落实企业主体责任以及航行、停泊、作业值班等制度对全省乡镇船舶县、乡（镇）、村、船四级安全责任承包书的签订情况进行了督促检查，全省乡镇运输船舶四级责任承包书签订8799份，签订面达到100%。加强了重点水域（金沙江、澜沧江、滇池、洱海、库湖区），重点船舶（四类重点船舶），重点时段（春运、节假日、街天）及重点人员（企业负责人、船舶所有人、船员）的管理。全省各级海事机构共投入监督艇300余艘（次），投入执法车600辆（次），海事执法监督人员1660人（次），检查船舶1100艘（次），发现安全隐患200余项，隐患整改率为95%。

在全省开展六打六治打非治违和平安交通建设整治专项行动，完成重点水域内重点航运企业、船舶及海事管理机构的督查工作。开展了交通运输企业安全生产标准化建设工作，46家客运及危化品水运企业全部通过考评达标。受理并完成180艘船舶图纸设计审查，15艘船舶的建造检验任务，31艘各类船舶的转港检验业务，68项船用产品（轴系、舵系、螺旋桨）检验工作，187艘船舶的检验登记号申请的检验程序审核、授号工作。起草编制了“云南省船舶法定检验工作指南”（征求意见稿），已完成局内专家征求意见。

3.3 港航管理与航道养护有序开展，畅通航运建设不断加强

完成保山芒宽勐赖怒江大桥建设工程通航安全影响论证批复、绥江县交通港口码头还建工程港口岸线使用的批复等10项航道通航论证、港口岸线行政审批工作。投入180万元，开展了澜沧江糯扎渡库区重点航段航标配布工作，全省航道未出现因养护不善而中断事件，重点航段的航道通航保证率达90%以上。加强澜沧江、金沙江的航电协调工作，执行水情预报制度，确保了船舶航行安全，有效维护了航运权益。

3.4 科教兴水能力不断加强，行业软实力得到提升

重点开展了《基于北斗/GPRS的国际边境河流船舶可视化导航监控管理系统研究》、《澜沧江景洪水力浮动式新型升船机运行安全关键技术研究》、《内河小型船舶电力推

进系统研制》等项目的研究工作。完成《澜沧江—湄公河流域动力发展研究》、《云南高原库湖区船舶防污染关键技术研究》等六个项目的验收鉴定工作。

3.5 法制建设不断推进，依法行政水平得到提高

《云南省水上交通安全管理办法（草案）》（初稿）的补充完善工作取得新进展。交通运输厅下发了《云南省交通运输厅关于印发<云南省乡镇船舶和渡口安全管理责任制度>的函》（云交政法[2014]52号）。对全省水路交通行政执法工作从执法监督机制、执法队伍建设和执法行为规范、执法案卷规范等几个方面进行了自检自查，并报送了优秀执法案卷目录、优秀案卷复印件、评议考核优秀单位。

4 存在问题和应对措施

投融资难度大，融资平台建设需进一步加强。按照云南省人民政府第29次常务会议精神，将国有经营性实物资产划转为港投公司资本金的工作尚未完成，目前港投公司资信状况难以支撑拟实施项目的融资需求，亟待尽快完成资本金注入工作，以真正发挥投融资平台作用。

影响项目建设的诸多因素并存，建设进度进展缓慢。部分在建项目因航电矛盾、政府干预、资金短缺等问题停工或缓建。如富宁港建设至今，因右江百色枢纽事宜，停工多年；景洪港勐罕作业区等项目因地方配套资金不足严重影响工程进度。

安全隐患仍然突出，监管能力亟待加强。因电站建设，库区船舶发展迅速，库区运输管理不规范，加之安全监管经费和设施缺乏，库区水上安全隐患突出，安全监管难度大；澜沧江海事中央事权与财权分离，严重制约了澜沧江海事工作的开展，亟待从体制上进行调整；全省海事监管手段仍然缺乏，队伍建设亟待加强。

水路运输市场乏力，结构性调整刻不容缓。全省水运面临运输成本高、服务能力差、运输结构不合理等问题，仍然处于粗放型的发展方式，距离建设现代化综合交通运输要求甚远，亟待结合沿江经济发展，找准定位，大力发展特色水运，建立现代化物流体系，实现向集约型转变。

5 2015年发展趋势分析

5.1 确保“十二五”期港航建设任务圆满收官

确保全年完成投资6.8亿元。完成澜沧江海事局工作船码头建设工程、水上搜救系统及西双版纳海事局业务用房建设工程、澜沧江糯扎渡电站上游翻坝码头建设工程、澜沧江海事局30米级内河D型巡逻船建造工程等10个工程的交验收工作。加快推进金沙江中游航运基础设施综合建设一期工程、滇池航运建设一期工程、澜沧江思茅港至中缅243界碑

五级航道二期工程等3个重点项目按计划顺利实施。新开工建设金沙江中游库区航运基础设施建设二期、金沙江溪洛渡至向家坝高等级航道建设、澜沧江—湄公河国际航道二期整治，以及麻栗坡马鹿塘、罗平鲁布革库区、陇川龙江库区、怒江小沙坝至大南茂等集中连片航运扶贫开发建设等项目。

确保项目储备满足“十三五”需求。重点开展“十三五”云南省水路交通发展规划、云南省水体经济发展规划中的水运经济规划、澜沧江对外开放水域航运发展规划编制工作；启动金沙江下游乌东德、白鹤滩、溪洛渡、向家坝等电站库区航运基础设施建设，澜沧江—湄公河航道二期整治工程，澜沧江对外开放水域上延部分前期工作；组织开展金沙江溪洛渡至向家坝高等级航道建设初步设计；指导地方开展李仙江梯级库群航运基础设施建设项目、银鹏电站库区航运基础设施建设等项目前期工作。

确保投融资取得突破。完成港投公司资本金注入工作，扩大资产容量，努力实现向银行、社会的融资，遵循航运与水电、旅游、物流相结合，共同发展的原则，加强与地方政府、水电公司及国内实力较强的物流公司的合作，大力发展多种经营，加快推动全省水运建设模式转型发展。

确保航道管养顺利实施。制定和完善云南省航道养护管理法规体系、养护技术体系和养护服务体系；加大航道养护管理力度，确保澜沧江、金沙江、洱海等重点航段通航保证率达到95%；继续争取界河航道养护及内河航道应急抢通资金补助，加强界河航道养护；做好全省航道（渡口）维护计划的编制、申报工作，以及航道维护项目的落实；开展航道定线及普查工作，确保新增航道里程纳入统计范围；加强对港口生产安全的监督指导工作，组织好汛期灾害防御工作，确保航道及码头安全渡汛；继续做好澜沧江航电运行协调及水情预报工作，为船舶航行安全提供基础指导。

5.2 努力提升水路交通运输服务能力

重点促进澜沧江—湄公河国际航运、金沙江—长江长途货运、湖（库）区旅游航运发展，全省水运客货运量较2014年增长10%；进一步贯彻落实《国内水路运输管理条例》和《国内水路运输管理规定》，加强企业核查，规范水路运输管理；深入开展长江干线、珠江（右江）船型标准化工作，完成全省渡口、库（湖）区船舶标准改造，继续抓好农村水路客运燃油补贴和农村老旧渡船报废更新等惠民工作。

5.3 全面履行水上安全监管职责

全面落实安全生产党政同责、一岗双责、两个主体责任、乡镇船舶安全管理责任，全省乡镇船舶四级安全管理责任承包书签订率达到100%；深化平安交通建设，抓好“打非治违”和隐患排查治理，提高交通运输安全监管和应急保障水平；继续组织开展全省通航水域认定工作，完成全省渡口、湖（库）区船舶标准化收尾工作，抓好船员质量管

理体系试运行，完成水运行业安全生产标准化达标考评发证工作。规范船舶检验发证管理，检验审核率达100%；全面推广《船舶检验发证管理系统》集中版应用；完成澜沧江航道管理暨外事工作船、澜沧江中型客船建造检验工作。

5.4　科技引领推进海事科技进步

科学制定科技发展规划，重点推进绿色航运建设，完成基于北斗/GPS的国际边境河流船舶可视化导航监控管理系统研究、澜沧江景洪水力浮动式新型升船机运行安全关键技术研究、云南高原库湖区船舶防污染关键技术研究等项目的验收工作，加快内河船舶电力推进系统推广应用，促进项目成果的转化。

5.5　推进法制建设和体制改革

研究并确定全省水路交通运输法规体系框架，提出有关立法项目；通过省政府出台《云南省水上交通安全管理办法》，争取将《云南省水上交通安全管理条例》列入省政府立法计划；进一步精简和下放行政审批事项；建立局内部控制管理制度。继续开展事业单位分类改革，合理界定机关岗位职责，努力推进澜沧江对外开放水域海事体制改革，逐步探索全省船舶检验工作改革方向。

（云南省航务管理局）

报告2

2014年贵州省水运发展综述

1 政策环境综述

“十二五”期以来，贵州省紧紧抓住国家加快内河水运发展战略机遇期，围绕加速发展、加快转型、推进跨越主基调，实施工业强省和城镇化带动主战略，全力加速构建现代化综合交通运输体系。水路交通加快发展、破题提速已成为全省重要的工作任务之一，全省水运发展步入新中国成立以来最佳的黄金机遇期。2014年，在2012年修编《贵州省水运发展规划（2012-2030年）》以及2013年出台《省人民政府关于支持水运发展的意见》等措施基础上，贵州省政府为进一步加快全省水运发展，启动了《贵州省水运建设三年会战》，对省直有关行政机构、9个市（州）政府以及水电企业业主明确了目标任务和责任，并将水运建设会战年度目标首次列入省直目标考核，由省政府督查室对水运建设进行专项督查。

2 水运经济运行情况

2014年，在2012年修编《贵州省水运发展规划（2012-2030年）》及2013年出台《省人民政府关于支持水运发展的意见》等措施基础上，启动了《贵州省水运建设三年会战》，并将水运建设会战年度目标首次列入省直目标考核，由省政府督查室对水运建设进行专项督查。全年水运量稳中有升。赤水河出省运输，乌江、清水江等省际区间短途运输及各库区运输呈上升之势，渡运有增无减，全省完成客运量2234.5万人次，旅客周转量53743万人公里，同比增长8.4%、22.6%；货运量1375.4万吨，货物周转量322625万吨公里，同比增长17.0%、20.8%。全省水上交通安全形势保持平安稳定状态。水上交通安全全年无事故，连续五年实现“双零”。

3 水运建设情况

2014年，全省水路交通固定资产投资完成20.29亿元，同比增长49.8%，是“十一五”

期投资总额8.51亿元的2.39倍。水运融资工作取得新突破，省航电公司获得银行贷款4亿元，实现贵州水运贷款建设零的突破。全面建成乌江（乌江渡—龚滩）航运工程和三板溪库区航运工程两个重点项目，建成15个500吨级泊位和7个300吨级客货综合泊位。乌江构皮滩翻坝运输系统工程、构皮滩、思林、沙沱水电枢纽通航设施建设工程快速推进，总体形象进度分别达70.8%、40.6%、93.9%、95.0%。开工建设都柳江温寨、郎洞航电枢纽工程、清水江（锦屏—白市）高等级航道工程、光照库区航运工程等10个项目。全面开工建设了40个城乡便民码头、200个乡镇渡口等重要民生工程。

2014年，新增四级航道431公里，是贵州水运交通历史上新增高等级航道最多的一年；拥有码头210座，泊位472个（其中300吨级以上泊位46个，500吨级以上泊位30个）全省营运船舶保有量2234艘（其中：货船553艘，客船1681艘），131130载重吨，52450客位。

4　行业管理与服务状况

4.1　安全管理成效显著

强化了船舶、船员管理等海事业务工作和水上交通安全长效机制建设，传统管理与信息化管理双管齐下，每逢赶场天和农闲季节，海事航管部门坚守渡口码头，人盯人、人跟船，确保了短途水上运输区段水上交通安全管理有序，杜绝了水上交通事故的发生。加强了工程建设领域的质量安全监管，对在建项目质量安全督查31次，确保了全省水运工程质量受控，安全生产事故为零，在全省交通工程质量安全目标考核中获得一等奖。开展了水路运输（含服务）企业、船舶的核查工作，共核查水路运输经营业主791户（其中：水运企业88家，个体、工商户702家，水路辅助企业1家），核查率达99.62%。完成75个水路运输企业的安全生产标准化建设和达标考评工作。开展水上安全应急救助演习等活动，深化风险水域分类监管，扎实开展打非治违、学生渡清查治理等5个专项整治活动。

4.2　航道（海事）管理体制进一步理顺

出省航道养护实现纳入省管范畴，新成立南盘江、北盘江、红水河航道管理局。成立省通航管理局，省地方海事局、省航务管理局增加通航管理业务，为一门三牌。同时在省乌江航道管理局加挂“乌江通航管理局”牌子，在沙沱、思林、构皮滩成立通航管理处（副县级事业机构）。航道养护与管理得到进一步加强，省管赤水河、乌江、南盘江、北盘江航道保持畅通，航道部门依法审核跨河建筑物建设，加强水毁应急抢通，确保主要水道（域）航道畅通。完成150名省财政预算海事人员经费下划市（州）财政预算管理工作，深化人员属地管理，解决了全省海事机构人员“同工不同酬”等历史遗留问题,又厘清了编制混杂现象。

4.3 水运科技信息化建设取得长足进步

承担了《乌江梯级渠化条件下的航道建设关键技术研究》等十余项部、省科技项目研究工作，完成了全省水运系统信息化顶层设计、水路运政管理系统和港口信息管理系统研发，《赤水河航运建设关键技术研究》获得省科技进步二等奖。广泛运用船舶登记和船员管理信息、船检发证管理等系统，海事系统信息化建设不断深化。

4.4 船舶标准化建设取得显著成果

开展了全省长江水系、珠江水系内河船型标准化工作，完成长珠水系内河船型标准化船舶拆解改造和拆建示范船摸底工作，中央财政资金对贵州省2014年内河船型标准化补贴资金671万已安排到位。

5 2015年发展重点及措施

当前贵州水运发展的首要任务和重点是尽快解决水电站闸坝碍航问题，抢救性地要求水电业主按标准建设通航设施，积极申报乌江、北盘江、红水河航道由四级提高到三级等级并纳入国家发展规划，全力打通北入长江、南下珠江水运出省通道。同时积极加快建设赤水河、都柳江、清水江、锦江水运出省辅助通道。2015年，将重点加快航电一体化建设，实现贵州都柳江从江航电枢纽发电，同时建成贵州省个翻坝运输系统工程——乌江构皮滩翻坝运输系统，为乌江（贵州境）全线通航创造前提条件。

5.1 水运建设实现新突破

确保水路交通固定资产投资突破24亿元，完成直接融资3.5亿元；加快16个在建项目建设和项目前期工作进度。加速推进都柳江从江、大融、温寨、郎洞4级航电枢纽工程建设；加快清水江（锦屏—白市）高等级航道工程，光照库区、格凸河库区及市（州）实施的航运工程项目建设；继续实施乡镇渡口和城乡便民码头工程建设。确保清水江平寨、旁海航电枢纽工程及董箐库区、石垭子库区、乌江渡库区航运建设工程开工建设；全力推进桐梓河库区、芙蓉江库区、乌江索风营库区、南明河、赤水河、蔗香港、罗妥港等项目前期工作。建成乌江构皮滩水电枢纽翻坝运输系统工程30车位滚装泊位2个，500吨级泊位6个，实现翻坝运输能力500万吨/年。实现贵州省航电一体化（从江航电枢纽）开发首台机组发电。

5.2 管理水平上新台阶

提升海事安全监管救助水平，推进海事水上搜救专业队伍建设，加强应急训练演练等工作，有效提高海事专业救助和社会船舶自救、互救能力。提升航道航务管理工作水平，确保航道安全畅通。提升依法执法水平，进一步推行行政执法政务公开，全面规范水路交通行政执法行为。

5.3　各项工作有新进展

积极推进全面深化改革。切实以改革红利推进水运发展，审时度势，结合实际，按照“精简效能”，着力整合市（州）海事、航务机构，并逐步向区县延伸，减少管理层级，力求全覆盖、全辐射，消除管理盲区和空白点。

着力加强创新管理。指导抓好乌江复航试运货源、衔接港口装卸、升船机作业等相关工作，做好运输成本测算及运输方案。加大水运市场调研培育力度，着力降低准入门槛，引导和支持社会投资建设，加强事中事后的监管服务。积极引导个体运输船主通过入股等方式实现公司化经营，优化经营主体结构，积极推进经营资源整合、企业公司化经营。推进水路运输船型标准化、农村水路客运油补等工作。继续开展港口（码头）安全生产监管，规范港口经营行为。

积极为行业发展提供技术支撑。依托省公路水路安全畅通与应急处置系统工程及重点水运建设项目，搭建全省水路交通应急指挥信息平台，以彭水库区（贵州段）—沙沱枢纽水域通航管理为试点，开展电子江图和船舶自动识别系统（AIS）建设。在乌江水运通道试点开展内河LNG燃料船舶应用工作，建立水路船舶能耗统计制度，试点开展航运企业能耗统计。

注重工程质量安全管理，深入推进项目建设单位质量责任登记工作，确保重点水运工程质量监督全覆盖。加强工地试验室监督管理工作，确保水运工程建设领域工程质量总体受控。

推进行业文明建设。积极引导、引领、统筹行业精神文明建设，深入开展航道局（段）文明单位、基层海事处（所）文明执法单位、全省航务系统“树创积极作为航务新形象建设”等创建活动，切实不断提升行业整体形象。

（贵州省地方海事（航务管理）局）

报告3

2014年四川省水运发展综述

1 政策环境综述

国务院《关于依托黄金水道推动长江经济带发展指导意见》和《长江经济带综合立体交通走廊规划（2014–2020年）》出台后，四川省确立了“全力打造长江经济带战略腹地和重要增长极”的战略定位，通过挖潜增强长江运能，统筹推进水运、铁路、公路、航空、油气管网集疏运体系建设，打造网络化、标准化、智能化综合立体交通走廊。9月26日，四川省交通运输厅与交通运输部长江航务管理局签订《加快四川长江水运发展深化合作备忘录》，就共同推进四川水运加快发展达成共识。11月11日，四川省人民政府印发《贯彻〈国务院关于依托黄金水道推动长江经济带发展的指导意见〉的实施意见》（以下简称《实施意见》）和《四川省推进实施长江经济带综合立体交通走廊规划工作方案》（以下简称《工作方案》），总投资459亿元的10个重点水运项目纳入《实施意见》和《工作方案》。

2 行业运行情况

2.1 水运发展状况

2014年，全省水运建设完成投资30.46亿元，完成年度目标的101.53%，其中航道建设完成投资9.58亿元，港口建设完成投资20.88亿元，新增三级高等级航道里程71公里、新增集装箱吞吐能力25万TEU。目前，全省四级（含）以上航道里程达1015公里。全省现有港口17个，其中规模以上港口6个；泊位2149个，其中千吨级泊位59个；货物吞吐能力9958万吨，其中集装箱吞吐能力218万TEU。

2.2 水路运输状况

2014年，全省完成水路货运量8361万吨、货物周转量154亿吨公里、港口货物吞吐

量9159万吨，同比分别增长17.8%、下降2.9%和增长11.76%。完成水路客运量2678万人、旅客周转量2.65亿人公里，同比分别下降17.1%和7.8%。全省港口集装箱吞吐量突破44.11万TEU，同比增长68.6%。全省共完成大件运输173批次、4.18万吨，同比持平和增长20.17%。水路运输市场环境和秩序进一步改善，服务沿江经济社会发展能力进一步提升。此外，船舶工业发展良好，有三级Ⅳ类以上船舶生产企业68家，实现产值4.4亿元。

2.3　水上交通安全形势

2014年，全省航务海事系统以水上交通安全监督管理为中心，不断强化底线思维和红线意识，认真落实政府及部门管理责任和企业主体责任，不断夯实水上交通安全基层基础，全面履职尽责，确保了辖区水上交通安全形势稳定。全省未发生水上交通安全事故，首次实现事故起数、死亡人数和经济损失三项指标全部为零。2014年，全省水上交通安全工作得到了省政府、部海事局和厅党组的充分肯定。

3　基础设施建设

3.1　航道建设

长江宜宾至重庆航道等级提升工程前期研究工作进一步深化，部长航局、四川省交通运输厅与沿江泸州、宜宾两市人民政府召开“2+2”会议，就加快长江宜宾至重庆航道等级提升达成共识，将尽快启动建设；水富至宜宾段三级航道整治工程工可大多数专题已完成编制。岷江港航电综合开发项目前期工作加快推进，项目建设所需8大类38个专题要件，犍为枢纽已取得37个要件，老木孔枢纽已取得23个要件，东风岩和龙溪口枢纽已取得24个要件；下段81公里航道整治工程已完成项目预可行性研究报告。嘉陵江航运配套工程一期工程年底启动施工准备工程，积极配合重庆开展利泽枢纽项目前期工作。渠江风洞子航电枢纽、达州至广安段航运配套工程以及沱江自贡至泸州段航道等级提升工程已完成项目预可报告编制。渠江四九滩至丹溪口航道整治已基本完成，富流滩船闸改扩建工程完成主体工程的50%。金沙江向家坝通航建筑物加快建设，正在进行升船机设备安装。

3.2　港口建设

宜宾港志城作业区重件泊位已完工并投入试运行，成为内河首个具有自主创新成果的千吨级重大件桥吊泊位。南充港河西作业区化工园区专用码头加快建设。广元港红岩作业区一期工程开港试运行，张家坝作业区一期工程取得预可批复。乐山港老江坝作业区一期工程工可编制完成，工可审批所需要件仅行洪论证尚未取得批复。

3.3 民生工程和支持保障系统基础设施建设

2014年建成渡改人行桥102座，完成目标任务的102%。加快渡口渡船更新改造，进一步改善渡口落后面貌，完成渡船更新改造145艘。积极争取部、省支持，加强应急救援能力建设，2011～2014年，支持市（县）两级海事部门建造海事船艇142艘，海事工作船码头34个，其中2014年建造海巡艇34艘，海事工作船码头15个，海事应急抢险救助艇5艘。

4 公共服务与管理

4.1 港口行政管理

进一步加强对港口企业的指导，深化与港口腹地经济区、成都经济区的合作，积极拓展适箱货源，开展与汽车、石化、钢铁等重点项目客户的对接服务工作。加强与上海、南京、武汉等长江中下游港口的对接合作，联合部长航局开展我省泸州、宜宾长江上游港口与下游江苏省南京港等六个大型港口业务对接交流活动。加快实施《推进港口转型升级指导意见的实施意见》，积极协调推进泸州、宜宾两港整合工作。泸州港、宜宾港获批全国第一批进境粮食指定口岸。泸州港保税物流中心（B型）成为我省第二家保税物流中心。

开展“平安交通”建设集中整治专项行动，全面推进港口企业安全生产标准化建设。开展全省危险货物港口作业企业经营资质核查、港口油气输送管线安全专项排查整治、港口危险化学品储罐及管线监管调研、全省港口危险化学品安全专项整治活动。加强港口安全保障能力建设，建立完善港口安全应急体系，加强港口危险货物事故应急物资储备。进一步强化港口岸线资源管理，统一规划、统一管理港口岸线资源，严把岸线审批关，严格执行岸线管理制度，加强港口岸线使用全过程监管，探索港口岸线有偿使用政策和后方陆域的协调保护机制，进一步完善港口岸线合理利用的有效措施。

2014年，四川省重点联系港航企业共14家，其中6家企业盈利，8家企业亏损。港口企业共5家仅1家盈利，航运企业共9家有5家盈利。

4.2 水路运政管理与服务

培育水路运输市场。继续用好我省重点港口集装箱运输车辆通行费优惠政策。首次启动培育水运市场补贴机制。鼓励新（增）开集装箱班轮航线，积极发展江海联运。全省已开通6条集装箱班轮航线，每周发班达22班左右。打通泸州—南京—韩国、宜宾—武汉—台湾江海联运物流通道。继续实施集装箱快班轮申报制度，共申报集装箱快班轮760班。推动集装箱铁水联运发展，开通了泸州港至成都、乐山铁水联运班列。泸州港、宜宾港成功在昆明地区设立“无水港”。

调整优化运力结构。继续严控新增长江干线危险品运输经营主体及船舶，引导长江干线普货船运力有序投放。用好中央财政补贴政策，加快老旧运输船舶淘汰和更新改造，鼓励发展先进示范船型，稳步推进LNG动力船舶试点技术研究工作，积极发展大型化、标准化、专业化船舶。2014年，全省共有航运企业185家（其中货运企业106家，客运企业67家，客货兼营企业12家；按经营主体性质划分，国有企业4家，集体所有制企业25家，有限责任公司144家）。航运企业利润总额2257.75万元，有111家盈利，59家亏损，15家停业。全省共有省际水运企业84家，其中具有长江干线外贸集装箱内支线班轮运输资质的水运企业4家，液货危险品运输资质的企业1家，1万载重吨以上的水运企业28家。全省共有运输船舶7642艘、114.66万载重吨，其中省际船舶运力579艘、82.82万载重吨，其中通过三峡船闸船舶达283艘、66.8万载重吨，平均吨位达2360.4吨/艘，过闸船舶标准化率达76.43%。2014年新投入营运1000载重吨以上标准船舶19艘，7.15万载重吨，平均吨位达3763吨。

落实市场准入和监管。全面贯彻落实《国内水路运输管理规定》和《国内水路运输辅助业管理规定》，规范市场准入管理。落实水运企业经营资质预警及动态监管制度，开展全省水路运政检查活动，2014年全省国内水路运输及其辅助业核查，核查水运企业167家、个体（联户）经营者4286户、运输船舶8043艘。

提升运输服务保障能力。落实重点港航企业联系制度，培育壮大骨干港航企业。实施水运市场分析季报制度，定期公布主要江河运价。推广应用水路运政管理信息系统。圆满完成春运、“十一”黄金周等重要时段的水路旅客运输组织保障工作和春运期间“情满旅途“活动。完成葛洲坝二号船闸大修期间通航保障工作，申报32艘重点急运物资船舶和19艘集装箱快班轮优先过闸。加强大件运输组织协调，2014年全省共完成大件运输173批次、4.18万吨，同比持平和增长20.17%。

4.3　海事监管与服务

明晰监管责任。认真贯彻落实《中华人民共和国内河渡口渡船安全管理规定》、《四川省水上交通安全管理条例》和《四川省渡口管理办法》。全省65家水路运输资质类、港口营运资质类企业完成安全生产标准化建设达标工作。加强部门联动，提请四川省安委会召开2014年水上安全“十长”会商会。健全行业安全监管责任链，严格执行水上交通安全目标管理制度、约谈管理制度，推动形成“属地管理、分级负责、部门联动、企业主体”的齐抓共管格局。

加强一线监管。严格按照交通运输部和四川省交通厅关于调整重点水域和重点船舶的精神，及时调整安全监管重点，细化管控措施，加大对学生渡、赶场渡、旅游水域、干支流交汇水域和主要险滩水域等重点水域巡航、巡查的力度和频次，确保各项安全制度落到实处。省局连续第9年按片区开展汛期水上安全暗访督查。全面实施《四川省海事巡航工作规范（暂行）》，组织开展嘉陵江川境段跨区巡航。以“平安交通”建设为契机，深入开展渡口渡船安全管理专项整治“回头看”、客（车）渡船、涉砂船等专项活动，集中打击了一批水上交通安全生产非法违法行为。

加强源头管理。继续对全省1.2万名持证船员开展集中安全教育培训，切实提升持证船员安全素质和技能。修订出台《四川省非机动船舶船员适任考试和发证管理办法》。落实《四川省推进长江危险化学品运输安全保障体系建设工作实施方案》，切实加强危险品管理。有序推进全省船检机构名称统一工作，全面调整各级船检机构业务权限，整合船检业务资源。做好长江干线船型标准化船舶拆解收尾工作，督促各地船检机构加强船舶建造监督管理，确保船舶适航。

加强应急防范。全面推广船舶自救互救机制建设经验。完善应急搜救预案，建立健全省市应急联动机制，先后在西昌、成都、巴中等地组织水上省市联动应急抢险集结拉动演练。积极开展码头及船载视频、船舶自动识别系统（AIS）建设。在上海海事局的大力支持下，为各地配备海事应急救援冲锋舟40艘，实现我省重点地区全覆盖，有效提升了对水上交通突发事件的处置能力。

截至2014年末，全省有各类船舶37046艘，其中海事登记的有14179艘；乡镇登记的自用船有22001艘。全省有各类船员15886人，其中持适任证书的船员（机动船舶）12995名。全省1856人次参加各类船员适任考试，977人次参加内河客船船员特殊培训考试，107人次参加内河载运包装危险货物船舶船员特殊培训考试，经考试合格核发适任证书1724本。全省船舶安全检查48244艘次，滞留船舶112艘次。船舶进出港签证97.6万艘次。

4.4 水路交通行政执法

开展港口整合、岸线使用等重大政策机制调研。全面推进海事执法形象“五统一”工作建设，全省53个独立或独层办公场所的视觉形象建设已完成90%，海事执法执勤车辆外观式样统一工作有序推进。加强水上交通执法规范化建设，组织全省执法业务技能比赛练兵。2014年，全省有海事、运输、船检主要执法人员1994人，监督车310辆、监督艇186艘。省本级共受理行政审批事项102件，按时办结率和提前办结率均达到100%。共实施水路交通行政处罚1270件（其中罚款1086件、警告184件）。

4.5 科技创新与信息化

加快港口信息化建设，推广应用水路运政管理信息系统。开展长江上游货船示范先进船型研究工作。稳步推进LNG燃料动力船舶试点的技术研究工作，促进船舶节能减排技术的发展和运用。新设计完成12客位玻璃钢公益性渡船、60客位公益性渡船（Ⅱ型）、90客位公益性渡船等标准船型。加快推进全省码头及船载视频、船舶自动识别系统（AIS）建设及整合工程。目前，全省视频监控点累计达1515个（码头视频665个、船载视频850

个），出川船舶船载AIS终端设备全部安装完成，免费为航行于长江、岷江、渠江、嘉陵江等四级航道内的客渡船、危险品船安装AIS船载终端600套，建成AIS岸台基站11个。

5　2015年发展重点和主要措施

2015年，四川省将以服务沿江经济、提升服务能力为总目标，以构建干支相通的水运网络为总要求，坚持以规划为引领，以前期工作为突破，以项目投资为抓手，进一步加快航道港口建设，进一步发展现代水路交通运输，进一步加强水上交通安全监管，进一步加强法治水运和海事“三化”建设，着力提升水运行业管理和航务海事队伍服务水平，为构建畅通安全高效的现代综合交通运输体系提供有力支撑。

全省计划完成水运建设投资30亿元。力争开工长江“三升二”项目，确保开工岷江“四升三”项目；四级及以上高等级航道达到1321公里，新增306公里。进一步完善泸州、宜宾、广安、南充、广元港港口功能，港口货物吞吐能力达到1亿吨，其中集装箱吞吐能力达到233万TEU。指导地方扎实开展渡改人行桥项目前期工作，确保开工建设渡改人行桥100座。港口集装箱吞吐量确保完成50万TEU。长江干线过闸运输船舶标准化率达77%。确保全年不发生重大及以上运输船舶水上交通安全事故，全省水上交通安全形势持续稳定。

四川省航务管理部门将继续加快重点项目前期和项目储备，高起点、高标准、高水平编制完成全省水路运输“十三五”发展规划，为四川水运建设科学发展勾画蓝图。积极争取中央资金在航道、港口建设、市场培育和支持保障系统建设方面给予更多的支持，引导市、县政府加大水运建设投入和支持力度。同时，充分发挥市场配置资源的主体作用，探索通过BOT（建设—经营—转让）、EPC（设计施工工程总承包）、“BOT+EPC”、企业债券、PPP（政府与社会资本合作模式）等渠道投资建设水运项目，鼓励发展国有资本、集体资本、非公有资本交叉持股、相互融合的混合所有制投资模式，推进多元投资体制下项目投资建设的新模式，为加快四川水运发展、提升水运发展的核心竞争力积极创造条件。

（四川省交通运输厅航务管理局）

报告4

2014年重庆市水运发展综述

1 水运经济运行情况

2014年，重庆水运紧紧围绕建设“长江上游航运中心”目标定位，开拓进取谋发展、全面履职保安全、以民为本优服务，科学应对各种困难和挑战，继续保持了水运安全健康发展势头。与长航局确立了长江重庆段水运发展“2+5”合作机制，合力共建长江黄金水道。与贵州省航务管理局签署《合作备忘录》，推动渝、黔两地携手开发乌江水运大通道。全年完成货运量1.41亿吨、货运周转量1631亿吨公里，同比分别增长9.2%、14.8%；完成港口货物吞吐量1.47亿吨、同比增长7.2%。集装箱吞吐量首次突破100万标箱大关，长江上游航运中心建设实现历史性跨越。全市水上交通连续11年未发生重特大安全事故，地方水域连续4年实现了“零死亡”。

2 水运建设情况

全年完成水运基础设施投资28.2亿元。航道方面，嘉陵江石门炸礁工程全面完成，乌江、小江、梅溪河、抱龙河等整治工程顺利推进，涪江潼南航电枢纽开工建设。嘉陵江利泽、井口，乌江白马，涪江双江航电枢纽等项目前期工作有序开展，东溪河、汤溪河等航道建设前期工作基本完成。港口方面，全国内河最大的铁、公、水联运枢纽港——果园港进港铁路建成并试运行，万州新田神华码头基本完工，涪陵龙头山、主城佛耳岩二期等项目有序推进，全市港口货物和集装箱吞吐能力分别达到1.7亿吨、370万标箱。支持保障系统方面，建成乌江、小江、梅溪河、抱龙河等航道支持保障系统，新开通小安溪22公里航道，建成4个航道标准化示范站，新增航道维护工作艇14艘，支流航道管理养护成效明显。

3 公共服务与管理

3.1 安全监管

以嘉航处为依托成立了重庆市地方水上应急救援中心。基本建成大宁河船舶自动识

别系统（AIS），启动建设船舶过闸调度管理系统。整合中山舰、展宏图等救捞公司及社会船舶等救援力量，共同参与应急抢险。有序推进主城、彭水、合川基地建设，渝救援111、浮吊船等重装备投入使用，大功率拖轮主体建造完工。选配喷水式冲锋舟、巡航搜救艇等新型实用快艇15艘。全面推进企业主体责任落实，50%的市内普货企业完成初次考评，130家客运和危险品企业完成“回头看”。强化港航、渔政、旅游和水利等部门安全监管职能职责，多部门配合联动、齐抓共管的良好局面逐步形成。督促港航企业投入各类安全经费约1亿元，整改隐患200余项。

全年开展专项督查10批次320人次，排查整治安全隐患330项，挂牌督办7起，约谈事故企业12家，停航、停业整顿船舶12艘、码头24个。开展专项演练和联合演习42次。完成渡口改造130个，渡改人行桥10座；实施客渡船标准化后评估，升级改造53艘老旧标准客渡船；新建、续建6个海事监督站、22艘工作艇趸；免费发放新型救生凳8000个、救生衣3500件；培训各类安全监管、海事执法人员2800余人次。

3.2　水路运政管理

清理、简化行政许可事项，取消2项，下放6项，单独向两江新区下放4项，承接交通部下放项目1项；开通网上办事大厅，实现部分重点审批业务快捷申报，港口经营许可实行“远程审批、当地发证”。依法查处港口、运输市场违法经营行为100余起，强制拆除非法码头3座。落实“营改增”财政补助、集装箱补贴、渡运补贴等惠民资金3.6亿元。认真开展“清理涉企收费，减轻企业负担”专项治理，取消涉企收费项目5个。加强与三峡通航局沟通，全年协调我市集装箱快班轮和重点物资优先过闸900余班次。

3.3　港口与船舶管理

港口结构不断优化。主城、涪陵、万州三个枢纽港吞吐能力和吞吐量分别占到全市的71.6%和46%，全市集装箱、危化品、滚装等专业化泊位吞吐能力占比达到39%。充分发挥铁水、公水联运优势，万州港积极拓展集装箱“万蓉班列”和“陕煤入渝”业务，忠县新开通重滚码头有力吸引川东等周边地区货物中转，港区物流腹地范围不断扩大。不断推进港口资源整合，全年完成老旧码头搬迁整合34座，收回优质岸线2000余米。

船型标准化水平不断提升。拆解老旧运输船舶124艘，全市船舶总运力达到620万吨，标准化运力占比达到75%，货船平均吨位达到2500载重吨，首批4艘三峡船型示范船投入营运，多项指标全国内河领先。全市航运企业基本实现了船舶大型化、标准化、低龄化，盈利能力显著增强。兼并重组港航企业26家，20万吨以上的航运企业达到5家。

3.4　科技与信息化

完成三峡升船机船型研发，编制《单燃料LNG动力船舶技术方案》和《旅游趸船靠泊岸电系统技术方案》，指导LNG动力示范船建造，积极推进船舶节能减排。

4 水运发展面临的机遇和挑战

当前和今后一个时期，重庆水运迎来了新的发展战略机遇期。一方面，随着国务院《关于依托黄金水道推动长江经济带发展的指导意见》（国发〔2014〕39号）和《长江经济带综合立体交通走廊规划》的深入实施，为重庆水运发挥比较优势、释放发展潜能创造了更加广阔的空间。另一方面，随着近年来重庆水运持续实施结构调整和转型升级，航道、港口、船舶、航运服务等要素不断优化，安全监管、应急救援等基础保障更加有力，为重庆水运持续安全健康发展提供了更加坚实的支撑。

但同时也面临着诸多挑战：一是三峡船闸通过能力不足和长江中游航道通而不畅，严重制约重庆水运快速发展；二是支流对干流的航运贡献率不高，港口功能布局有待优化，水运基础设施的潜能还未得到充分发挥；三是航运发展面临转型升级阵痛，供求不平衡等矛盾仍然存在；四是航运人才紧缺，从业人员整体素质有待提高；五是极端气候频发，加之重庆水上安全监管点多、线长、面广，安全压力仍然较大。

5 2015年水运发展目标和重点

2015年主要目标是：力争完成固定资产投资28亿元；完成货运量1.5亿吨，货运周转量1800亿吨•公里，同比分别增长6.5%、10.3%；完成港口货物和集装箱吞吐量1.6亿吨、112万标箱，同比分别增长8.8%、10%；四级以上高等级航道通航保证率达95%以上；水上交通事故死亡人数控制在9人以内，杜绝一次死亡10人以上事故，继续确保安全形势总体平稳。

一是大力推进重点项目建设，提升基础设施整体供给能力。科学谋划水运“十三五”发展规划，抓紧储备、对接和启动一批水运重大项目。积极推动长江干线涪陵至主城、朝天门至九龙坡航道整治；努力推动嘉陵江利泽、涪江潼南、涪江双江等航电枢纽建设及渠江合川至广安航道建设，推动嘉陵江河口至草街段数字航道建设试点；完成乌江河口段航道整治，力争开工乌江白马航电枢纽建设；加快推进库区小江、梅溪河、抱龙河航道整治，争取开工磨刀溪、汤溪河航道整治工程；积极推进綦河流域综合开发。开工江津猫儿沱扩能项目，推进万州新田、涪陵龙头山、巴南佛耳岩二期、石柱江家漕等重点港口建设；加大老、旧、散、小码头整合力度，推动库区码头升级改造，适应船舶大型化发展需要；加强港口码头配套锚地建设，完善高洪水位公共地锚设施；全年计划新增港口货物和集装箱通过能力1000万吨、30万标箱。

二是加快推进航运转型升级，促进水运经济持续增长。鼓励航运企业由单一水路运输向全程物流，港口企业由普通装卸作业向综合物流拓展，大力拓展长江中下游游轮市场，不断提升水运货物集装箱化水平。进一步加大老旧运输船舶拆解力度，有序发展优

质船舶运力，积极推广三峡船型、升船机船型、LNG动力示范船等新船型的应用。充分发挥果园港等重点港口进港铁路作用，撬动铁水联运新的增长点；推广甩挂运输应用，推进黄旗码头开展商品车滚装运输，促进公水联运加快发展；加快江海直达船型研发，优化水水中转运输组织，发挥水运新优势。

三是全面推进“平安水运”建设，继续保持安全形势总体平稳。2015年，完成港口、运输企业安全生产标准化100%达标；督促企业加大船员培训力度，提升素质、增强技能、稳定队伍，夯实企业安全基础。积极推动主城六区理顺水上交通管理体制，加大“坝坝渔船”整治力度，切实履行属地管理责任。完成嘉陵江视频监控系统三期工程，启动嘉陵江、乌江船舶自动识别系统建设，推进水上交通综合信息平台和重点船舶专项附加检验动态信息系统建设，开展“精度造船”和“数控套料”等技术示范项目。推进船员考试基地建设，加强船员技能培训，强化船员职业道德教育，提高船员基本素质；开展全市船舶焊工“技能升级培训”。

（重庆市港航管理局）

报告5

2014年湖南省水运发展综述

1　水运发展状况与特点

（1）水运基础设施完成情况

2014年，湖南省水运在建项目30个，完成投资35.7亿元，为年计划的105.1%，同比增长8.1%，为“十一五”的106.3%，创历史新高。

航道方面，重点加快了湘江、沅水等高等级航道建设，其中枢纽工程2个、航道工程6个，完成投资23亿元。湘江长沙综合枢纽工程坝顶公路建成通车、库区建设基本完成；湘江土谷塘航电枢纽全年完成投资8.5亿元，船闸实现通航；湘江株洲～城陵矶2000吨级航道建设工程进展顺利；沅水浦市～常德航道建设工程顺利开工，完成投资1.5亿元。截至2014年底，全省现有通航河流373条，航道里程11968公里（含长江161公里），其中等级航道4215公里，等外航道7753公里。

港口方面，加快岳阳、长沙2个主要港口及湘潭、株洲、常德、益阳等重要港口共18个码头项目建设，全年完成投资10.9亿元。截至2014年底，全省港口共有生产性泊位1853个（年度新增泊位13个），泊位长度82956米，泊位通过能力16869万吨/年、80万TEU/年、旅客2505万人/年。

全面推进水上支持保障系统、航道应急保畅、渡口渡船改造、水上安全民生专项等项目建设，共完成投资1.8亿元，完成渡口码头标准化改造167道，完成全省1920艘客渡船标准化建设的招投标工作。

（2）水路运输生产情况

2014年，全省完成水路货运量2.57亿吨、水路货物周转量709.9亿吨公里，同比增长11.2%和28.5%；水路货运量、货运周转量在综合交通运输体系中所占比重增大，分别达到12.6%和17.1%，对经济社会发展的拉动效益明显增强。

船舶运力方面，全省登记注册船舶共18177艘，432.80总吨。2014年，全省共办理船舶登记7412艘次，办理船舶进港签证118579次，出港签证120306次。共有注册船员24086

人，有部局授权的船员培训机构3家，培训船员2828人次。

（3）港口生产情况

2014年，完成港口货物吞吐量2.53亿吨、集装箱吞吐量33.62万标箱，同比增长9.8%和14.6%。特别是集装箱吞吐量在前两年持续下滑的情况下，2014年实现大幅攀升，长沙港、岳阳港集装箱吞吐量均创历史新高。吞吐量在200万吨以上的港口有15个，分别为岳阳、长沙、湘潭、衡阳、益阳、常德、株洲、沅江、耒阳、津市、桃源、南县、桃江、资兴、安化等港口。

（4）水运安全形势

2014年，全省发生一般及以上等级水上交通事故5件，同比下降44.4%；死亡9人，同比下降62.5%；沉船4艘，同比下降42.9%；直接经济损失约322.8万元，同比下降64.1%，怀化、株洲、湘潭等10个市州实现了“零死亡”目标。

2　水路运输行业管理及服务状况

（1）水路运输管理与服务

全面规范全省水路运输管理，开展全省长江水系水路运输业、水路运输服务业年度核查和水路危货运输企业资质核查工作，强化了危险品运输安全监管。重点推进港航企业安全生产标准化建设，共有42家企业通过了考评发证。主动服务港航企业发展，积极推进水路运输企业规模化、集约化经营，开辟长沙综合枢纽重点物资绿色通道。引导绿色低碳航运发展，开展了全省水路运输LNG加气站点布局规划，推进资兴东江湖客船应用LNG动力。

（2）航运服务业整体发展状况

截至2014年，全省现有水运企业182家，其中沿海运输企业3家，省际运输企业150家，省内运输企业29家；具有内支线集装箱运输资质的企业13家，具有液货危险品运输资质企业3家（其中沿海企业1家）。

全省现有营业性货物运输船舶4767艘、269.96万总吨、176.8万载重吨，其中危险品运输船舶106艘、66748万总吨，最大载货船舶有6064载重吨。

（3）港口行政管理与服务

鼓励和支持以岳阳港为龙头的港口企业发展，促成上港集团与城陵矶新港的合作。开展低碳港口项目建设，推动岳阳港申报全国低碳示范港口项目。

（4）航道维护、管理与服务

全面实施《湖南省干线航道精细化管理规定》，构建干线航道精细化管理体系，实现航道管理的量化与规范化，完成开湖航线文明样板航道创建投资1300万元。加强航道日常养护、航标维护、碍航建筑物整治工作，全年省管干线航道养护里程1389km，设置一类发光航标1912座，航标维护正常率达到99.5%以上。全年航道应急抢通完成投资2100

万元，航道浅滩疏浚26处、清障2处、打捞沉船4艘。开发GPS/AIS船舶过闸调度系统，组织在长沙综合枢纽船闸试运行推广。

（5）安全监管与应急保障

制定了《湖南省客渡船违法违规计分管理暂行办法》，颁布实施了《湖南省水上交通安全隐患整改责任管理办法》和《湖南省水上搜救奖励专项资金管理暂行办法》等制度。在全省开展“客渡船签单发航”、“营运船舶标识”、“运砂船签单发航”等3个专项整治行动。2014年共检查船舶5.4万艘，强制卸载船舶1700艘次，卸载货物72.5万吨，完成3128艘营运船舶标识的整改。主办了湘阴县、沅陵县水上应急搜救演习，指导郴州海事部门在资兴东江湖库区开展应急演练。启动应急反应机制，清除了4.18湘潭湘江水域大量油污带。

（6）船舶检验与船员管理

颁布实施《湖南省小型船舶营运检验指南》，积极推进对未持证船舶的检验发证工作。重点加强对新建运砂船的检验，积极推进自卸砂船装卸装置技术推广应用。全年完成船舶检验1.2万艘次、396万总吨，其中新建造船舶检验624艘、36万总吨。建立和运行了船员管理质量管理体系，制定了《湖南省1000总吨以下普通干、散货船舶最低安全配员标准》，并获交通运输部海事局批准。

3 水运发展展望及发展重点

（1）继续加快水运基础设施建设。加快水运基础设施建设，构建全省综合交通运输网络体系。重点加快“两江”（湘江、沅水）、“两港”（岳阳港、长株潭港口群）建设。按照对接长江经济带建设要求，做好全省“十三五”水运发展规划。

（2）加快推动水路运输转型升级。加快运力结构调整，落实《内河运输船舶标准化管理规定》，加快全省船舶标准化进程。积极培育水运市场，搭建水路运输物流平台，鼓励煤炭、矿石、钢铁等大宗货物利用水路运输，培育水运货源。促进港口发展，引导大型港航企业牵头组建港口集团，形成集群优势，产生规模效益，增强港口辐射带动作用。推动建立多式联运综合运输体系，实现水路、公路、铁路无缝衔接。

（3）重点抓好水上交通安全监管、水路运输服务及管理能力建设。大力推进“三化”建设、认真落实“四大三基”三年行动计划。积极推动平安内河水上交通示范区部省共建，推行安全标准化管理。统筹加快全省水运信息化建设，打造“智慧水运”。

（4）着力建设法治水运。加强顶层设计，制定全面推进水运法治政府部门建设的指导意见。健全水运法律法规体系，重点做好《湖南省水上交通安全管理条例》立法调研，推动重要全省水运航路划定和通航水域认定工作。加强《航道法》等法律法规宣贯，深入推进依法行政。

（湖南省水运管理局）

报告6

2014年湖北省水运发展综述

1 政策环境综述

2014年，国务院出台《依托黄金水道推动长江经济带发展的指导意见》，提出加快武汉长江中游航运中心及黄石、荆州、宜昌等港口建设，扩大三峡枢纽通过能力，加快宜昌至安庆段航道模型试验研究，湖北省一批重大项目成功纳入综合立体交通走廊规划。湖北省政府成立长江中游宜昌至安庆段“645”深水航道整治工程指挥部，长江湖北段航运发展“2+8”合力共建机制初步形成，长江中游航道破解“中梗阻”、构筑大通道举步迈进。按照“全线整合、分步实施”的基本思路，鄂东南五市（武汉、黄石、鄂州、黄冈、咸宁）港口企业整合启动实施。

2 内河水运发展概况

2.1 行业主要数据分析

2.1.1 船舶运力结构调整步伐加快

大力推动老旧船舶拆解、新建和改造工作，全年共核准拆解船舶259艘、22.6万总吨，生活污水防污染改造395艘、49.3万总吨，新建大长宽比示范船8艘、4.5万总吨；核准建造示范船定点船厂18家、拆解改造船舶定点船厂8家，对长江干线船型标准化期间公布的44家船厂延续确认其定点船厂资质。截至2014年底，已拆解船舶206艘、17.8万总吨。全省千吨级以上船舶达到1500余艘、550万载重吨；已有110家航运企业的运力规模超过万吨，占全省总运力60%以上。

2.1.2 客货运量完成情况

旅客运输：完成客运量548.2万人，2.9亿人公里。

货物运输：完成货运量2.98亿吨，同比增长22.1%，货运周转量2316亿吨公里，同比增长29.3%。

2.1.3 港口生产情况

2014年，全省共完成港口吞吐量2.9亿吨，同比增长10%。完成集装箱吞吐量125.7万TEU，同比增长16.8%；滚装汽车58.11万辆，同比增长3.4%。对外贸易方面保持了快速增长的态势，全省外贸货源较为稳定，完成外贸吞吐量1249万吨，同比增长15%。

2.2 水运基础设施建设及能力状况

2014年，全省港航建设累计完成投资76亿元，为年度目标的101%。“十二五”期已累计完成港航建设投资265.07亿元，是“十二五”规划投资目标210亿元的126%，提前完成“十二五”规划投资目标。“十二五”规划的重点港航项目全部开工建设，部分已完工。

2.2.1 航道建设与养护

截至2014年底，全省航道通航里程8637.9公里（含境内长江1037.9公里），新增三级航道75公里。引江济汉通航工程完工并实现通航，汉江兴隆至汉川航道整治工程、“丹白段”航道整治工程基本完成。汉江兴隆至碾盘山航道整治工程于2014年初开工，目前已完成投资近1.5亿元。

2.2.2 港口建设

截至2014年底，全省共有生产用码头泊位2021个，散货、件杂货吞吐能力30283万吨，集装箱吞吐能力191万TEU；其中：5000吨级及以上泊位数89个，3000～5000吨级泊位数159个，1000～3000吨级泊位数670个，500～1000吨级泊位数347个，500吨级以下泊位数571个；集装箱泊位22个、滚装汽车泊位14个、旅客运输泊位104个。开工港航建设项目14个，港航在建项目达113个，其中“十二五”中期调整项目库在建项目85个，在建项目投资规模突破300亿元，港口基础设施建设达到新高度。

2.2.3 支持保障系统建设

完成水上搜救应急管理系统二期工程建设，实现系统成网和实时监控。主要包括：16个市州监控指挥分中心；全省重点水域、渡口及码头的140路视频监控点；657艘船舶的GPS监控设备；470艘船舶的AIS监控终端；33个移动视频监控点，包括16艘海巡艇、17辆移动指挥车。基本形成覆盖重点水域、重点码头、重点船舶的动态监控体系。实现渡船实时定位监管监控，能提供气象信息、通航环境，发布禁航令等，能提醒广大渡船主注意安全，防止渡船冒险航行。实现全省网络的高速互连，应急管理系统和海巡艇的通讯连接达到100%。通过CCTV监控系统，形成重点水域、重点渡口、重点港区固定CCTV和海巡艇、海事车移动CCTV互为补充的现代水上实时监管系统。

2.3 湖北省水运企业经营情况

2014年，全省水运企业424家，其中运力规模在1万吨以下的企业有314家，占74%，个体经营者553户。全省港务集团共完成货物吞吐量6346.87万吨，集装箱吞吐量85.53万

TEU。其中武汉港务集团完成港口吞吐量4333.30万吨，集装箱60.41万TEU；荆州港务集团完成港口吞吐量804.47万吨，集装箱10.01万TEU。

2.4　水运安全

2014年，全省发生水上交通运输船舶事故2.5起、死亡2人，安全指标低位运行。

全省报废更新老旧渡船532艘，累计为470艘渡船安装船载AIS、143个重点渡口安装固定视频监控设施、840艘渡船安装GPS（北斗）船载终端，启动1425艘渡船北斗监控系统建设。船舶滞留率显著下降，强制实施NSM规则船舶滞留5艘次，同比下降71%。采用网格监管，全省102个县市区、554个乡镇、2114处渡口、2840艘渡船逐级签订安全管理责任状，责任状签订率100%。所有渡口渡船监管责任落实到具体海事执法人员，监管覆盖率100%。对16个市州渡口渡船安全监管工作情况进行目标检查并考核通报。深入开展水上旅游客运、渡口渡船检查、“打非治违”、“四船共治”等专项整治行动，排查、整改隐患2976处，利用视频监控查处渡船违章运输64起，依法制止恩施“清江观光”客船违法营运。

全省完成建造检验913艘、55.2万总吨，营运检验4734艘、402.5万总吨。组织、审核签发临时船舶吨位证书740份，吨位复核工作有序推进，清理疑似套号船舶20艘。邀请专家会诊9个市州47家港口危货企业，查出问题和隐患342个。提请省交通运输厅、省安监局联合对港口危险货物安全整治专项行动情况进行全省通报，通过省交通运输厅向省政府呈报增加编制加强全省港口危险货物安全管理的专题报告。上报省厅四批共43家申请二级达标的港口企业，已达标39家。

3　公共服务与管理

3.1　服务强化

部、省、市累计下放4项水路交通审批事项。省港航管理局承接核发省际水路普货运输企业许可，将一类船员证书核发下放宜昌、荆州、黄冈和武汉市，将过闸运输船舶前置性审图权、船舶跨省转籍办理权下放到市级，将渡船船员培训考试发证权由市级下放到县级。停止县级船检站发证权。完成船员管理质量管理体系部级验收。发放船型标准化补贴资金突破1亿元，地方配套资金支持率位居长江干线各省首位。争取国家支持，拆解2艘沿海及远洋老旧船，全国首艘新建内河LNG集散两用船“海川3号”在武汉下水，丹江水库“兴通货1号、2号”完成审图启动实施LNG实船改造，华航集团、武港集团、荆港集团列为交通部节能减排示范项目。汉江兴隆库区以下331公里航道全面实现三级航道一类维护标准，对汉江航道设施设备进行统一规范。完成武汉长江中游运价与成本分析研究，制定并实施水运企业诚信评价实施办法。

3.2 管理突破

3亿元长江港航建设专项资金首次引入竞争性分配。借鉴三峡船闸、葛洲坝船闸联合调度经验，实现汉江兴隆船闸（南水北调局建设）和江汉运河高石碑船闸（交通部门建设）联合统一调度管理。启动清江航道水布垭至恩施段养护市场化试点，以购买社会服务形式，面向社会公开招标择优选择维护单位，实现航道养护专业化，航道维护质量考核标准化。完成《省港航海事局行政权力和服务事项清单》并报厅审查。通过“晒”清单，亮家底，把权力装进“笼子”，促进权力运行更加规范公开透明。

4 下一步措施

一是提升航运中心承载能力。科学谋划“十三五”全省水运发展规划，加快《湖北省长江、汉江干线岸线利用控制性框架规划》、《湖北省内河航运发展规划（2011–2030）》的编制报批。争取省政府出台《关于加快武汉长江中游航运中心建设的意见》。加快推进汉江雅口、碾盘山枢纽前期工作。推动长江中游深水航道模型试验研究，尽早启动“6.45工程”前期工作。督促未按批复开工项目加快进度。加快推进汉江兴隆至碾盘山段航道整治、阳逻三期项目。做好荆州沙市国电综合码头、左岭作业区煤码头工程等完工项目的竣工验收。加快阳逻三期后续工程、江陵煤炭基地等长江6个重点港口项目的前期工作。加快江汉平原航道网研究。

二是提升水上安全保障能力。全面完成15年以上船龄的老旧渡船报废更新，彻底消除渡船安全隐患。落实县乡政府的乡镇船舶安全管理责任，6月底前将县与乡镇签订的责任状报省局备案。完善港口危险货物安全监管制度。确保市县海事渡口监管全覆盖。以32个县级指挥分中心为重点加快水上搜救系统后续工程建设。深化船员考试发证改革，研究船员实操电子化考核试点。全面推进港口安全监管信息化，对全省重点危化码头实施动态监控。

三是提升航运市场适应能力。加快长江、汉江、江汉运河等高等级航道的船舶船型标准化进程，支持实施船舶生活污水防污染改造，发展大长宽比示范船、液化天然气动力示范船、高能效示范船，鼓励从事国内沿海、国际远洋的老旧运输船舶提前报废更新。加快丹江口、梁子湖船舶柴油–LNG双燃料动力改造。加快推进两个入列全国水运LNG首批试点示范项目的组织实施，争取在LNG加气站点建设方面取得突破，争取梁子湖等示范区列入交通运输部示范区项目。推动铁路、高等级公路、石油天然气管道与重要港区的连接线建设，开展铁路、一级公路与主要港口集装箱、大型煤炭港区连接的试点，二级公路与重点港区连接的试点。在武汉阳逻、宜昌云池、荆州盐卡等港区实施集装箱铁水联运试点。在宜昌秭归、武汉沌口等港区发展载货汽车、商品汽车滚装陆水联运。加快实施资产重组和资源整合，支持组建国有控股大型港口企业。加快武汉航交所硬件设施及航运服务软环境建设。建立全省运价成本采集机制，定期发布全省水运经济形势分析报告。将全省水运企业运力调控、优惠扶持政策与水运企业诚信评价相结合。

四是提升行业公共服务能力。推进船检管理机制改革，理顺市县检验机构的检验发证权责。推行船舶建造检验“记录”式管理制度，用可追溯、可还原的过程记录来强化船舶建造检验的质量和效果。突出客渡船、旅游船、自卸砂船、危险品船等四类重点船舶检验管理和吨位复核，抓好LNG新能源船舶检验攻关。在梳理省、市、县三级事权清单基础上，从2015年开始，省局对市州的基本支出、项目支出，年初即提前通知市州，促进市州纳入当地财政预算管理。加大部省专项资金监管力度，抓好重点领域、重点项目、重点资金的财务监管和审计监督。推广恩施清江航道养护市场化的经验，加快推进国家主通道和其他重要高等级航道的市场化养护管理，提升养护水平和养护质量。完善高等级通航设施联合调度管理。加快重要港口设施的维护，提升港口设施的安全高效运行。加快江汉运河、汉江兴隆以下电子航道图开发，促进“长江—汉江—江汉运河”810公里高等级航道圈率先实现航道数字化。

（湖北省港航管理局）

报告7

2014年江西省水运发展综述

1 水运发展环境

2014年，江西省印发了《昌九一体化发展规划》（赣府发〔2014〕32号），从构筑综合交通运输体系的空间布局上对水运发展重点进行了目标定位，将进一步优化长江、赣江、鄱阳湖岸线资源利用和港口布局，形成以九江港、南昌港为核心，周边港口为补充，功能明确、层次分明的港口体系，为全省水运进一步发展提供有力保障。《关于依托黄金水道推动长江经济带发展的指导意见》出台后，江西省起草了《关于依托黄金水道推动长江经济带发展的指导意见的实施意见》，提出了实施长江干支线航道等级提升工程，形成以长江江西段、赣江、信江高等级航道为主骨架，干支有机衔接的"两横一纵"高等级航道网络，振兴千年赣鄱黄金水道。实施港口设施和集疏运体系工程，大力推进以九江港、南昌港两个国家主要港口建设，打造九江港超亿吨大港和南昌亿吨大港；完善港口集疏运体系，加快推进南昌、九江重点港区的铁路专用线、公路连接线建设，加快多式联运通道建设，促进九江港、南昌港一体化发展。

2 水运发展状况和发展特点

2.1 水运基础设施固定资产投资完成情况

2014年，全省水运基础设施固定资产完成投资23.74亿元，其中航道1.85亿元、港口21.53亿元、支持保障系统0.36亿元。

航道建设进一步加快，建成赣江南昌至湖口二级航道及石虎塘航电枢纽，新增Ⅱ级航道175公里、Ⅲ级航道38公里。港口基础设施建设顺利推进，大型化专业化码头建设加快。南昌龙头岗综合码头一期工程、万年港综合码头工程等项目有序开展，九江港瑞昌港区吉恩重工、瑞昌理文物流有限公司码头工程等一批社会投资项目进展顺利，建成5000吨级泊位5个，新增港口吞吐能力778万吨。支持保障系统和信息化建设步伐加快，九江市水上应急指挥中心、南昌–湖口Ⅱ级航道整治工程CCTV监控系统一期、二期工程基本完工。

2.2 水路运输生产情况

全省营运船舶共计2135艘、2170889载重吨、9229客位、3026TEU、619812.3千瓦。其中拖推船1艘、588千瓦，货船1626艘、1755477载重吨、496117.5千瓦，客船287艘、9192客位、11303.6千瓦，高速客船2艘、37客位、188千瓦，化学品船118艘、96310载重吨、28825.3千瓦，油船49艘、175932载重吨、52777.9千瓦，油/化二用船23艘、81119载重吨、14894千瓦，集装箱船29艘、3026箱位、62051载重吨、15118千瓦。船舶平均载重吨1016吨，增长15.7%。

2.3 港口生产情况

全省共有274户港口经营企业取得港口经营许可证。其中：普通货物港口经营企业236户，危险货物港口经营企业37户，港口旅客运输服务经营企业1户。全年完成港口货物吞吐量30974万吨，比上年增长19.2%；其中，集装箱32.05万TEU，比上年增长12.2%，旅客吞吐量3577294人次，比上年增长1.2%。

2.4 水运安全形势

2014年，全省水上交通安全生产形势持续稳定，全年共发生一般及以上水上交通事故2起，死亡（失踪）3人，沉船2艘，直接经济损失181万元，其中事故起数减少了3起，死亡人数增加了2人，沉船艘数减少了3艘，直接经济损失减少了262.2万元，死亡人数连续6年控制在个位数，水上交通安全形势保持持续稳定。

3 航运服务业发展状况及特点

截至2014年底，江西省水路运输企业共185家，其中2014年新设立企业8家，企业注销21家。全省有5家重点发展企业，均为省际危险品运输企业，平均运力3万载重吨。水路运输辅助业企业共78家，其中船舶管理业2家、船舶代理55家、客货代理21家。

4 行业管理及服务情况

4.1 港口行政管理与服务

开展了全省港口经营资质核查工作、港口油气输送管线安全专项排查整治工作和打非治违专项行动，指导南昌、九江顺利完成港口危险化学品安全监管职责交接工作。

4.2 航道维护、管理与服务

对昌樟高速公路扩建工程和沪昆等3条铁路大桥通航管理进行了督查；解决了吉安

县永和等6座公路大桥、沪昆客专12座铁路大桥、九景衢铁路4座铁路大桥的桥涵标和桥区航标的建设，落实了昌宁高速恩江大桥施工期的通航管理费。完成沪昆客专12座铁路大桥及信江大桥等7座渡改桥航标工程的验收工作。完成赣州水口塘滩、桃园滩、樟树公路桥上行孔滩、丰城游家洲滩、上饶团转滩、龙口上滩、龙口中滩、南昌太平滩、瓦窑滩、猪婆滩共计299901.84立方米的清障任务。全年共审批涉航项目43件，桥涵标设计审查17座大桥，通航技术要求论证研究26项，船舶通航模拟实验研究1项。

4.3 安全监管与应急保障

支持基层海事机构更新改造执法车艇、工作趸船，购置了46辆一线海事执法标志车，建造完成了4艘工作执法船艇。同时加强信息化建设，在赣江南昌至湖口段一期工程布设监控站23个、监控摄像头69个，完成仙女湖视频监控系统改造工程；累计补助完成170艘船舶AIS监控终端安装；完成16道乡镇渡口标准化竣工验收。

联合安监、水利、公安等部门开展“打非治违”专项整治，检查企业411家，船舶9097艘次，排查出非法违法、违规违章行为671起，行政罚款48.47万元。查处非法吸砂船9艘，强制扣留钻杆式非法采砂船15艘；排查整治非法违规造船场（点）12个，拆解补贴130余艘采砂船舶，符合安全要求的507艘“三无”船舶纳入规范管理。查处超载运输船舶10321艘次，实施行政处罚1437起，现场减载黄砂48.5万吨。

修编完成《江西省处置水上突发事件应急预案》，接报并处理9起水上突发事件，搜寻失踪人员4次，成功救助遇险人员11人。把水路运输值班与信息报送、“12328”水运行业信息接报和处理等工作纳入应急值守职责范畴。

推动“智慧海事”试点工作，统一数据交换平台建设完成船舶数据普查工作，港口和运政管理系统实现试运行，建成全省港航系统预警预控信息平台和仙女湖视频监控系统，全面实施南昌南昌–湖口Ⅱ级航道CCTV视频监控系统工程，完成部局AIS试点省推广应用，安装了第二批50台内河船舶自动识别系统（AIS）。

4.4 水路运输公共服务

全省完成158艘长江水系省际液货危险品运输船舶换证手续。组织进行了全省农村岛际水路客运补助用油量的重新核定，全省纳入补贴的农村水路客运经营者共计72家，营运船舶229艘，船舶客位7630客位，船舶总吨4687.1吨，核定的补助用油量1753.33吨，306万元补助资金已陆续补贴至水路客运经营户手中。协调筹建“江西省港航管理运输行业协会”，已有20余家企业申请入会。公司章程、办公场所、设施、人员已基本就绪，召开推选大会后确定会长、秘书长人选后即可正常开展工作。

5　2015年发展展望和发展重点

5.1　加快水运基础设施建设

推动长江江西段深水航道建设，加快赣江高等级航道建设，开工建设新干航电枢纽、石虎塘至神岗山三级航道整治工程等项目。重点加快九江港、南昌港两个主要港口建设，推进南昌港—九江港一体化建设。完成南昌龙头岗综合码头一期工程和万年综合码头工程建设，开工建设南昌港樵舍货运码头、赣州港水西综合码头、吉安港泰和沿溪综合货运码头等项目。积极引导铁水、公水、公铁、陆空多式联运发展，重点推进集装箱多式联运，引导推进南昌综合运输枢纽综合物流园区一批多式联运货运枢纽建设。

5.2　加快运输结构调整

一是规范市场秩序。继续加强对重点船舶新增运力的总量控制，引导江海直达货船、集装箱船运力有序投放。推进诚信水运企业评定工作，提升水运企业诚信度。开展“超经营范围经营”等专项治理活动，规范全省水运市场经营秩序。二是加快船舶运力结构调整。实施《江西省内河船型标准化补贴资金管理实施办法》，加快全省现有老旧船舶、单壳化学品船和单壳油船的淘汰进程，积极争取和落实中央补贴资金和省、市级财政配套补贴资金，积极引导企业进行升级改造，推动运输船舶向大型化、专业化发展。三是推动水运企业做大做强。针对2018年跨省运输水运企业自有船舶运力5000总吨的准入门槛，研究出台相关措施，引导、鼓励水运企业实施兼并重组、优化整合；加强船舶转籍活动管理，为企业船舶转籍做好服务；努力搭建水运企业融资平台，服务银企对接，推动金融机构降低水运企业融资门槛，助推水运企业做大做强。

5.3　提高服务水平和运输保障能力

完善航道养护管理评估、考核制度，督促各单位落实养护责任。以枯水期、洪水期为重点，做好航道养护管理工作，确保赣江、鄱阳湖干线航道和重点水域安全畅通。完善桥涵标维护标准，落实福银高速等涉航桥梁桥涵标志的养护责任，做好南外环赣江大桥等在建涉水工程施工通航维护，完成昌樟高速等相关桥梁航标工程建设，督促全省剩余的12座渡改桥桥涵标建设。

提升船舶检验水平。强化服务意识，缩短图纸审核周期，努力提高工作效能。加强对船厂和船舶设计单位的监督，落实船舶检验质量源头管理。修订法定检验质量管理体系文件，完善船检登记号授予等工作程序和管理规定。做好全国统一船检发证管理系统启用的相关准备工作。推进船舶吨位丈量复核换证工作。

（江西省港航管理局）

报告8

2014年安徽省水运发展综述

1 政策环境综述

2014年，安徽省水运发展取得新突破，水运建设投资稳定增长，长江黄金水道建设成果显著，水运业结构持续优化，改革创新取得了新进展，管理体制改革正效应持续显现。2014年，安徽省继续贯彻“水运20条”和省政府44号文件精神，出台《安徽省内河水运建设省级补助资金使用管理办法》（财建[2014]443号），支持内河水运建设。此外，地方各级党委政府及有关部门也在水运项目征地、拆迁等方面给予大量政策优惠，有力保障了水运重点工程的建设进程。省政府还建立了交通重点工程定期调度机制，及时协调解决航道、港口等重点项目前期工作和建设中存在的问题，有效推动了全省水运基础设施建设。随着《国务院关于依托黄金水道推动长江经济带发展的指导意见》（国发〔2014〕39号）出台，省发改委正在积极研究落实国家关于编制长江经济带发展规划纲要工作，引江济淮工程前期工作开展顺利，江淮运河即将开工建设，安徽水运将在“一带一河”的助推下，迎来新一轮的发展机遇。

2 水运经济运行情况

2.1 水运基础设施固定资产投资完成情况

2014年，完成水运建设投资55.86亿元，同比增长6.4%。其中，非交通系统社会民间投资完成27.35亿元，占49%，同比增长12.24%；交通系统共完成投资28.5亿元，同比增长1.34%，其中省港投集团完成27.57亿元，占全省水运总投资的49.3%，系统内完成0.45亿元，占全省水运总投资的0.8%；其他项目0.49亿元，占全省水运总投资的0.9%。“‘2+5’皖江合作模式”成果显著，开通安庆南水道、铜陵东港水道等公用设标航道，长江安徽段主航道芜湖以下实现9～10.5米、芜湖以上实现6～8米维护水深，提前6年完成2020年长江安徽段主航道维护水深规划目标。重点水运工程进展顺利，芜申运河、沙

颍河、合裕线、浍河固镇复线船闸、芜湖港朱家桥外贸码头二期、淮南煤化工基地码头等项目持续推进，蚌埠新港二期、合肥港综合码头二期、和县郑蒲港一期等项目如期完工。全年新增港口泊位88个，其中万吨级泊位3个，5000吨级泊位16个，1000～3000吨级21个，新增通过能力5622.5万吨，25.52万TEU。

全省内河航道里程6612.64公里，通航里程5729.25公里。全省拥有生产用码头泊位数1344个，码头泊位长度88536米。其中：5000吨级及以上泊位数130个（其中万吨级泊位12个），1000～5000吨级泊位数336个，1000吨级以下泊位数878个。全省港口散装、件杂货通过能力达到50161.03万吨，集装箱通过能力达到67.87万TEU，旅客和滚装汽车通过能力分别为806万人和72万标辆。

2.2　水路运输生产情况

2014年，全省共有各类营运船舶29497艘，1.47万客位，净载重量3680.3万吨，净载重量较2013年增加505.1万吨，增幅为13.72%，其中：内河运输船舶29097艘，1.47万客位，3520.2万吨；沿海运输船舶400艘，160.1万吨。与2013年相比，内河和沿海船舶净载重量分别增长16.7%和1.2%，内河船舶增速明显快于沿海船舶增速。

全省完成水路运输客运量、旅客周转量分别为178万人、3227万人公里，同比分别增加164.6%、68.5%。旅客运输以黄山和太平湖、万佛湖、巢湖、花亭湖等风景区旅游旅客和城市休闲游客为主，高速快艇游览湖区成为城市休闲新宠，短途旅客运输量明显增加，旅客平均运距为18.13公里，较2013年下降36.6%。

全省完成水路运输货运量和货物周转量分别为10.86亿吨和5298.24亿吨公里，同比分别增加8.3%和7.8%。其中：完成内河货运量10.49亿吨，4976.38亿吨公里，分别占全省货运总量的96.6%和93.9%，完成沿海和远洋货运量0.37亿吨，321.86亿吨公里，分别占全省货运总量的3.4%和6.1%。

2.3　港口生产情况

2014年，全省完成港口吞吐量43837.92万吨，其中出口25229.48万吨，与去年同期相比分别增加10.65%和5.26%；累计完成集装箱吞吐量764152TEU，与去年同期相比增加45.1%，全年保持快速增长。港口主要货类吞吐量持续增长，煤炭及制品、石油、天然气及其制品、金属矿石、钢铁、矿建材料、水泥、非金属矿石七种货类共完成吞吐量41596.25万吨，较去年同期增长10.71%。主要货类吞吐量占总量的94.89%，占比较去年同期增长0.05%，水运承担的主要运输货类未发生明显变化。主要货类中，煤炭及制品、石油、天然气及其制品、金属矿石、钢铁、矿建材料、水泥、非金属矿石分别完成6924.01万吨、601.65万吨、4173.07万吨、1083.14万吨、14663.64万吨9111.61万吨和5039.13万吨，同比分别增加23.69%、14.82%、−2.12%、18.14%、13.83%、3.13%和10.08%。其中钢铁、石油、天然气及其制品、矿建材料、非金属矿石和煤炭及制品增速较上年同期分别加快15.67、14.46、9.19、8.92和1.82个百分点，金属矿石和水泥增速较上年同期分别回落18.22、11.69个百分点。

2.4 水运安全形势

全省内河通航水域发生运输船舶水上交通事故40.59件，其中重大事故0.5件，大事故10件，一般等级事故3.67件，小事故26.42件；事故造成沉船10艘，死亡2人，直接经济损失约为639万元；较2013年相比，事故件数减少15.41件，伤亡人数与同期持平，沉船艘数增加5艘，直接经济损失增加约237万元，四项指标呈一降一平两升态势。发生非运输船舶水上交通事故8.41件，沉船8艘，死亡8人，直接经济损失117.5万元。发生港口安全生产事故1起，死亡1人，直接经济损失70万元。各地上报水上突发事件12件，死亡13人。

长江干线安徽段发生统计范围内水上交通事故32件，死亡4人，沉船3艘，直接经济损失480.6万元。与2013年相比，事故件数上升，其余三项指标呈明显下降趋势。

3 航运服务业发展状况

3.1 水路运输企业及运输辅助业发展状况

2014年，安徽省水路运输企业762家,其中：新开业水路运输企业40家，注销经营资质企业2家。新企业运力规模明显增大，市场主体大型化、集约化趋势更加明显。普货运输市场经营主体无序发展状况基本得到遏制，市场供求关系逐步改善，水运企业发展平稳，亏损面小幅减少。2014年实际核查企业747家。其中，沿海运输企业58家，核查通过50家（通过核查但不符合新资质要求11家），限期整改1家，未通过核查5家，未参加核查2家；省际内河运输企业662家，通过核查609家（通过核查但不符合新资质要求221家），限期整改23家，未通过核查21家，未参加核查9家；省内内河运输企业42家，通过核查35家（通过核查但不符合新资质要求2家），限期整改3家，未参加核查4家。实际核查的747家水路运输企业中盈利689家，亏损58家，亏损面为7.76%，其中：海运企业亏损面为14.3%，省际和省内内河运输企业亏损面为6.58%，内河运输企业略好于海运企业。

2014年，全省水路运输辅助业经营者194家，实际核查154家。其中，从事船舶代理企业101家，核查通过79家，未参加核查22家；从事客货代理企业88家，核查通过70家，未参加核查18家；从事船舶管理企业5家，核查通过5家。实际核查的154家水路运输辅助业经营者中盈利140家，亏损14家，亏损面为9.1%，其中：从事船舶代理企业7家亏损，亏损面为8.9%；从事客货代理企业7家，亏损面为10%；从事船舶管理企业全部盈利。

主要航运企业中，安徽省东跃运贸有限公司以经营沿海运输为主，拥有和经营26艘散货船，54343总吨，总载重83099吨,其中25艘沿海货船，53886总吨，总载重82259吨，从业人员平均80人，全年总货运量182.38万吨，货物周转量209875.49万吨公里。运输营业收入为12214万元，亏损211万元，较去年同期减亏141万元。合肥力洲船务有限公司，以经营国内普通货船和外贸集装箱内支线班轮运输为主，现有集装箱船11艘，2324TEU，从业人员平均88人，全年完成集装箱运输量1932TEU，主营业务收入3701万元，利润71万，较去年同期增长25万元。蚌埠市南方航运有限责任公司以经营散装化学品船和油船为主，现有液货危险品船18艘，13507载重吨，从业人员平均97人，全年完成货运量24.3万吨，货物周转量7293.78万吨公里，主营业务收入1751万元，利润95万元，较去年同期增长11万元。

3.2 港口企业发展状况

2014年，全省一线从事港口经营管理的港口经营人有620家，其中新设立20家，注销6家。其中，从事普货运输港口经营业务567家（含从事集装箱运输8家），从事危险货物运输港口经营业务47家，从事客运港口经营业务6家。

主要港口企业中，池州港远航控股有限公司，从业人数平均180人，泊位年设计通过能力散杂货743万吨，集装箱吞吐量5万TEU，2014年完成吞吐量748.84万吨（其中集装箱吞吐量1.43万TEU）；营运收入3777万元，利润251万元，较去年同期减少136万元；马鞍山天顺港口有限责任公司，从业人数平均79人。泊位年设计通过能力散杂货55万吨，集装箱吞吐量9万TEU，2014年完成吞吐量98.1万吨（其中集装箱吞吐量11.4万TEU）；营运收入3005万元，利润112万元，较去年同期增加40万元；马鞍山港口（集团）有限责任公司，从业人数1015人，泊位年设计通过能力散杂货2220万吨，2014年完成吞吐量1174万吨，营运收入预计19800万元，利润预计2800万元，较去年同期有较大幅度增长；安徽省合肥港国际集装箱码头有限公司，从业人数平均64人，泊位年设计通过能力散杂货91万吨，集装箱吞吐量7万TEU，2014年完成吞吐量151.16万吨（其中集装箱15.86万TEU）；营运收入1193万元，利润-106.87万元，较去年同期有较大幅度下跌。

4 行业管理与服务状况

4.1 安全监管与应急保障

建立全省水上安全形势定期分析与通报制度，调整“四类船舶”与重点监管水域范围，开展“打非治违”、八项行动集中检查等专项治理活动，完成亚信峰会和南京青奥会水上安保远端控制工作。落实水上安全“属地管理”原则，渡运管理基础进一步夯实，六安市安排配套资金292万元，对55艘老旧渡船进行更新改造。建立水上交通安全暗访机制，推进隐患分类整治，消除了五河县淮河非法轮渡等一批重大安全隐患。加强港口安全监督管理，开展港口危险化学品安全管理专项整治活动。组织6期安全标准化建设培训班，覆盖全部航运企业。全省116家危险品企业和客运企业通过了达标考评，93家港口企业建立了安全生产标准化体系，普货运输企业达标考评工作全面启动。制定水上交通安全监管与应急救助基地规划方案并报厅批准。修订省级水上交通安全应急预案。全年开展水上搜救行动56次，成功救助船舶77艘、322人。

4.2 行业管理与服务

《安徽省水上交通安全管理条例》于2014年3月1日施行；《安徽省水路运输管理条例》列入2015年省人大立法论证项目；《安徽省小型快速客船交通安全管理办法（草案）》报送省政府审查。制定《加强航道管理和养护工作的指导意见》。起草减轻海事处罚裁量标准，修订行政处罚裁量基准。运力结构进一步优化，内河营运船舶平均载重吨达1248吨。开展内河船型标准化工作，公布129家定点船厂，拨付补贴资金3.78亿元，受理申请拆改船舶811艘、26.7万总吨，拆改完工499艘、17.1万总吨。拆除、关停码头101座、泊位204个，涉及港口吞吐能力2600万吨；投入资金2100万元，升级改造老旧码头34座。交通运输部巢湖—皖江水域LNG应用示范项目顺利推进，开工建造3艘加气趸船和6艘LNG动力船舶。

实施航道应急抢通9次，成功处置池河浅滩碍航等7起突发事件；完成疏浚17.1万方，维护航道里程3628公里。强化水运建设市场管理，开展水运建设市场检查和水运工程质量安全年活动。调整1000总吨以下内河干散货船舶最低安全配员标准。船员“无纸化”考试实现全覆盖。开展玻璃钢游艇等新特异船型检验的技术攻关，举办首届船舶图纸审查竞赛。全年完成建造船舶检验863艘，营运船舶检验3万余艘次。统一全省247个基层海事站点外观形象。

5 2015年发展趋势分析

2015年的工作目标是：完成水运建设投资55亿元，力争65亿元；完成港口、集装箱吞吐量4.7亿吨、90万TEU；完成货运量11.4亿吨、货物周转量5550亿吨公里；确保水上交通安全态势平稳。

一是加快水运建设步伐。评估“十二五”规划实施成效，启动“十三五”水运发展规划编制工作，研究制定加快水运发展的政策措施。推进安徽省干线航道网规划、港口布局规划、长江流域集装箱码头布局规划和长江安徽段锚地总体规划编制进程。全力保障江淮运河工程开工建设。深化“2+5”皖江合作模式，研究推动8米水深航道上延至安庆。加快芜申运河、沙颍河、合裕线、颍上复线船闸、阜阳杨桥船闸、芜湖港三山港区中外运码头等在建重点项目进程；开工建设南坪船闸、五河复线船闸、滁州汊河港等项目。运行全省视频监控系统，加快支持保障系统建设，推动合裕线、沙颍河信息化航道建设，进一步提升高等级航道通航保障水平。推动淮河等主要航道实施“定线制”管

理。开展船舶过闸、电子缴费等信息系统研究，提高船闸通过能力。

二是提升队伍履职能力。启动《航道法》宣贯和《安徽省航道条例》立法前期工作；开展《安徽省水上交通安全管理条例》立法后评估；做好《安徽省水路运输管理条例》立法论证；推动《安徽省公益性渡口渡工补贴办法》出台；推进《安徽省小型快速客船交通安全管理办法》修订。进一步规范执法行为，做好交通执法网上公开运行系统的试点和推广工作，实行执法过程全记录，严格落实自由裁量标准和查处分离制度，有效预防水路“三乱”发生。推动执法队伍职业化、程序化管理，实行海事职务等级标识制。加大执法人员培训力度，加强法治培训师资力量。

三是推动行业转型升级。深入推进内河船型标准化工作，加快淘汰老旧运输船舶，大力发展集装箱等专业化运输船舶。优化运输组织技术，完善集疏运通道，促进多种运输方式的有效衔接。完善煤炭、石油化工、矿石、集装箱等主要货类运输体系，发展海运直达、江海联运和长江中上游、内陆地区中转联运三大运输系统。优化港口航线布局，积极开辟海运航线，发展以我省港口为启运港的近洋运输，着力培育我省自己的海运企业。加大老港区、老旧小码头升级改造力度，鼓励支持公用码头建设，整合优化港口资源。积极推动在我省重要港口适时设立保税港，支持现代物流园区建设，鼓励港口企业延伸产业链，构建港口综合物流服务体系，促进港口与城区、产业园区、临港工业区的良性互动发展。科学规划建设航运枢纽，吸引水运要素集聚，建立现代化的航运服务体系。支持芜湖以船舶交易和船员服务为龙头，建设成航运金融优势突出、市场服务特色鲜明、船用商品供应活跃的现代航运集聚示范区。

四是保障水上交通安全。强化港航企业安全生产标准化建设，全面推进普货运输企业达标考评，建立不达标企业的警示和退出机制，督促企业加强对下属船舶、船员的动态管理。推进海事网格化监督管理、“阶梯式”巡航和执法协作配合，强化源头港定点监控与船舶航行过程监管，建立全覆盖、全过程的安全管理新模式。建立船闸通航安全协调联动机制。落实港口企业安全生产责任制，重点加强对客运码头、外贸码头和危险货物码头的日常监管。督促企业加快安全管理队伍和设施装备建设，建立港口重大安全隐患挂牌督办和重大危险源预警机制。建立危防应急专家库，完善企业应急物资储备与紧急调用机制，加强危险品运输的应急救援能力。督促企业、船舶加快“一案三制”建设，提高自身应急能力。完善水上安全监管与应急救助体系，推进蚌埠、阜阳、芜湖、合肥4个综合基地建设。

（安徽省地方海事（港航管理）局）

报告9

2014年江苏省水运发展综述

1 政策环境综述

江苏省政府办公厅印发《江苏省工商登记前置改后置审批事项目录（第一批）》，国内水路运输、港口经营、经营港口理货业务、国际（国内）船舶管理等许可事项实行工商登记前置改后置审批；出台《江苏省“十二五”时期推进内河船型标准化工作实施意见》。省交通运输厅制定《关于推进我省道路、水路运输行政审批制度改革、加强事中事后监管的指导意见》，进一步深化道路水路行政审批改革、强化事中事后监管。开展了《江苏省内河水上游览经营活动安全管理办法》的立法前期调研、论证和修改草案工作。《江苏省港政执法行为规范》、《江苏省港政执法文书编制规范》、《江苏省港政执法工作监督考核办法》、《加强源头执法监管的指导意见》、《江苏内河航道养护测量管理办法》、《江苏航道养护管理标准化工作指导意见》、《苏北运河视频监控系统水上交通安全监管指导意见（试行）》等一批规范性文件制定出台。完成了《江苏省多式联运发展规划》、《江苏港口现代化指标体系与实施路径研究》、《海事行政执法模式改革》等课题研究，为水运发展提供了技术支撑。

2 水运发展概况

2.1 水运基础设施建设

（1）航道基础设施建设稳步推进

全年完成航道建设投资65.1亿元，新增干线航道达标里程208公里，船闸2座。长江南京以下12.5米深水航道一期工程提前14个月通过交工验收。京杭运河苏南段“四改三”工程、锡北线无锡段和芜申线杨家湾、下坝复线船闸交工通航，焦港船闸通过竣工验收，通扬线九圩港复线船闸及通江连接段、苏申外港线开工建设，杨林塘、锡澄运河、申张线张澄段、芜申线高溧段、丹金溧漕河、高良涧船闸扩容、高邮运东船闸扩容等续建工程均达到序时进度。

（2）港口基础设施进一步加大

全年共完成港口建设投资135.8亿元，为年计划的113%，同比增长8.2%，新建成万吨级以上泊位21个，新增通过能力9000万吨，至2014年底全省港口总体通过能力达18亿吨。洋口港区15万吨级、大丰港区10万吨级进港航道和南京港西坝港区西坝作业区五期工程等项目开工建设；洋口港区10万吨级石化码头、张家港港区奔辉码头改扩建、高港港区永安三期工程等项目建成；吕四港区10万吨进港航道和徐圩港区防波堤等续建项目进展顺利；赣榆港区10万吨级航道一期工程获初步设计批复，连云港港30万吨级航道二期工程前期工作积极推进。全省已有120个码头泊位完成加固改造，其中靠泊能力提高到5万吨级以上的泊位有69个，通过能力累计提升近1亿吨。此外，徐州港双楼作业区通用码头等内河港口建设项目有序推进。

（3）支持保障系统加快建设

港口信息化建设不断加强。“连云港绿色智能港口建设与运营”科技示范工程对深水软基新型岸壁结构等11项成果进行了集成应用示范；港口安全监管与应急管理系统完成了在省、市两级的全面部署，港口资源管理系统完成了在省局的集中部署；连云港港EDI中心应用系统基本建成，检港联动信息平台正式上线，江阴港电子口岸一期工程开通，南京港、太仓港、镇江港EDI中心一期工程功能进一步深化，徐州市多式联运信息化平台等项目建成运行。

航道信息化建设全面推进。苏南运河“船联网”示范工程加快推进，镇江段示范工程完成现场基础施工，常州、无锡、苏州段正开展施工图设计，“船舶运行环境感知与协同关键技术研究”课题研究基本完成。完成苏北运河航道综合信息系统工程并投入使用，出台了《江苏省航道工程施工标准化指南》，并在锡澄运河进行了试点。苏北运河“水上ETC”全线建成，开始对智能船载OBU进行验证性应用，截至2014年底全省共有18个船闸应用水上ETC。江苏航道GIS电子地图基本完成升级改造工作，船闸高清视频监控系统完成方案设计，新版OA系统开发完成并在全系统推广应用。

2.2 水路运输生产

2014年，全省完成水路货运量7.5亿吨、周转量8087.1亿吨公里，同比增长6.2%和4.3%。其中：江苏籍内河船舶完成货运量3.8亿吨、周转量683.5亿吨公里，同比增长3.2%和10.5%。全省营运船舶45046艘、3281.8万载重吨。地方水路运输企业（不含央企）户均运力规模2.96万载重吨，船舶平均吨位728.5载重吨，分别比2013年提高12.1%和12.8%。现有营运船舶中标准化船、专用船9316艘、321.6万总吨，占营运船舶总量的20.7%。全省符合主尺度系列标准的内河运输船舶10088艘，航行于京杭运河苏北段的标准船型船舶比例达50.44%。

2.3 港口生产情况

全省港口共完成货物吞吐量22.6亿吨，同比增长5.6%，其中，沿海、沿江、内河港口分别完成货物吞吐量2.9亿吨、14.2亿吨和5.5亿吨，同比分别增长7%、4.8%和7.2 %。全省完成港口外贸吞吐量3.8亿吨，同比增长8.1%；完成集装箱吞吐量1500万TEU，因统计口径调整下降了9.7%。新开辟集装箱航线72条，其中近洋航线4条、外贸内支航线20条、内贸航线48条，截至2014年底，全省共有集装箱航线572条，同比增长7.9%。尤其是内河集装箱发展迅猛，年吞吐量达到13.3万TEU，同比增长35%，其中淮安港首次突破10万TEU关口，成为江苏内河港口发展的一大亮点。

2.4 水运安全形势

2014年，全省辖区共发生一般等级以上水上交通事故15起，死亡12人，沉船7艘，直接经济损失220.38万元。与去年同期相比，事故起数减少1起，死亡人数减少1人，直接经济损失减少6.73万元，没有发生一次死亡3人以上的重大水上交通事故。

3 航运服务业发展状况

全省境内航运经营人达1107家，其中地方内河运输企业902家，运力规模5万载重吨以上的航运企业118家，运力规模10万载重吨以上的航运企业数54家。长江水路液货危险品运输企业兼并重组加快，液货危险品航运企业同比减少8.7%，营运船舶艘数同比下降1.59%。通过港口多式联运与临港产业发展的有机结合，连云港港口集装箱甩挂运输联盟进入实质性实施阶段，试点企业节能减排效果显著，运行整体质量明显提升。

4 行业管理及服务

4.1 水路运输管理与服务

印发《关于明确水路运输管理有关事项的通知》，严格水路运输经营资质管理。进一步简化工作流程，公开水路运输行政审核和许可条件、提交材料、许可程序和办理期限，提高行政审批效率、推行一站式服务。开展国内水路运输企业和服务业年度核查，企业年度核查合格率97.7%。组织开展道路危险运输企业和水路液货危险品企业定期检查，严格执行《江苏省水路散装液体危险品运输管理工作规范》。

4.2 港口行政管理与服务

一是内河港口整治成效显著。召开内河港口管理“达标年”活动现场推进会。2011-2014年，全省累计取缔关停违规小码头2150家，责令停工违规建设码头680家，实施处罚

345家，经营许可证持证率提高了57%，内河港口管理普遍存在的无序建设、违规经营、监管缺位现象得到了有效扭转。二是港口规划管理进一步强化。《江苏省沿江沿海港口布局规划修编》通过中间成果审查，“十三五”港口发展规划编制工作全面启动，《淮安港总体规划》、《南通港洋口港区西太阳沙码头区优化方案》获得部、省批复，《盐城港总体规划》、《镇江内河港总体规划》通过审查并报省政府待批，《江苏港口现代化指标体系与实施路径研究》结题。三是港政执法监督不断加强。深入开展“五项执法”行动，积极探索港政专业执法与跨部门联合执法相结合的多种执法形式，全系统累计实施行政处罚、处理78件；着力加强以执法基地为重点的装备建设，新建成执法基地10个，新购置执法船艇3艘。

4.3　航道维护、管理与服务

推广应用“基层航政管理工作评价指标体系”，重点解决基层航政工作落实管理责任和提升管理效能的问题。宣贯《江苏省航道管理条例》，全年共办理航道临、跨（过）河设施许可601项，其中四级以上航道许可68项。贯彻执行《江苏省航道赔（补）偿标准》，严肃查处破坏航产航权等违法行为，收取赔补偿费8968万元。制定《江苏省航道系统执法装备配备标准》，并开展执法装备试点研究。在连申线东台至长江段等航道开展“三超一无”船舶专项治理活动，严厉打击船证不符、大船小簿、航行轨迹异常等现象，通过丈量复核增加计费基数40万总吨，征收船舶过闸费12.71亿元，同比增长15.5%。加强航标、船艇管理，共改造航标74座，建造船艇17艘。组织编写《全省航道系统船闸单位安全生产标准化建设实施指南》并试点推广应用。

4.4　安全监管与应急保障

全省内河水上应急指挥平台一期工程通过验收，并在部分市开始应用。全年辖区共救助船舶2779艘次，成功救助人员879人。推行渡口分类管理，划定并公布全省乡镇渡口监管等级，重点渡口推行远程巡视和电子取证，进一步落实乡镇政府安全管理职责。与安徽省地方海事机构开展渡口监管联合执法行动，有效遏制界河水域非法渡运行为。制定实施了船舶载运危险货物和水上加油（气）站点两个安全监管指南。实施危化品运输船舶专项安检。建成并运行安全体系审核管理系统，对全省897家航运企业实施安全监督检查。开展为期8个月的船舶标志标识、船舶超载及船队超拖“三项专项整治”活动，查处船舶标志标识不规范船舶2.2万艘次、船舶超载1.1万艘次、船队超长拖带1456个。落实全国“打非治违”活动要求，对10项违法行为实施专项治理，共检查相关企业583家，检查船舶23.4万艘次，查处违规船舶3.2万艘次，排查安全隐患248处，其中立即整改118处、限期整改108处、列入整改治理计划22处。上海亚信会、南京青奥会和国家公祭日等重大活动期间，累计实施船舶专项安检5153艘次，核查船舶2075艘次，报送船员信息8904

人次，及时发现和处置险情13起。成功举行迎青奥港口危化品事故应急处置联合演习、“运河守护—2014”苏北运河危化品运输船舶泄漏处置演习。成功处置京杭运河高邮段“5•14”浓硫酸船搁浅事故和京杭运河苏州浒关水域“8•12”浓硫酸船沉没事故，其中苏州“8•12”事故处置获得交通运输部通报表扬。

5　2015年度水运发展展望及发展重点

5.1　加快推进水运基础设施建设

完成长江南京以下12.5米深水航道建设一期竣工验收，开工建设二期工程；建成杨林塘等4个航道整治工程和高良涧等3个船闸；开工建设淮河红山头至京杭运河段、通扬线泰州南通段、灌河西段航道整治工程；继续加快建设苏申内港线等6个航道整治工程。力争开工建设连云港30万吨级航道二期工程，加快推进赣榆等5个沿海港口进港航道工程和徐圩防波堤建设；开工建设连云港徐圩港区二期工程、南通港吕四港区广汇能源LNG码头、常州港录安洲港区四期工程，加快建设南通港吕四港区通州作业区一期工程和南京港西坝作业区五期工程，建成盐城港滨海港区中电投煤炭码头、大丰港区滚装码头等公用码头工程。

5.2　继续提升运输装备水平

一是淘汰落后船舶。引导京杭运河过闸小吨位船舶、内河老旧运输船舶、单壳化学品船和单壳油船及生活污水排放不达标到的船舶加快淘汰和更新改造，全面完成船舶拆解改造目标任务。继续实施老旧运输船舶和单壳油轮提前报废更新的政策，鼓励老旧远洋、沿海运输船舶提前报废。二是鼓励建造推广使用标准船舶。严格禁止内河新建非标准船进入航运市场。对内河现有营运船舶进行比选，符合主尺度系列要求的，纳入标准船型。鼓励建造符合国家引导方向的先进、高效、节能、环保的示范船。新建内河标准船，通过江苏京杭运河、淮河船闸时可享受优先过闸的优惠政策。三是推进清洁能源应用。以改造柴油-LNG双燃料动力船舶、建造LNG动力示范船和建设加油加气站为重点，在江苏内河逐步推广LNG清洁能源。

5.3　推动航运现代物流体系建设

一是促进内河航运集约化经营。引导液货危险品运输企业整合，鼓励国内大型航运公司与我省港口、航运、货主企业合资合作，联合经营，培育壮大航运骨干力量。鼓励航运企业转变经营方式延伸产业链，鼓励有条件的船货代理企业向区域物流供应商转变，实现传统的运输生产者向全面提供运输增值服务的现代航运物流经营人拓展转型。二是大力推进多式联运组织方式。依托港口等交通基础设施，在连云港、南京、太仓、无锡、徐州培育多式联运示范项目，推进公铁水联运、江海河联运，提高水水中转比率，促进运输组织的集约化和网络化发展。积极发展滚装运输和江海河直达运输。三是加快推进内河集装箱运输。发挥长三角内河水网优势和区域经济优势，大力培育内河集装箱船舶运输市场，鼓励适箱货物利用内河集装箱船运输。培育发展内河集装箱航线，加快内河集装箱运输货运枢纽建设，促进内河集装箱运输发展，重点支持太仓港、连云港外贸集装箱内支线班轮运输发展。

5.4　全力加强运输市场监管和服务工作

一是加强航运业政策研究。加快开展“十三五”规划支撑性课题研究，做好“十三五”江苏水运业发展顶层设计。二是强化事中事后监管。出台《江苏省道路、水路运输经营者质量信誉考核办法》，完成企业诚信管理平台开发，建立健全质量信誉信息征集体系，强化企业质量信誉考核及结果应用。制定《江苏省水路运输管理工作规范》，进一步简化、规范和完善水路运输审批和监管程序，加强与工商等部门信息共享。会同海事部门强化水路运输企业事中、事后监管，通过建立定期联系机制、通报合作机制、联合执法机制、信息共享机制等方面的合作，形成执法监管合力。三是加强水路运输保障工作。针对辖区内突发事件的类型和特点，科学制定应急运输保障预案和专项处置预案。依托骨干航运企业，推动京杭运河苏北段重要物资运输保障船队建设，健全保障船队的管理和运行机制。进一步完善重点企业联系制度，加强水运市场监测，定期发布运输成本和运输指导价格。

（江苏省交通运输厅运输管理局）

报告 10

2014年浙江省水运发展综述

1 水运发展环境

2014年，浙江省港航部门围绕“加快交通五大建设、构建交通五大体系”的工作部署，全面深化改革，加快创新发展，提升服务能力，全面完成省委省政府和省厅下达的各项目标和任务，各项工作取得新成效。

随着国家提出了以丝绸之路经济带、21世纪海上丝绸之路和长江经济带为核心的经济发展战略，以及在浙江舟山建立江海联运服务中心的规划，这意味着浙江港航发展进入了历史性转折时期和战略机遇期。为找准浙江港航融入国家战略的切入点，省港航管理局先后多次组织人员赴重庆、武汉、南京、上海和省内沿海港口开展实地调研，听取当地行业主管部门和相关企业贯彻落实“一带一路”和“长江经济带”战略的推进情况，为推进浙江海洋经济发展示范区的建设提供新动力，为浙江港航转型升级注入新活力。

2 水运发展状况和发展特点

2.1 水运基础设施固定资产投资完成情况

全省完成水运建设投资146亿元，与去年同比增加40.5%，完成年度计划的126%，创历史新高，连续四年保持在140亿元以上。其中沿海港口和陆岛码头项目完成投资108.9亿元，完成年度计划比例134.2%，内河港口项目完成36.95亿元，完成年度计划比例107.3%。

全省内河航道通航里程增加22公里，部分航道技术等级略有提高，有效地提高了航道的通行能力。截至2014 年底，全省内通航航道9761.81 公里，其中4 级及以上1432.24 公里；其他等级航道3541.27 公里，占36.54%；等外航道4788.30 公里，占49.12%。

建成万吨级及以上泊位13个，到2014年底全省万吨级泊位以上深水泊位达到209

个，总吞吐能力达9亿吨，港口适应度0.9。陆岛码头建设完成总投资3.8亿元，建成泊位10个。

2.2 水路运输生产情况

全省水路运力总规模达到2430万吨，其中拥有特种船舶和万吨级船舶1873万吨，分别较去年年底增长2.2%和2.6%。全省完成水路客运量、旅客周转量分别同比增长15.1%、9.2%；完成水路货运量7.3亿吨、周转量7897.2亿吨公里，分别同比下降4.9%、增长7.3%。运力结构进一步优化，提前报废老旧海运船舶和小吨位船舶213艘，沿海、内河船舶平均吨位分别达到6253吨和247吨。

2.3 港口生产情况

沿海港口完成货物吞吐量10.8亿吨，集装箱吞吐量首次突破2000万标箱达2136.08万标箱，同比分别增长7.5%、11.8%。其中宁波—舟山港完成货物吞吐量8.7亿吨，同比增长7.9%，连续六年位居世界第一，集装箱吞吐量达到1945万标箱，同比增长12%，增速居全国前列，世界排名升到第五位。

内河港口完成货物吞吐量3.09亿吨，受矿山综合整治、企业转型等影响，同比下降17%；内河集装箱发展势头强劲，加快了散改集的推进工程，集装箱吞吐量达到28万标箱，同比增长21.3%。

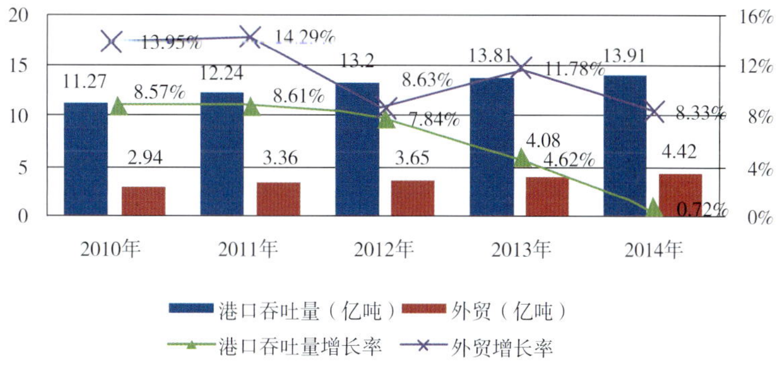

图1 2010—2014年港口货物吞吐量和增长率情况

2.4 水运安全形势

2014年，浙江省地方海事辖区共发生一般事故以上等级的水上交通事故15起，同比减少21.1%。有人员死亡的水上交通事故6起，死亡（失踪）7人，同比分别减少50.0%、46.2%；经济损失133.9万元，同比增长23.3%，未发生一次性死亡3人以上的水上交通事故，各项指标均控制在省政府下达的范围之内。圆满完成上海亚信会、南京青奥会、世界互联网大会等重大活动的水上交通安保工作。

3 航运服务业发展状况与特点

船舶管理。截至2014年底，浙江省地方海事辖区登记在册船舶24593艘，360万总吨。其中客船2054艘，油船50艘，散装化学品船47艘，散货船653艘，集装箱33艘，其他货船18005艘，拖轮、驳轮等非运输船舶3751艘。全年共实施内河船舶安全检查12012艘次，滞留船舶18艘次。从船舶安全检查情况来看，发现的缺陷较高 的依次为救生设备、消防设备、主动力及辅助设备、航行安全等4项指标，为此全省港航系统进行了全面的整治和限期整改，成效显著。

船员管理。2014年度全省地方海事系统组织船员参加内河二类船舶船员适任考试人员330人次，办理浙江省地方海事局内河二类船舶船员适任签发许可107件（延续8件）。2014年度辖区参加内河三类船舶船员适任考试人员338人次，参加辖区小型船舶驾驶员考试人员127人次。客船特培140人次。参加辖区内河基本安全培训考试人员1208人次，考试合格率86.18%。签发高速船特培证书158本（延续14件），客船特培证书1096本（延续590件），散化特培证书8本（延续7件），油船特培证书7本，基本安全培训合格证明1004本。

航运企业。2014年，浙江省水路运输企业688家，水路运输服务企业459家，营运船舶19112艘、2002.28万载重吨。其中沿海水路运输企业495家，运输船舶3531艘、1661.66万载重吨（含个体水运船舶258艘、6.61万载重吨）；内河水路运输企业193家，运输船舶15581艘、340.63万载重吨（含个体水运船舶12550艘、281.82万载重吨）。

港口经营。截至2014年底，全省持有有效《港口经营许可证》2606本，其中沿海港口747本，内河港口1859本。《港口危险货物作业附证》1227本，其中沿海港口902本，内河港口325本。全省从事港口危险货物作业的码头企业共399家，拥有码头泊位数629个，其中万吨级泊位93个。纳入港口管理部门监管的港口危险货物储存企业共127家，储罐1412个，其中原油储罐38个，液体化工品储罐797个，其他危险货物储罐577个。

船舶交易。2014年，浙江省完成船舶交易1653艘、145.33万总吨、197.55万载重吨，交易数量较2013年减少了19.44%。全年完成船舶交易额54.7亿元，成交额继续保持全国第一。

4 行业管理及服务状况

4.1 航道维护管理

至2014年底，内河航道通航里程9769.27公里，其中4 级及以上1441.17 公里，其他等级航道3539.83公里，占36.23%，等外航道4788.27 公里，占49.01%。

助航标志标牌。2014年对全省助航标志进行了摸底与排查，改造了一批不符合规范的标志标牌，一些重要航道或部位进行重新编排和设置，并逐步安装遥测电子监控设

施。2014年全省设置标志标牌里程达2245.64公里，比2013年新增1.05%，设置助航标志标牌4406座（块），比2013年新增17.12%。

枢纽及通航建筑物。2014年新建涉航枢纽7处，全省总数达330处，其中可通航300处，船闸（套闸）54座，升船机19座。三堡船闸年船舶通过量达102440 艘，运量达到5596.29万吨，运量比2013年增长13.5%；新坝船闸年船舶通过量达62779 艘，运量达2159.58万吨，运量比2013年下降5.4%。

航道养护情况。2014年，全省用于养护工程（不含站点和信息化建设、设备购置等）预算安排共计38025.61 万元，比上年度增加34%。其中，2013年补充预算专项养护项目32项；2014年例行养护14项，预算安排6623.62万元。截止到年底实际完成航道养护资金投入33731.25万元，比上年增加51%。

4.2　安全监管

安全基础工作扎实有效。地方海事局辖区登记在册的船舶2.46万艘，注册船员1.33万余名。完成新造船舶检验1027艘、49.3万总吨。制订《港口安全设施目录》，填补了全国港口行业安全设施管理的空白。推进渡运及陆岛交通公共服务均等化，完成投资5.2亿元，建成陆岛交通泊位8个，完成建桥撤渡、渡埠改造、渡船更新等项目89个。

应急处置能力逐步提高。开展各类水上突发事件应急演练，进一步完善应急预案，推动应急联动机制建设，应急处置水平有效提升。启动地方海事辖区内民间力量搜救行动奖励标准调研工作，完成了辖区9家单位搜救奖励申报与审核。

安全整治活动持续推进。组织港区内油气输送管线安全、“打非治违”、港口危化品安全、水上危险品运输安全、内河船舶参与海上运输等专项整治行动，行业安全生产治理能力得到加强。基本完成从事客运、危险化学品等重点水运企业和港口企业安全标准化达标工作。

4.3　行业服务

法制建设持续加强。《浙江省水上交通安全管理条例》（草案）通过立法论证，并报省政府常务会议审议。制订出台行业规范性文件4个。开展“严执法、优服务”活动，推进执法规范化建设，确定4个基层站所作为“三基三化”建设试点。

行业管理日益规范。建立水路运输企业现状及运力年度分析报告制度，建设航运企业景气、航运价格等指数。完成《港口经营许可证》换发和《港口危险货物作业附证》配发工作。制订港口岸线许可配套文书，对沿海港口建设项目使用岸线情况实行跟踪管理。全面落实惠企减负政策，为企业减负约4亿元。加强内部审计监管，资金使用进一步规范。

智慧港航稳步推进。内河船联网跨区域数据交换平台顺利建成，基于多技术融合的船舶动态监管系统陆续研发成功，千岛湖智慧港航一期相继建成旅游船舶、通航环境及污水排放智能监管系统，全省首个港口综合管理信息系统建成推广，实现2650家港口经营企业数据共享。舟山智慧港航获得中国智慧城市应用创新奖，内河货船能耗实时监测系统填补国内空白。

科技创新不断加强。完成14个科技项目验收、评审工作，其中资源节约型限制性Ⅲ级航道关键技术研究获得国际领先水平，并在杭平申线航道得到推广应用。《内河桥梁整体顶升技术规程》地方标准正式出台。创新航道养护模式，按规划等级加强标准化养护。

绿色水运稳步发展。完成130个船舶垃圾接收点和7个油污水接收点建设任务，依法整治内河小散乱码头76家。危险品船舶全部安装自动识别系统，推进LNG船舶动力应用，完成2艘内河LNG动力船舶改装工作。启动湖嘉申线“五水共治”样板航道创建，开展嘉善生态航道养护试点。京杭运河用地瓶颈、瓯江航道生态环保等问题得到解决。内河、沿海货运单位运输周转量能耗分别下降1.6%、1.1%，港口单位吞吐量综合生产能耗下降2.1%。完成《浙江省创建绿色港航实施方案》编制。

5 下年度水运发展展望及发展重点

2015年是“十二五”规划收官之年，省港航管理局进一步深入实施“八八战略”，抢抓国家战略机遇，坚持“两美”建设和“四个交通”发展方向，围绕“现代交通五大建设、三港一平台”的工作部署，深化改革创新，推进依法行政，深入推进宁波舟山港口一体化，进一步加快大港口、大水运建设，建设平安港航，创建最美行业，全面完成“十二五”规划目标，科学谋划“十三五”规划，为打造现代化综合交通运输体系提供港航保障。

5.1 推动宁波—舟山港一体化进程，加快实施“江海联运”

加快推进宁波—舟山港一体化进程。积极探索研究宁波–舟山港体制机制创新，从思想上高度重视、形成共识，不断加强沟通协调与合作共建，制定实质性方案解决实质性问题，合力解决两港一体化进程中存在的突出问题，继续加强政府主导作用和市场主体作用，努力实现两港的资源配置最优化，实质性地加快推进宁波—舟山港一体化。

加快打造宁波–舟山港国际化枢纽港。以江海联运为主，统筹海铁联运、海河联运、海空联运等多种联运模式，逐步健全中心与省城以及长江经济带和“一带一路”的多式联运交通体系，提升辐射能级。加快推进舟山国际绿色石化基地、江海联运信息平台、省内外港口港航联盟等一批重大项目和重要工作，尽快取得阶段性成效。

5.2 推进江海联运服务中心建设，全面对接“两带一路”

谋划推进江（陆）海联运服务中心建设。构建大宗战略物资储运（贸易）基地和

海事服务基地，大力发展水水中转，打造国际集装箱枢纽港，加快内河高等级航道网建设，发展多式联运，完善港口集疏运体系。加强港航联盟，大力发展现代航运服务业。加强信息化对接，提升港口通关服务水平。加快“两带一路”战略新形势下浙江港航发展战略研究，配合做好江河联运服务中心建设方案制定和完善工作，将相关研究成果运用到“十三五”港航发展规划中，并编制完成“十三五”港航发展规划。

加快推进重大项目建设。加快港口资源整合，完成浙江省沿海港口资源利用布局规划研究，完善石油、矿石、集装箱等重要货类运输系统，优化液化天然气、邮轮等码头合理布局。计划投资64亿元，重点推进鼠浪湖矿石中转码头、外钓光汇油品码头、状元岙二期集装箱码头等重大项目建设，建成黄泽山石油中转储运工程等万吨级以上泊位9个，加快一批深水航道、锚地等公共设施建设。

5.3　加快内河水运复兴，主动服务“五水共治”

推进内河重大项目建设。加强项目督查服务，执行推进情况月报制度和项目联系制度，计划投资46亿元，加快衢江航运开发衢州段和金华段、杭平申线、富春江船闸等重点在建项目，重点加快推进京杭运河、湖嘉申线嘉兴段二期等项目前期工作，开工建设京杭运河、瓯江、丁诸线等高等级航道120公里。建成杭平申平湖段、兰江航道杭州段、富春江船闸上下游段等高等级航道100公里。推进船舶防污染工作。以“三不一推”为抓手，建设内河运输船舶油污水接收点3处。进一步做好船舶油污水、船舶生活垃圾上岸工作，并配合落实转运处置工作。

推进内河船型标准化。积极研发和推广海河联运、内河集装箱运输等标准船型，推进LNG船舶动力应用。积极实施我省船型标准化相关扶持政策，全面完成符合规定补贴条件的单壳化学品船和油船拆解或改造、生活污水排放达不到现行规范要求的运输船舶改造、京杭运河过闸小吨位船舶拆解，争取完成符合规定补贴条件老旧运输船舶拆解。

5.4　加快运输结构调整，努力打造“海运强省”

贯彻落实国务院《关于促进海运业健康发展的若干意见》，出台促进我省海运业健康发展的相关政策措施。

推进江海联运船队建设。深化国有航运企业改革，打造融合发展的混合所有制现代航运龙头企业；推动中小航运企业兼并重组，促进专业化、规模化经营；积极开展江海直达船型研发、推广，大力发展节能环保、经济高效船舶，建设规模适度、结构合理、技术先进的专业化运输船队。鼓励航运企业参与国家战略物资一程运输和两岸航运业务，拓展国际海运市场。

大力发展多式联运。依托国家物流信息平台，大力发展海铁、海河、江河联运等多式联运，促进江海直达、干支直达运输，加快船型开发。推进铁水、公水、水水等联运发展，实行宁波—舟山港与义乌陆港联动，引导港口企业在长江沿线区域设立“无水港”，扩大港口辐射范围，提高联运比重。继续推进宁波–华东地区铁水联运示范项目建设。推动制定多式联运标准规范，完善运输装备技术标准体系，推广标准合同范本，统一多式联运单证。培育多式联运经营人，鼓励大型港航、铁路和公路运输企业以江海联运服务中心为依托开展多式联运业务，构筑长江黄金水道快捷高效的货运大通道。

发展现代航运服务业。规范船舶管理、船舶代理，发展船舶交易、航运经纪、航运金融等航运服务业，推进邮轮运输业发展，提升传统航运业发展质量。加强对水路运输行业发展的信息引导，实施水路运输经济运行信息报告和分析制度。修订水运相关规章制度，加强水运市场监管。

5.5 深化行业改革创新，加快建设“法制港航”

深化各项改革要求。按照“四张清单一张网”的要求，加大力度推进简政放权，继续推进政务服务网建设工作。适应海事监管模式调整，探索船舶签证取消后的水上安全监管机制和手段，逐步实施船舶进出港报港制度，提高海事监管能力。

完善相关政策法规。配合省人大立法调研，加快《浙江省水上交通安全管理条例》草案修改，并争取出台；开展《航道法》出台后的宣贯和相关配套制度建设。

推进港航科技创新。继续推进智慧港航建设，开展“十三五”信息化规划编制工作，力争全面完成内河船联网、千岛湖智慧港航等部省示范项目。完成港航GIS公共平台、感知平台和航道运行管理系统开发，争取完成20条骨干航道电子航道图。加快建设浙江港航综合管理与服务平台。开展《浙江省资源节约型限制性Ⅲ级航道建设》地方标准编制工作。

提升管理服务水平。做好全省水路运输（服务）业年度核查，加强水运市场监督管理。开展全省约30家港口企业的码头靠泊能力（减载靠泊）核定工作。做好涉航建筑物通航影响专题论证，切实保护好航道资源和通航条件。进一步落实内部审计制度，切实落实主体职责，按照交通运输发展专项资金管理相关规定，深化专项性转移支付工作，规范港航预算管理、执行及绩效评价工作。

5.6 切实加强安全监管，全力推进“平安港航”

夯实安全基础。加强对船员培训单位的监督指导，强化船员实操考试，促进船员素质的提高；落实内河运输船舶最低安全配员调整工作；推进渡运及陆岛交通公共服务均等化，计划建成陆岛交通泊位15个，建成建桥撤渡、渡埠改造、渡船更新等项目40个。加强船舶图纸审核、建造检验、营运检验和船用产品检验把关。

提高应急能力。进一步完善应急反应体系和各种应急预案，并有计划地组织演练，保证预案的有效性和可操作性。充分依靠信息化手段，提高对重点水域、重点航段、重点船舶的实时监控，加强对危险状态的预警，提高对水上突发事件的反应速度。逐步建立健全预警、反应、处置的整体联动机制。

加强安全监管。深化“安全生产规范年”等专项活动，继续推进企业安全生产达标工作，严格4家航运企业安全管理体系审核；强化船舶安全检查，提高安检质量，加强船舶适航状态的监控。加强重点场所、环节、时段，以及重要活动的安全防范工作。落实新的《安全生产法》，调整、完善港口危险货物安全监管制度和工作机制。做好港口设施保安履行国际公约工作。

（浙江省港航管理局）

报告 11

2014年上海市水运发展综述

1 水运发展的环境综述

上海自贸区的建设开启了新一轮在贸易、投资、金融、航运，尤其是行政管理诸多领域的全面试验。上海自贸试验区的总体方案中涉及航运业的主要有三个方面：一是航运服务业的扩大开放，其中包括允许成立独资的船舶管理企业、允许外资成立控股船舶运输企业、放开中资方便旗船的沿海捎带业务；二是航运监管制度的创新，其中包括中转集拼业务的实行、上海洋山港国际船舶登记制度的创新以及起运港退税政策的扩围；三是航运服务的功能拓展，其中包括探索具有国际竞争力的航运发展制度模式、发展船舶金融等航运服务业、发展航运运价指数衍生品交易、飞机船舶的融资租赁等。上海自贸试验区对航运业相关创新政策的推进，使得航运服务制度红利初显。

2 水运经济发展情况

2.1 水路客货运量及周转量

2014年，本市在册地方运力共完成货运量8480万吨，较2013年增加4.58%；其中完成沿海货运量6315万吨，同比增加3.05%；完成内河货运量2165万吨，同比下降13.19%。完成货运周转量563.04亿吨公里，同比增长2.78%；其中完成沿海货运周转量533.55亿吨公里，同比增加3.65%；完成内河货运周转量29.49亿吨公里，同比下降10.77%。

2.2 港口吞吐量

2014年，上海市内河完成港口吞吐量8574.9526万吨（不含浮吊作业量），比2013年下降7.81%，自2011年起连续第三年下滑。其中，进港作业量6924.2565万吨，比2013年下降13.06%；出港作业量1650.6961万吨，比2013年增长23.44%。从全年各月的生产情况来看，2014年的港口生产高峰出现在第二季度，为2462.562万吨，单月吞吐量最高值发生在6月份，为867.4162万吨。由于春节的影响，2月份的吞吐量最少，一季度的吞吐量也不及

其他三个季度。

2.3 内河水上交通安全形势

2014年，上海市内河辖区共发生上报事故7件，死亡5人，沉船5艘，直接经济损失204.12万元，四项指标较2013年分别上升40%、25%、150%、77.5%。救助遇险船员316人次，救助成功率98.4%，救助遇险船舶147艘次。

2.4 水运企业经营状况

截至2014年底，上海市共有地方航运企业248家，与去年同期相比减少6.1%，其中沿海运输企业140家、内河运输企业108家；注册营运性地方运力共1427艘，1202.48万载重吨/53337客位。与去年同期相比，船舶艘数和载重吨分别增加了4.22%、9.06%。其中沿海营运船舶531艘、1162.71万载重吨/49客位；内河船舶896艘、39.77万载重吨/53288客位。

受上海自贸区启运港退税、集中报关、营业税免征等优惠政策影响，上海市“海运强内河弱”的特点日趋明显。主要表现为：企业规模上，沿海企业平均每户拥有船舶3.79艘/8.31万吨，内河企业平均拥有船舶8.29艘/0.37万吨，单船运输企业占内河运输企业的40%；船舶吨位上，本市注册的地方运力中，最大的船舶是11.57万载重吨，海船单船平均运力达2.19万吨/艘，内河货运船舶平均吨位仅为633吨/艘。

3 行业管理及服务状况

3.1 水路运输管理与服务

开展了《国内水路运输管理规定》、《国内水路运输辅助业管理规定》的集中宣贯培训，近160余户企业参加了培训。组织召开了水路运输行业监管情况通报会，帮助企业提高安全管理质量、推进隐患排查治理，共有55家国内水运企业、37家国内船舶管理企业代表参加。专职运政检查队伍的工作重心由重现场查验向重市场规范转变，建立了运输、代理和船舶管理三个经营项目的批后监管制度，分类落实年度核查和日常检查的要求，建立与企业的互通渠道，制定“负面清单”，设立企业动态档案。在2014年年度核查中，发现有15户企业专职管理人员配备不足，存在兼职现象。

3.2 港口行政管理与服务

一是加强港口油气输送管线安全防控。开展了危险化学品港区第二次划分的准备工作，对企业经营情况、码头安全设施、消防救生设备、应急防污设备、规章制度、人员管理等方面的29项事项开展检查，检查企业26户次，查出隐患缺陷37项，其中当场整改15项，责令限期整改22项。此外，还组织开展了油品泄漏防污染应急演练，切实提升了危品防污染应急救助能力。

二是开展港口危险货物安全监管培训。为进一步提升队伍专业知识和管理技能，从危险货物安全管理、港口危险货物重大危险源管理、上海饮用水水源环境保护等方面，对各区县航务所及港口企业约50余人进行授课培训。

三是强化落实船岸检查制度。针对金山“3.28”水污染事故的发生，进一步强化船岸检查制度，下发《关于进一步完善本市内河危险货物港口企业船岸检查制度的通知》，要求各相关单位切实落实船岸检查制度，强化检查质量，建立专业基础台账，履行检查人员、检查事项、检查痕迹留存的“三同步”要求，提高危险货物港口企业现场安全保障能力。

3.3 航道维护、管理与服务

全年完成沿跨航道建筑设施行政审查76件，开展通航安全影响论证30余次；全年本市内河航道日常巡航检查7100余次，实施航道行政处罚案件23件次。

开展实施了10条航道（段）的维护疏浚工程，疏浚里程约90公里，疏浚量333万方。此外，本市辖区航道现场监管单位投入约40万元，开展了航道定点清障及沉船打捞工作，打捞沉船5艘，应急抢通清障方量0.15万方。开展了内河航道及航道设施的检测和修测工作，全年实施完成检测航道31条，里程约634公里，加上航道疏浚工程测量，全年航道测绘工作量达到2900多平方公里（按1：10000比例尺作为换算基准），同时继续开展航道回淤分析工作。

3.4 安全监管与应急保障

2014年，组织开展了一次大规模水上综合演习，实现了多部门、跨领域的联合作战。针对宝山蕰藻浜航道堵航，制定了14条监管措施，对过往船舶、工程质量和疏浚弃土实施了有效管控。开展了为期4个月的“打非治违”专项行动，对69家危品运输企业、36家危品码头、19家水上客运企业和7道乡镇渡口开展深入检查，发现各类安全管理缺陷66项，查处违法行为6起。积极推进松江东勤渡、青浦长河渡、新池渡成功撤渡，青浦中心渡更新渡船一艘。向本市乡镇渡口赠送救生浮具1034块，解决渡船救生设备实用性的问题，为渡运的安全监管装上了“双保险”。加强对邬桥轮渡码头的现场管理，实行不定期巡查机制，保证邬桥轮渡码头的安全稳定运行。

4 在行业发展智能与生态服务方面取得的成效

4.1 加快内河集运市场培育

一是开展内河集运管理调研。赴嘉兴市港航局对内河集装箱扶持政策、码头监管等

情况进行学习调研。二是排摸内河集装箱船配员情况，组织召开了本市内河集装箱船船员情况调研会，分析研究目前内河集装箱船配员方面存在的困难，并将相关建议上报部海事局。三是开展行业市场调研。先后走访上海三港内河集装箱码头等企业，深入了解内河集装箱行业特点、动态现状以及瓶颈问题。四是推进内河集装箱法定检验。主动与环境物流公司、船舶设计单位沟通，指导上海环境物流有限公司完成了4艘24箱集装箱船、1艘30箱集装箱船的建造检验。

4.2　积极推进船型标准化

一是做好老旧船舶拆解前期工作，商讨沿海老旧船舶拆解工作方案，拟订了《上海市老旧运输船舶和单壳油轮报废更新中央财政补助专项资金管理办法》，梳理并完成《2014年全国内河船型标准化中央补贴资金申请表》。二是做好老旧船舶拆解政策宣贯工作。2014年已受理申请拆解船舶9艘/154628总吨，核发补贴资金10033万元。

4.3　积极探索船舶节能减排

一是对周边省市LNG动力船舶试点的规模、经费、技术方案以及存在困难等进行了调研考察。二是配合开展乳化柴油应用试验，积极推进乳化柴油的应用，牵头召开协调会，研讨解决 “船舶加油、油罐储存、办理码头审批手续” 等问题，同时鼓励企业把乳化柴油逐步推广到全部29艘环卫船舶。

5　2015年发展重点和主要措施

5.1　强化内部管理，夯实发展基础

一是建立和完善航运业统计制度和评价指标体系，着手完善相关统计成果的运用和分析，为航运业转型发展提供可靠依据。通过公布行业总体数据和经济运行分析报告，引导航运企业适度新增运力、合理控制发展规模。二是着力推进规范管理。认真贯彻执行交通运输部和上海市有关执法行为规范的要求，完善相关制度并加强对制度执行情况的监督，有效规范执法行为。三是进一步强化运管队伍的建设。针对目前运管人员流动频繁，导致运管执法能力得不到有效发挥的现状，将进一步梳理运管法规规章，细化检查内容，规范检查流程，通过不定期的业务培训和交流，提升运管人员的业务水平。

5.2　提升运政服务，净化市场环境

一是积极落实重点联系企业的长效机制，进一步加强对航运企业的随访制度，切实为企业的生产经营提供参考与指导。二是进一步完善批后监管制度，组织开展水路运政大检查专项活动，规范水上运输行为，净化市场环境。三是继续开展水运行业质量信誉

考核工作。依托“长江沿岸中心城市水运协调委员会”平台，联手开展诚信信息共享机制，进一步扩大诚信的宣传范围，尝试在四城市共同对列入“黑名单”的失信企业进行行业通报。

5.3 优化运力结构，促进转型升级

一是认真落实《老旧运输船舶和单壳油轮提前报废更新实施方案》和《“十二五”全国内河船舶标准化工作实施方案》，加快淘汰老旧运输船舶，鼓励建造LNG动力船和高能效示范船。严格按照规范要求，认真做好申报资料的审核工作，确保补贴资金准确、及时到位。二是严格执行船舶强制报废制度，达到强制报废船龄的船舶按期推出航运市场，进一步提升船舶技术水平。三是针对运力过剩的矛盾，除继续严格执行交通运输部和长航局的宏观调控政策外，积极引导企业兼并重组，发展规模化、专业化船队，提升综合竞争力。

（上海市航务管理处（地方海事局））

专题报告

专题1

2014年长航局重点联系企业运输生产经营情况

为掌握长江港航企业运输生产经营情况，分析行业发展趋势，更好地服务港航企业，促进长江航运平稳较快发展，长航局组织开展了2014年重点联系企业运输生产经营情况书面调研，共收到83家航运企业、30家港口企业的运输生产经营情况，现将企业生产经营情况分析如下：

一、重点联系企业生产经营情况

2014年受宏观经济一系列因素影响，长江港航企业运输生产主要货类增速放缓，被调查的83家航运企业中有63家实现盈利，占75.9%，30家港口企业中有20家实现盈利，占66.7%。航运企业中干散货运输、集装箱运输企业实现利润同比下降，液货危险品运输、载货汽车滚装运输、商品汽车滚装运输利润同比增长，豪华游轮运输受运价提高的影响，利润大幅提升。

（一）航运企业

1. 干散货船运输企业

被调查的27家干散货船运输企业有18家盈利，总利润下降。27家运输企业实现主营业务利润3126.84万元，比上年同期减少3.12%。有18家企业盈利，占66.7%，在盈利企业中利润增长的10家，占55.6%，利润减少的8家，占44.4%；有9家亏损，占33.3%。被调查企业的生产经营特点：

一是船舶数量减少、运力增长。27家运输企业共拥有运输船舶1284艘/294.41万载重吨，分别比上年同期减少3.17%和增长3.58%，运输船舶呈现大型化发展趋势。

二是货运量和货物周转量均现增长。27家运输企业全年共完成货运量7114.59万吨，货物周转量608.19亿吨公里，分别比上年同期增长7.22%和增长8.93%；船舶平均运距为854.85公里，比上年同期增长0.66%。

三是船舶营运率下降、负载率上升。27家运输企业船舶平均营运率72.5%，比上年同期下降0.9个百分点；船舶平均负载率68%，比上年同期上升1.6个百分点。

四是运输价格下滑。27家运输企业平均运输价格0.0364元/吨公里，比上年同期减少7.1%。干散货运输企业的运输价格在不同地区、不同货物的种类之间差别较大，一般从事长江支线短途运输价格高于长江干线长途运输价格，运输煤炭、铁矿石的价格要好于运输砂石材料，总体上运输价格在0.017～0.088元/吨公里之间。

五是运输收入、总成本均增长。27家干散货运输企业实现主营业务收入22.07亿元，主营业务总成本20.33亿元，分别比上年同期增长1.60%和0.70%，其中主营业务总成本中燃油成本9.59亿元，比上年同期减少1.9%，人力成本2.67亿元，比上年同期增加4.3%，税费负担3259.84万元，比上年同期减少2.3%，财务成本4253.7万元,比上年同期增长8.8%，管理成本5375.6万元，比上年同期增长2.0%。

2. 液货危险品船运输企业

被调查的25家液货危险品船运输企业有21家盈利，总利润增长。25家液货危险品船运输企业完成主营业务利润12710.9万元，比上年同期增长2.9%；有21家企业实现盈利，占84%，在盈利企业中利润增长的11家，占52.4%，利润减少的10家，占47.6%；有 4家企业亏损，占16%。被调查企业的生产经营特点：

一是船舶数量减少、运力增长。25家液货危险品船运输企业共拥有运输船舶1004艘/154.77万载重吨，分别比上年同期减少1.5%和增长2.1%，运输船舶呈现大型化发展趋势。

二是货运量、货物周转量均现增长。25家液货危险品运输企业全年共完成货运量2953.34万吨，货物周转量185.67亿吨公里，分别比上年同期增长0.86%和3.43%；船舶平均运距为628.6公里，比上年同期增长4.33%，平均运距增加，说明长途运输货物增多，水运优势显现。

三是船舶营运率上升、负载率下降。25家运输企业船舶平均营运率84.4%，比上年同期上升0.6个百分点；船舶平均负载率62.9%,比上年同期下降0.6个百分点。

四是运输价格下降。25家运输企业平均运输价格0.115元/吨公里，与上年同期相比下降2.4%。各企业及所属船舶根据运输不同的液货危险品种类，其运输价格存在较大的差别，其中液化气运输价格最高。

五是运输收入略微增长、运输成本下降。25家液货危险品船运输企业实现主营业务收入21.43亿元，比上年同期增长0.69%；主营业务成本19.72亿元，比上年同期下降2.8%，其中燃油成本5.85亿元，比上年同期减少7.06%，人力成本3.86亿元，比上年同期增加1.06%，税费负担8057.55万元，比上年同期减少2.11%，财务成本9096.34万元,比上年同期增长8.19%，管理成本1.53亿元，比上年同期增长5.75%。

3. 集装箱船运输企业

被调查的11家集装箱运输企业有9家盈利，总利润下降。11家运输企业实现主营业务

利润8741.57万元，与上年同期相比减少1.54%。有9家盈利，占81.8%，在盈利企业中利润增长的2家，占22.2%，利润减少的7家，占77.8%；2家亏损，占18.2%。被调查企业的生产经营特点：

一是运力与运量均增长。11家集装箱运输企业共拥有运输船舶229艘/64725TEU，分别比上年同期增长6.51%和12.41%；完成集装箱运输量203.64万TEU，比上年同期增长10.96%。

二是船舶营运率下降、负载率略有上升。11家运输企业船舶平均营运率91%，比上年同期下降0.4个百分点；船舶平均负载率78.7%,比上年同期上升1个百分点。

三是运输价格下降。11家运输企业平均运输价格0.60元/标箱公里，比上年同期减少1%。

四是运输收入增长、成本上升。11家集装箱运输企业实现主营业务收入15.97亿元，比上年同期增长8.53%；主营业务成本14.75亿元，比上年同期增长10.53%。其中燃油成本3.91亿元，比上年同期减少0.4%，人力成本1.44亿元，比上年同期增加5.0%。

4. 旅客运输企业

被调查的10家旅客运输企业有6家盈利，总利润增幅较大。10家客运企业主营业务利润11235.96万元，与上年同期相比增长233.1%。有6家盈利，占60%，在盈利企业中利润增长4家，减少的2家；有4家亏损，占40%。其中5家豪华游船企业中有4家盈利，5家经济型游船企业中有2家盈利，豪华游船企业明显好于经济型游船企业。被调查企业的生产经营特点：

一是客船数量减少、运力增长。10家客运企业共拥有运输船舶57艘/22449客位，分别比上年同期下降8.06%和增长1.62%。其中：豪华游船33艘/11980客位，分别比上年同期下降5.71%和增长0.4%；经济型游船24艘/10469客位，分别比上年同期下降11.11%和增长3.07%。

二是客运量、旅客周转量均增长。10家客运企业完成客运量113.98万人，旅客周转量43074.57万人公里，分别比上年同期增长14.41%和增长2.05%。其中：5家豪华游船完成客运量63.66万人，旅客周转量26603.18万人公里，分别比上年同期增长57.16%和10.31%；5家经济型游船完成客运量50.32万人，旅客周转量16471.39万人公里，分别比上年同期下降14.87%和8.97%。

三是船舶营运率、负载率均增长。10家运输企业船舶平均营运率73.1%，比上年同期增长4.5个百分点；船舶平均负载率73.1%,比上年同期增长3.4个百分点。其中：5家豪华游船平均营运率80.7%，比上年同期增长3个百分点；船舶平均负载率80.4%，比上年同期增长8.3个百分点；5家经济型游船平均营运率63.7%，比上年同期增长6.5个百分点；船舶平均负载率63.8%，比上年同期下降3个百分点。

四是运输价格有所回升。2014年长江旅游客运价格全面上涨，多数涉外旅游船运输企业效益明显提升。其中：豪华游轮平均运输价格2.61元/人公里，与去年同期相比增长4.81%，经济型游船平均运输价格0.50元/人公里，与去年同期相比增长4.16%。

五是运输收入增长、运输成本下降。10家客运企业实现主营业务收入12.89亿元，比上年同期增长11.65%；主营业务成本11.72亿元，比上年同期下降4.25%。其中燃油成本2.7亿元，比上年同期下降4.94%。人力成本2.07万元，比上年同期下降5.29%。其中：5家豪华游船企业实现主营业务收入11.67亿元，比上年同期增长14.9%；主营业务成本10.66亿元，比上年同期下降3.61%；5家经济型游船企业实现主营业务收入1.22亿元，比上年同期下降12.17%；主营业务成本1.06亿元，比上年同期下降10.14%。

5. 载货汽车滚装运输企业

被调查的8家载货汽车滚装运输企业有7家盈利，总利润继续保持增长。8家运输企业实现主营业务利润2742.2万元，比上年同期增长7.16%，有7家企业实现盈利，占87.5%，在盈利企业中有5家利润实现增长，2家利润减少；有1家企业亏损，占12.5%。被调查企业的生产经营特点：

一是运力减少、运量增长。8家载货汽车滚装运输企业共拥有船舶48艘/2786车位，分别比上年同期减少2.04%和2.1%；完成滚装车运输量18.63万辆,比上年同期增长8.91%。

二是船舶营运率上升、负载率持平。8家运输企业船舶平均营运率65.67%，比上年同期上升4.2个百分点；船舶平均负载率90.4%,与上年同期持平。

三是运输价格总体下降。目前确定载货汽车滚装运输价格是根据车辆的重量、长度、宽度及目的港的运输距离，当载货车辆通过码头大型安检设施后由计算机自动生成运价，总体上载货汽车滚装运输价格上行平均运价2750元/车，与上年同期基本持平，下行平均运价1850元/车，与上年同期相比略有下降。

四是运输成本、收入均上升。8家载货汽车滚装运输企业实现主营业务收入3.96亿元，比上年同期增长10.5%；主营业务成本3.34亿元，比上年同期增长11.5%。其中人力成本4880万元，比上年同期增长5.2%，燃油成本1.87元，比上年同期下降1.5%。

6. 商品汽车滚装运输企业

目前长江上从事商品汽车滚装运输企业共3家，本次被调查的2家企业全部盈利。2家运输企业实现主营业务利润3265.5万元，比上年同期增长38.5%，被调查企业的生产经营特点：

一是运力、运量均保持增长。2家商品汽车滚装运输企业共拥有船舶24艘/16370车位，分别比上年同期增长14.28%和25.05%；完成滚装车运输量56.56万辆,比上年同期增长12.28%。

二是船舶营运率上升、负载率下降。2家运输企业船舶平均营运率79%，比上年同期上升6个百分点；船舶平均负载率81.1%,比上年同期下降2.5个百分点。

三是运输价格持平。2家公司商品汽车滚装运输平均运输价格为0.45元/车公里，与上年同期持平。

四是运输收入、成本均上升。2家载货汽车滚装运输企业实现主营业务收入2.27亿元，比上年同期增长11.15%；主营业务成本1.94亿元，比上年同期增长7.57%。其中人力成本2195.7万元，比上年同期增长16.6%，燃油成本6090.8万元，比上年同期减少4.1%。

（二）港口企业

被调查的30家港口企业有20家盈利，总利润增长。2014年港口经营呈现波浪式振荡发展的走势，即1季度受到春节长假、水位和气候等因素的影响，生产量最低；2季度随着生产企业的开工，港口生产恢复；3季度面临宏观经济下行压力，港口生产振荡下滑；4季度较快回升，主要指标创造季度最高值。

30家港口企业实现利润17.66亿元，比上年同期增长 1.12%；有20家企业实现盈利，占66.67%，在盈利企业中利润增长和减少的各占50%；有10家亏损，占33.33%，企业亏损的原因主要为基础设施建设投资较大，财务费用增加，且人工成本逐渐上升，压缩了生产经营的利润空间。被调查企业的生产经营特点：

一是货物吞吐量增长。30家港口企业完成货物吞吐总量5.31亿吨，比上年同期增长4.5%。其中外贸货物吞吐量8641.6万吨，比上年同期增长3.35%，集装箱吞吐量831.3万TEU，比上年同期增长2.19%。

二是装卸价格水平基本稳定。30家港口企业总体装卸价格水平与上年基本持平，但不同港口存在一定的差异。从调查情况来看：煤炭装卸价格8～13元/吨、金属矿石10～15元/吨、矿建材料6～8元/吨、液货危险品20～30.5元/吨。

三是主营业务收入、成本均下降。30家港口企业主营业务收入164.06亿元，比上年同期增长2.55%；主营业务成本144.25亿元，比上年同期增长2.63%。其中装卸成本16.68亿元，比上年同期下降2.5%。

二、2015年水运经济形势预测

（一）客运旅游略有好转

国内旅游消费需求将进一步提升，但国家有关禁令将持续影响商务包船业务；入境旅游市场将进一步下滑。长江三峡库区客运运力过剩矛盾虽有所缓解但仍然突出。

（二）干散货运输延续低迷

煤炭。在经济转型、大气污染治理和产能过剩的背景下，伴随着一批大型水电站建成投产或者即将投产，以及跨区域送电持续发力，电企对2015年用煤需求并不看好。

铁矿石。供大于求的状况短期内难以改变，钢厂“随用随买”策略逐渐成为主流，

预计未来一段时期内，金属矿石市场需求仍将延续弱势格局。

（三）液货危险品运输增长乏力

随着国家产业结构调整，深化改革转型发展步伐加快，将逐步改变过去依赖高能耗、高污染增长模式。今后，长江原油和成品油运输继续受沿江输油管道分流影响，水运原油和成品油将难以增长；散装化学品运输方面，随着国家发展改革委《关于规范煤化工产业有序发展的通知》等产业政策相继出台，在产业链条延伸、一体化水平提高的化工产业发展趋势下，化工园区终端产品将由现在的化工原料（如甲醇）、中间体转化为消费领域产品（固体），液体化工品外运量比例将明显下降，减少了水运需求量，散装化学品水运量增幅有限。

（四）集装箱运输小幅上扬

加快推进长江经济带建设，有望刺激长江集装箱运输市场平稳增长。但部分港口通过能力不足、严重滞港问题以及上水爆舱、下水货源不足的状况短期内难以改变，对运输效率和效益将产生一定影响。总体上，2015年集装箱运输市场将处于小幅上扬态势。

（五）滚装运输市场平稳发展

载货汽车滚装运输。近年来，港航管理部门针对长江载货汽车滚装运输市场采取控制运力投放、统一运输价格、按轮次发船等管理措施，载货汽车滚装运输市场逐步规范，特别是通过组织开展川江及三峡库区载货汽车滚装运输服务质量专项整治活动，经营者服务质量和水平得到提升，可以吸引更多车源走水路运输，载货汽车滚装运输总体向好。

商品车滚装运输。由于汽车产能、汽车保有量、社会购买力的预期增长，未来一段时期，中国汽车销售增长将略高于GDP的增速。目前长江滚装运输市场较为有序，长江上3家商品车滚装运输企业与汽车厂家均建立了长期合作关系，新企业介入可能性不大，但随着参与各方运力结构调整和船舶大型化进程加快，可能会带来长江滚装运力阶段性过剩局面，但从长远来看，长江滚装运输仍有望获得平稳发展。

（交通运输部长江航务管理局）

专题 2

2014年长江干线省际旅客运输市场发展分析

中国船东协会长江分会依据《国内水路运输管理条例》规定要求，对2014年长江干线省际旅客运输市场进行了调查分析。

1　运输市场和监测样本运力基本情况

本次调查选取长江干线省际旅客运输市场14家主要客船公司作为样本，14家样本企业2014年完成旅客运输量占长江干线省际旅客运输市场的90%以上。14家客船公司样本企业基本情况：

7家普通客船公司——以普通旅客运输及经济、顺道、短线旅游运输为主；其中包括宜昌长江高速客轮有限责任公司改为短线旅游观光客运，其高速船于2014年12月28日全部退出市场。至此，长江高速船完全结束了三峡库区客运的使命。

6家旅游船公司——以渝宜及以远航线商务、观光旅游运输为主。

长江干线省际旅客运输样本企业运力情况　　表1

	客船公司（个）	船舶艘数（艘）		客位数（个）	
		本期	同比	本期	同比
普通客船	6	29	-9.38%	13081	2.44%
旅游客船	7	34	-5.56%	11371	0.41%
合计	13	63	-7.35%	24452	1.49%

宜昌长江高速客轮有限责任公司用高速船客位置换成为普通短途观光游船客位，导致普通客船客位数增长。

2　市场运行情况分析

2.1　市场运输情况分析

13家客船公司全年共完成客运量124.43万人，比上年下降3.93%。

长江干线省际旅客运输样本企业运输情况 表2

	客运量（万人）	
	本期	同比
普通客船	64.89	-17.70%
旅游客船	59.54	17.49%
合计	124.43	-3.93%

运量明显两极分化，普通客船运量大幅下降，旅游客船运量大幅增长。

2.2 经营情况分析

长江旅游客运制定和实施《长江旅游船行业自律公约》，自律规范长江游船客运价格,并推进长江中下游旅游市场开发对接工作，效果明显，旅游客运效益大幅回升。普通客船受客源下降影响，效益大幅下滑。

长江干线省际旅客运输样本企业经营情况 表3

	主营业务收入（万元）		主营业务成本（万元）		利润（万元）	
	本期	同比	本期	同比	本期	同比
普通客船	17888.93	-4.18%	16088.98	-0.30%	1370.06	-33.51%
旅游客船	124998.80	15.96%	110709.90	6.13%	14288.90	310.65%
合计	142887.73	12.99%	126798.88	5.27%	15658.96	244.90%

旅游客运效益大幅回升主要受长江海外旅游总公司扭亏为盈所拉动。

旅游客运中，旅游客运营业收入占整个行业的86%，利润仅占整个行业的90%；普通客船营业收入（含短线旅游运输）仅占整个行业的14%，利润仅占整个行业的10%。

2.3 成本结构情况分析

长江干线省际旅客运输主营业务成本比上年增长5.27%。其中普通客船主营业务成本变化不大，旅游客运主营业务成本增长6.13%。

长江干线省际旅客运输样本企业成本情况（1） 表4

	主营业务成本（万元）		其中：燃油成本（万元）		其中：人力成本（万元）	
	本期	同比	本期	同比	本期	同比
普通客船	16088.98	-0.30%	5714.2	-13.65%	4266.35	0.12%
旅游客船	110709.90	6.13%	25085.39	-1.33%	19432.89	-5.64%
合计	126798.88	5.27%	30799.59	-3.87%	23699.24	-4.65%

长江干线省际旅客运输样本企业成本情况（2）　　表5

	其中：税费负担（万元）		其中：财务成本（万元）		其中：管理成本（万元）	
	本期	同比	本期	同比	本期	同比
普通客船	252.38	29.74%	367.30	-2.16%	1426.01	-8.16%
旅游客船	1579.60	22.86%	7520.93	2.24%	6541.40	-16.33%
合计	1831.98	23.76%	7888.23	2.03%	7967.41	-14.97%

旅游客运的主营业务成本包括运营成本和服务成本，其中运营成本为60160.21万元，占主营业务成本的60%左右。其中：燃油成本和人力成本分别占运营成本的41.7%和32.3%，两项合计占运营成本的74%；税费负担占运营成本的2.6%，但增幅较大；财务成本占运营成本的12.5%；管理成本有不同程度下降，占运营成本的10.9%。

主营业务成本上涨主要受旅游服务成本和景区门票价格影响。

2.4　运输成本与价格情况分析

长江干线省际旅客运输价格稳中有升。

2014年长江干线省际旅客运输单位运输成本与平均运价　　表6

	单位运输成本		平均运价		运输成本占
	元/吨公里	同比	元/吨公里	同比	运价比例
普通客船	0.44	1.40%	0.72	2%	61%
旅游客船	1.54	-18%	2.62	6%	59%

旅游客船单位运输成本大幅下降，主要是由于燃油成本、人力成本和管理成本下降。

2.5　收益水平分析

2014年样本企业收益水平　　表7

	营收利润率	同比	成本费用利润率	同比
普通客船	7.66%	-30.61%	8.52%	-33.31%
旅游客船	11.43%	254.12%	12.91%	286.92%
综合水平	10.96%	205.25%	12.35%	227.63%

长江干线省际旅客运输运力增长平缓，运价稳中有升。旅游客船运量和效益同步大幅回升，普通客船运量和效益同步大幅下跌。虽然燃油成本和人力成本等运营成本有所

下降，受旅游服务成本和景区门票价格影响，旅游客运的主营业务成本有所上涨。从收益水平看，普通客船盈利能力偏低，投入产出效益不佳；旅游客船盈利能力和投入产出效益基本合理。

3　2014年市场发展和2015年走势分析

2014年长江干线省际旅客运输运力增长平稳，运价稳中有升。旅游客船运量和效益大幅回升，普通客船运量和效益大幅下跌。虽然燃油成本和人力成本有所下降，但受旅游服务成本和景区门票价格影响，旅游客运的主营业务成本有所上涨。

由于库区沿江高速公路和铁路动车的开通，普客市场大幅下滑，长江客运市场普通客源萎缩和运力过剩的矛盾更加突出,普通客运基本已没有竞争力。

长江客运总体将呈下滑趋势。但是，随着生活水平的提高，休闲旅游和豪华舒适旅游已成为趋势，国家对旅游行业新的政策和新旅游法的出台，将会对三峡旅游带来新机遇，预计2015年长江旅游客运有望在上年基础上有所增长。

（中国船东协会长江分会）

专题3

2014年长江干线省际液货危险品运输市场发展分析

中国船东协会长江分会依据《国内水路运输管理条例》规定要求，对2014年长江干线省际液货危险品运输市场进行了调查分析。

1 运输市场和调查样本运力基本情况

1.1 运输市场运力状况及结构

2014年长江干线省际液货危险品运力为3669艘、332.98万载重吨，分别比上年减少9%、增长2%。

2014年长江干线省际液货危险品运输市场运力情况 表1

船舶类型	艘数（艘）		载重吨（万吨）		平均船龄
	本期	同比	本期	同比	年
油船	1964.00	-14%	166.44	-7%	10.00
化学品船	1422.00	-6%	64.88	0%	8.60
油化两用船	251.00	11%	100.34	23%	3.30
液化气船	32.00	-6%	0.25	-71%	13.70
合计	3669.00	-9%	331.91	2%	8.90

注：本数据来自于长航局运输处2014年长江水系省际液货危险品运输船舶换证资料，截止2014年7月30日。

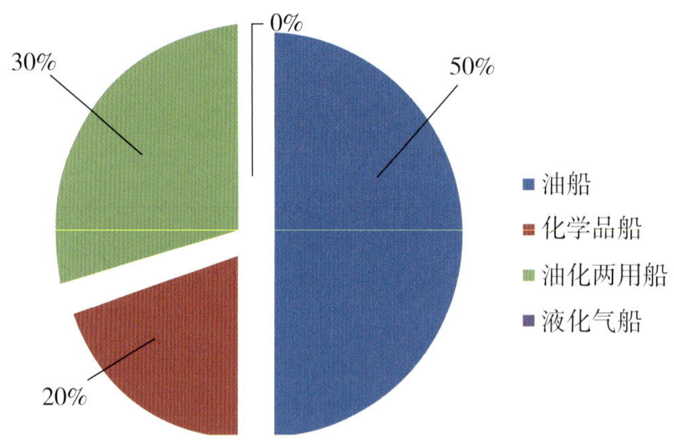

图1　运力（载重吨）结构

由于液化气船运力份额过小，暂可不予考虑。

1.2　样本运力状况及结构

2014年抽样调查的样本企业运力规模为986艘、153.57万载重吨，占长江省际液货危险品运力的48%。

长江干线省际液货危险品运输调查样本运力基本情况　　表2

	万吨	运力分布	样本所占比例	样本运力分布
总计	332.98		48%	
干线航区	120.52	36%	63%	48%
中、下游及支流航区	212.46	64%	39%	52%

样本运力分布符合市场运力分布状况。

调查样本运力类型　　表3

船舶类别	总　运　力		样 本 运 力	
	万吨	所占比例	万载重吨	所占比例
油船（油化两用）	266.78	80%	133.91	87%
化学品船	64.88	20%	19.65	13%

样本运力类型符合市场运力总体类型。

1.3　样本航线分类

2014年样本企业经营的主要航线：

干线长途航线——以重庆至南通长江干线运输为主,货物平均运距1661公里。

中下游航线——南通至宜昌区域干线及支流运输，货物平均运距876公里。

下游及支流航线——江浙沪一带长江下游及支流运输，货物平均运距259公里。

1.4 样本运力分布情况

干线长途航线运力占48%，中下游航线运力占22%，下游及支流航线运力占30%。

样本运力分布情况 表4

	艘数（艘）		载重吨（万吨）		平均吨位（吨/艘）	
	本期	同比	本期	同比	本期	同比
干线长途航线	222	-1%	76.13	1%	3429	2%
中下游航线	168	2%	34.83	5%	2073	3%
下游及支流航线	606	-4%	48.01	-1%	792	3%
合计	996	-2%	158.96	18%	1596	3%

2 企业运行情况

2.1 运输情况分析

2014年样本企业共完成液货危险品运输2852.24万吨、598.71亿吨公里，分别比上年下降2%和8%。

2014年样本企业运输情况 表5

	货运量（万吨）		周转量（亿吨公里）	
	本期	同比	本期	同比
干线长途航线	899.99	6%	517.36	-9%
中下游航线	499.57	-8%	43.77	-1%
下游及支流航线	1452.68	4%	37.58	0%
合计	2852.24	-2%	598.71	-8%

干线长途航线运量和周转量包括部分南京长江油运公司海运业务量。

2.2 经营情况分析

主营业务收入23.73亿元，比上年增长0.52%；主营业务成本21.97亿元，比上年增长0.79%；利润1.59亿元，比上年下降2.55%。

2014年样本企业经营情况 表6

	主营业务收入（万元）		主营业务成本（万元）		利润（万元）	
	本期	同比	本期	同比	本期	同比
干线长途航线	112506.7	5.30%	104714.9	3.11%	9111	52.26%
中下游航线	72896.51	-2.28%	65431.81	-0.33%	4573.69	-33.76%
下游及支流航线	51929.1	-2.76%	49505.16	-2.38%	2195.24	-13.63%
合计	237332.31	0.52%	219651.87	0.79%	15879.93	-2.55%

干线长途航线利润大幅提高是由于南京长江油运公司扭亏为盈所拉动。中、下游及支流航线利润大幅下降。

2.3 成本情况分析

主营业务成本21.97亿元，其中燃油成本和人力成本分别占主营业务成本的28%和18%，两项合计占46%。主营业务成本中，燃油成本、人力成本、税费负担均有不同程度下降，分别平均下降8.38%、5.26%、8.82%。

2014年样本企业成本状况（1） 表7

主营业务成本（万元）			其　中					
			燃油成本（万元）		人力成本（万元）		税费负担	
	本期	同比	本期	同比	本期	同比	占收入比例	同比
干线长途航线	104714.9	3.11%	23267	-10.62%	13922	-3.85%	1.56%	-16.54%
中下游航线	65431.81	-0.33%	20956.26	-7.94%	11940.54	-5.03%	2.50%	-15.34%
下游及支流航线	49505.16	-2.38%	17162.9	-5.74%	13155.11	-6.92%	8.00%	-1.64%
合计	219651.87	0.79%	61386.16	-8.38%	39017.65	-5.26%	3.34%	-8.82%

主营业务成本增加的原因主要是多数企业处于船舶更新换代时期，融资难导致财务成本大幅增加，平均增加38.09%；随着物价的增长和安全投入加大，管理成本平均增加16.99%。

2014年样本企业成本状况（2） 表8

主营业务成本（万元）			其　中			
			财务成本（万元）		管理成本（万元）	
	本期	同比	本期	同比	本期	同比
干线长途航线	104714.9	3.11%	8142	35.14%	4179	7.21%
中下游航线	65431.81	-0.33%	4180.05	73.79%	5693.13	11.67%
下游及支流航线	49505.16	-2.38%	3256.04	14.23%	6275.91	30.58%
合计	219651.87	0.79%	15578.09	38.09%	16148.04	16.99%

管理成本是指船舶维修、安全投入等运营管理成本。

2.4 单位运输成本与运价分析

以运量为权重对样本的运价加权平均，通过成本与运价比较，可见中、下游及支流航线运价勉强保本。

2014年运输成本与运价比较　表9

	单位运输成本		加权平均运价		运输成本占运价比例
	元/吨公里	同　比	元/吨公里	同　比	
综合平均	0.084	1.40%	0.156	0.50%	54%
干线长途航线	0.070	-2.62%	0.125	-10.79%	56%
中下游航线	0.148	1.60%	0.168	7.37%	88%
下游及支流航线	0.132	1.40%	0.160	1.84%	82%

从运输种类看，油品运价加权平均为0.111元/吨公里，同比上升3.20%；化学品运价加权平均为0.139元/吨公里，同比下降6.61%；

2.5　收益水平分析

从营收利润率可见长江干线省际液货危险品运输的盈利能力偏低；成本费用利润率显示，企业的投入产出效益不佳。

2014年样本企业收益水平　表10

	营收利润率	同比	成本费用利润率	同　比
综合平均	5.77%	-3.05%	6.09%	-3.32%
干线长途航线	8.10%	44.60%	8.70%	47.67%
中下游航线	6.27%	-32.21%	6.99%	-33.54%
下游及支流航线	4.23%	-11.18%	4.43%	-11.52%

干线长途航线收益水平大幅提高是由于南京长江油运公司扭亏为盈所拉动。

2014年长江干线省际液货危险品运输市场运行趋于下行。运输业务量略有下滑，运输收入基本持平。燃油和人力成本有所下降，税费负担略有减轻。由于船舶更新换代，企业财务成本大幅增加，导致总成本仍然上升，利润有所减少。虽然运价略有回升，但仍处于保本水平，企业盈利能力普遍下降，投入产出效益不佳。

3　2015年市场预测分析

2014年，受宏观经济增速放缓的影响，化工行业需求下降，石化行业生产加工企业纷纷减产，长江液货危险品运输市场预期总量下降。

从长江干线省际液货危险品运输市场宏观环境看，当前长江液货危险品运输市场整体形势不容乐观。其原因：一是石化生产加工企业市场观望情绪较强，油品、化学品原料采购频率和采购量减少，液货危险品贸易不活跃。二是化工行业资源逐步整合，炼化企业一体化生产程度越来越高，运输需求增速逐步放缓。据市场调查，2015年沿江石化炼厂暂无大项目投产，长江液货危险品运输需求平缓，预计运量和周转量与2014年基本持平。

（中国船东协会长江分会）

专题 4

2014年长三角地区港口经济运行情况及形势分析

2014年，长三角地区完成水路货运量18.55亿吨，与上年基本持平；长三角地区主要港口完成货物吞吐量36.42亿吨，同比增长5.69%，完成外贸货物吞吐量11.90亿吨，同比增长5.03%，完成集装箱吞吐量7154.58万TEU，同比增长3.38%。

一、长三角地区经济发展总体情况

（1）全国经济平稳增长，长三角地区经济地位稳固。2014年我国国内生产总值636463亿元，比上年增长7.4%。第一产业增加值58332亿元，比上年增长4.1%；第二产业增加值271392亿元，增长7.3%；第三产业增加值306739亿元，增长8.1%。第一产业增加值占国内生产总值的比重为9.2%，第二产业增加值比重为42.6%，第三产业增加值比重为48.2%。

长三角地区上海、浙江、江苏经济转型取得显著成效。两省一市共完成国内生产总值128803.24亿元，同比增长8.85%，经济总量占全国比重为20.24%。

上海市实现生产总值23560.94亿元，，比上年增长7.0%。第一产业增加值124.26亿元，增长0.1%；第二产业增加值8164.79亿元，增长4.3%；第三产业增加值15271.89亿元，增长8.8%。第三产业增加值占上海市生产总值的比重达到64.8%，比上年提高1.6个百分点。

浙江省实现生产总值40154亿元，比上年增长7.6%。第一产业增加值1779亿元，增长1.4%；第二产业增加值19153亿元，增长7.1%；第三产业增加值19222亿元，增长8.7%。第三产业比重首次超过第二产业。

江苏省实现生产总值65088.3亿元，比上年增长8.7%。第一产业增加值3634.3亿元，增长2.9%；第二产业增加值31057.5亿元，增长8.8%；第三产业增加值30396.5亿元，增长9.3%。经济增速继续领先长三角地区。

（2）我国对外贸易总体平稳，长三角地区保持较高增长2014年，我国对外贸易总体保持平稳增长，外贸进出口总额264334亿元，比上年增长2.3%。出口143912亿元，增长4.9%；进口120423亿元，下降0.6%。贸易顺差23489亿元，扩大了46.15%。一般贸易进出口142106亿元，增长4.04%，占我国外贸总值的53.76%。

中欧双边贸易总值37818亿元，增长8.97%，占我外贸总值的14.31%，对欧贸易顺差7756亿元，扩大了4.98%；中美双边贸易总值为34092亿元，增长5.42%，占我外贸总值的12.90%，对美贸易顺差14564亿元，扩大了8.66%；与东盟双边贸易总值为29506亿元，增长7.11%，占我外贸总值的11.16%，对东盟贸易顺差3918亿元，扩大了4.82%；中日双边贸易总值为19214亿元，下降了1%，占我外贸总值的7.27%；中韩双边贸易总值为17839亿元，增长了4.75%，占我国外贸总值的6.75%；与俄罗斯贸易总值为5852亿元，增长了5.67%，占我国外贸总值的2.21%；与印度贸易总值为4336亿元，增长了6.79%，占我国外贸总值的1.64%。

长三角地区进出口总额共13855.32亿美元，增长4.33%，占全国比重32.07%。其中上海市进出口总额4666.22亿美元，增长5.6%；浙江进出口总额3551.5亿美元，增长5.8%%；江苏省进出口总额5637.6亿美元，增长2.3%。

二、水运货运量增幅减缓，周转量增幅扩大

2014年，全国完成水运货运量58.22亿吨，同比增长6.8%；完成货物周转量97505亿吨公里，同比增长16%。长三角地区完成水路货运量18.55亿吨，与去年基本持平，占全国比重为31.86%，较去年同期降低了5.79%；水路货物周转量完成37537.9亿吨公里，同比增长15.92%。其中上海市完成水路货运量4.66亿吨，同比下降0.2%，完成货物周转量21885.4亿吨公里，同比增长30.6%；浙江省完成水路货运量6.54亿吨，同比下降3.2%，完成货物周转量7906亿吨公里，同比增长7.5%；江苏省完成水路货运量7.35亿吨，同比增长5.9%，完成货物周转量7746.5亿吨公里，同比增长4.2%。

三、港口货物吞吐量增速放缓

2014年，全国规模以上港口完成货物吞吐量111.6亿吨，同比增长4.8%。低于2009～2013年11.22%的平均增速。其中沿海港口完成77.70亿吨，同比增长6.8%；内河港口完成33.90亿吨，同比增长1.7%。长三角地区主要港口全年共完成货物吞吐量36.42亿吨，同比增长5.69%，长三角地区主要港口货物吞吐量占全国规模以上港口比重与去年同期相比稍微下降，为32.63%。长三角地区港口在我国经济和港口航运发展中继续保持特别重要的地位和作用。

上海港完成货物吞吐量7.55亿吨，同比增长-2.64%。浙江省主要港口完成货物吞吐量11.67亿吨，同比增长16%。江苏省主要港口完成货物吞吐量17.2亿吨，同比增长3.37%。长三角地区的主要港口中，台州港和温州港的增速在7%以上，上海港和江阴港均同比下降，扬州、苏州、太仓、常熟等港增长势头迅猛。湖州港同比下降最多，达到44.57%。各港情况见图1。

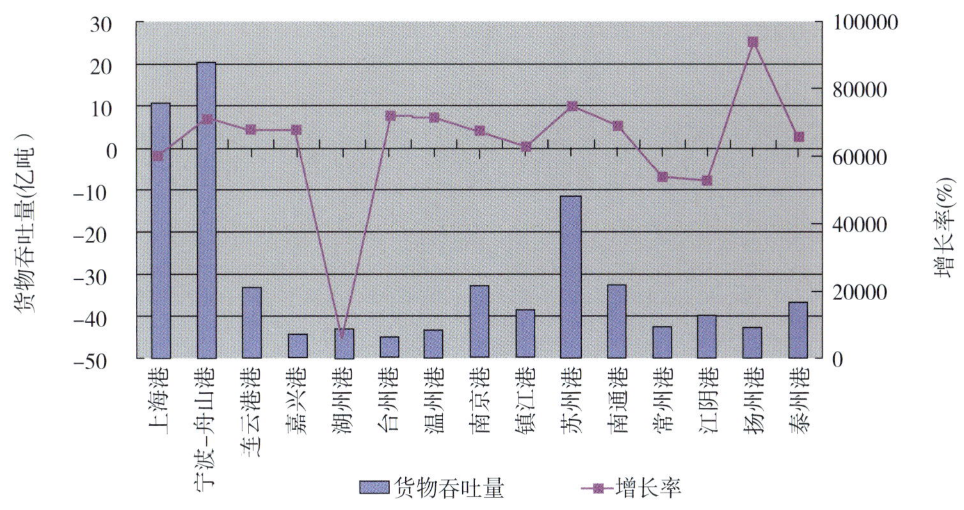

图1　2014年长三角地区主要港口货物吞吐量及增长率

四、港口外贸货物吞吐量增幅放缓

2014年，全国规模以上港口完成外贸货物吞吐量35.2亿吨，同比增长5.9%，高于2009～2013年平均增速4.24个百分点；内贸货物吞吐量76.4亿吨，同比增长4.53%。长三角地区主要港口外贸货物吞吐量保持稳步增长，共完成11.90亿吨，同比增长5.03%，占全国规模以上港口比重较去年同期略微下降，达到34%。上海港完成3.82亿吨，同比增长1.33%；浙江省主要港口完成4.41亿吨，同比增长8.35%；江苏省主要港口完成3.67亿吨，同比增长4.86%。

有5个港口增幅较大，其中扬州港增幅最大，达到48.29%以上，湖州港、太仓港和泰州港超过20%，苏州港超过15%。各港情况见图2。

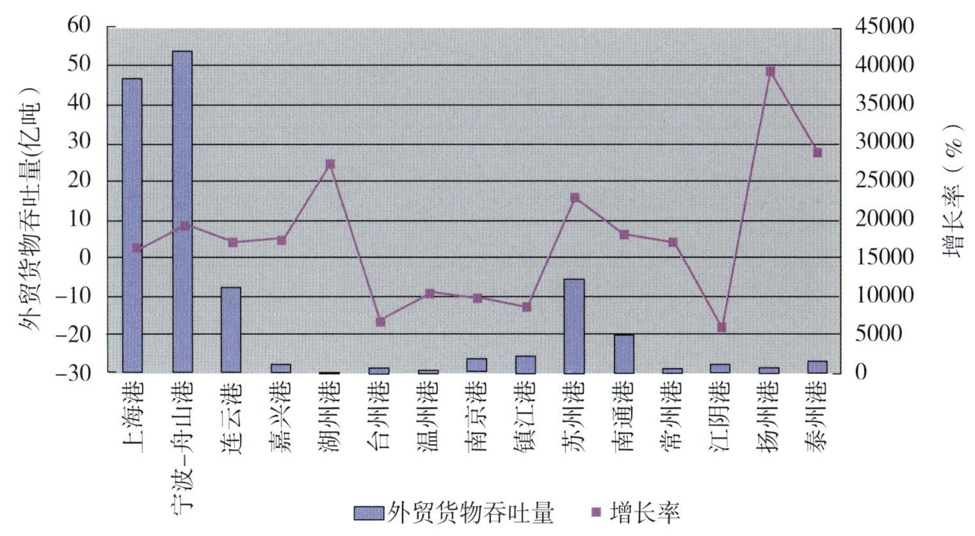

图2　2014年长三角地区主要港口外贸货物吞吐量及增长率

五、港口集装箱吞吐量平稳增长

2014年，全国规模以上港口完成集装箱吞吐量2亿TEU，同比增长6.1%。长三角地区主要港口完成集装箱吞吐量7154.58万TEU，同比增长3.38%，占全国规模以上港口总量比重达35.77%。上海港完成3528.5万TEU，同比增长4.96%，集装箱吞吐量继续保持世界第一。浙江省主要港口集装箱吞吐量完成2148.47万 TEU，同比增长12.50%。江苏省主要港口集装箱吞吐量完成1477.61万TEU，同比增长-10.39%。上海国际航运中心长三角地区各港口集装箱吞吐量实现了平稳增长，总体上保持了良好的增长态势，增幅超过10%的港口有6个。其中湖州港增速最快，同比增长39.94%以上，苏州港、常州港的增幅在20%以上，舟山、嘉兴、南通港的增速也在10%以上，南京港增长缓慢。各港情况见图3。

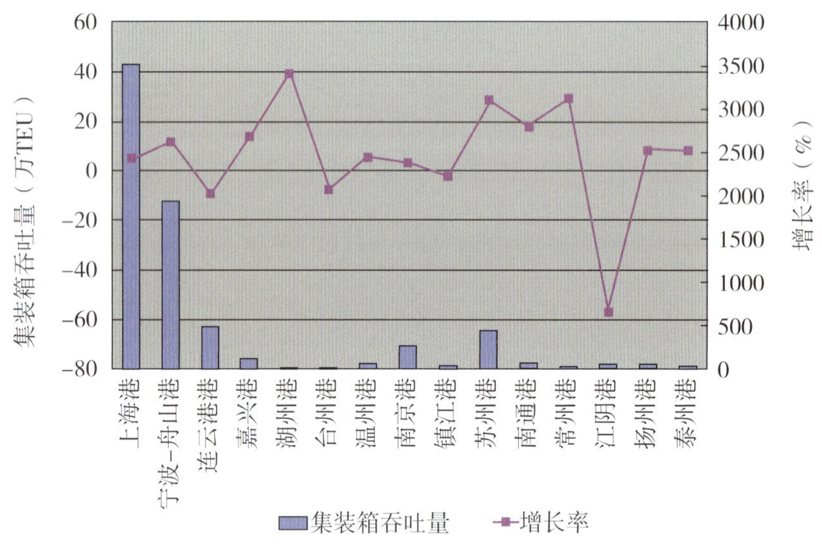

图3 2014年长三角地区主要港口集装箱吞吐量及增长率

六、2015年港口经济发展形势展望

2015年，上海国际航运中心建设各项工作继续全面有序推进，长三角港口经济运行将继续保持良好态势，借助长江经济带、“一带一路”和海运强国等国家战略的东风，预计长三角地区规模以上港口货物吞吐量将达到38.6亿吨，外贸货物吞吐量将达到12.5亿吨，集装箱吞吐量将突破7397万TEU。上海港集装箱吞吐量仍将保持世界第一，有望完成3704万TEU，上海国际航运中心的国际地位将进一步提升，国际竞争优势继续增强。

上海组合港管理委员会办公室将继续与长三角地区各港航管理部门、企业、中介组织一起认真贯彻落实中央和交通运输部的精神，围绕两省一市经济发展中心，密切关注国内外经济发展形势，利用长江经济带、“一带一路”国家战略带来的机遇，研究经济发展形势和港航业发展态势，以科学发展为主题，以加快港航发展方式转变为主线，加快港航转型升级，加快政策创新和突破，着力推进上海国际航运中心建设，促进港港、港航加强业务融合，希望有关单位积极支持我办的经济分析和政策研究工作，共同为上海国际航运中心建设和长三角地区以及长江流域经济协调发展做出新的贡献。

（上海组合港管理委员会办公室）

专题5

2014年三峡坝区通航情况分析

2014年，三峡通航经历了大风大雾恶劣气候、秋汛期大洪水、葛洲坝二号船闸停航检修等考验，三峡船闸、葛洲坝船闸运行正常，航道维护和锚地停泊服务良好，三峡坝区通航总体安全、平稳、有序。三峡船闸通过量、过闸货运量、过闸客运量、滚装翻坝车次均实现了同比增长。三峡船闸通过量为1.19亿吨（含客船换算1031万吨），同比增长13.0%。2014年三峡过坝运输情况见表1。

三峡过坝运输统计表　　表1

	三峡船闸闸次	船舶艘次	过闸货运量（万吨）	其中上行货运量（万吨）	过闸客运量（万人次）	集装箱量（万TEU）	滚装车次（万车次）	过坝货运量（万吨）
2014年	10794	44458	10898	6147	52.1	73.0	32.7	12043
2013年	10770	45669	9707	6029	43.2	60.5	29.0	10722
同比	0.2%	-2.7%	12.3%	2.0%	20.5%	20.7%	12.7%	12.3%

一、2014年三峡船闸过闸统计分析

（一）过闸船舶吨位分析

过闸船舶大型化趋势明显，2014年过闸船舶3000吨以上船舶艘次所占比例达57.04%，5000吨以上船舶艘次所占比例达31.64%，货运船舶平均额定吨位3846吨。

三峡船闸过闸船舶额定载重吨位比例统计表　　表2

吨位级别	1000吨以下	1001至3000吨	3001至5000吨	5001吨以上	艘次合计
2014年（艘次）	4038	15062	11292	14066	44458
所占比例	9.08	33.88%	25.40%	31.64%	100.00%
2013年（艘次）	4430	15583	11874	13782	45669
所占比例	9.70%	34.12%	26.00%	30.18%	100.00%

（二）过闸货运情况分析

2014年，过闸货运量同比增长12.3%，主要原因有三点：一是国家实施长江经济带战略，对中西部地区特别是长江上游地区基础设施建设力度加大，黄砂、碎石、水泥以及钢材等建筑材料运输需求持续增长；二是上游地区各省市大力推动产业布局向沿江地区集聚，制造业、建筑业、采掘业和外贸产业发展较快，集装箱、矿石、石油及其制品运输需求保持较高增速；三是交通运输部加快推进长江干线船型标准化，过闸船舶3000吨级、5000吨级以上船舶比例明显提高，水运运输能力进一步提升。

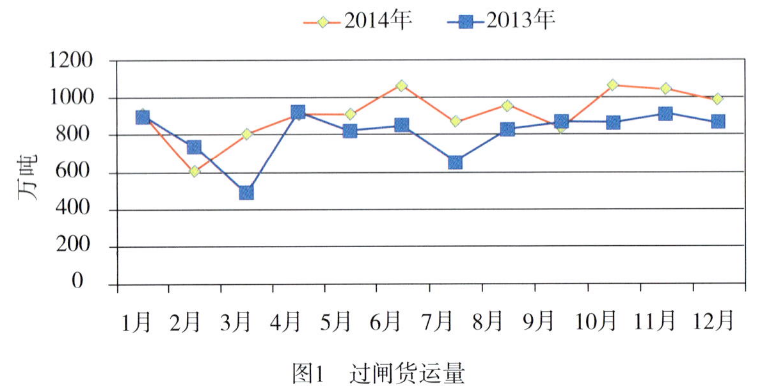

图1　过闸货运量

1. 上下行过闸货运量分析

2014年，上、下行货运量比例为5.6：4.4。1月，上行货运量比例为68.0%；2～9月，三峡船闸上下行货运量不平衡比例逐步缩小，主要是矿建材料下行运量有较大幅度增长，以及非金属矿石、水泥等货物下行货物量有一定幅度增加；10～12月，上行货运量比例有所增长。

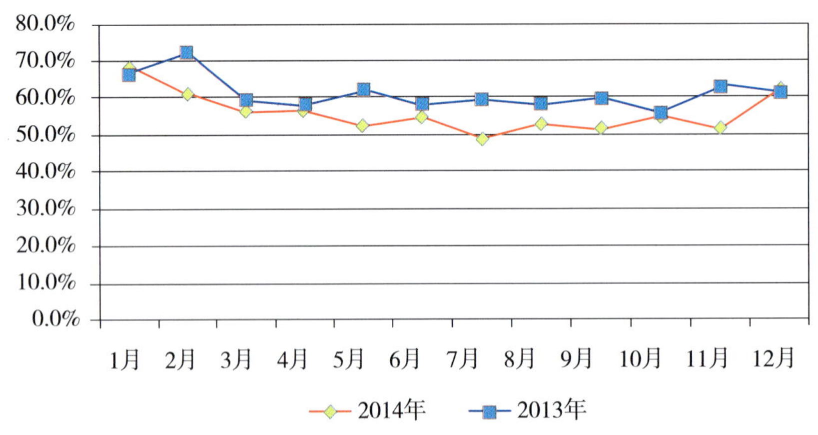

图2　上行过闸货运量比例

2. 过闸主要货种分析

2014年，三峡船闸过闸货物主要为矿建材料、矿石、集装箱、钢材、煤炭、石油及水

泥等，分别占过闸货运量的比例为29.6%、21.2%、10.5%、8.1%、7.7%、4.6%和3.85%。

（1）矿建材料

过闸矿建材料3228万吨，同比增长26.0%，其中上行2160万吨，同比下降1.0%；下行1068万吨，同比增长61.8%。

（2）矿石

过闸矿石2312万吨，同比增长15.3%，其中金属矿石1013万吨，同比下降5.1%，流向主要为上行；非金属矿石1299万吨，同比增长38.8%，流向主要为下行。

（3）集装箱

过闸集装箱73万TEU，同比增长20.7%，其中上行38万TEU，同比增长24.2%；下行35万TEU，同比增长16.7%。

（4）钢材

过闸钢材887万吨，同比增长11.7%，其中上行616万吨，同比增长22.2%；下行271万吨，同比下降6.5%。

（5）煤炭

过闸煤炭835万吨，同比下降30.3%，其中上行370万吨，同比下降1.1%；下行465万吨，同比下降43.6%。

（6）石油

过闸石油506万吨，同比下降3.9%，其中上行439万吨，同比下降13.8%；下行67万吨，同比增长294.1%。

（7）水泥

过闸水泥货420万吨，同比增长66.7%，其中上行9万吨，同比增长50.0%；下行411万吨，同比增长67.1%。

（三）过闸客运情况分析

2014年，过闸客运量同比增长20.52%，主要是由于三峡大坝景区对国内游客取消门票，及旅游船公司积极调整优化游览景点和路线等，促进了旅游业发展，过闸客运量增长。

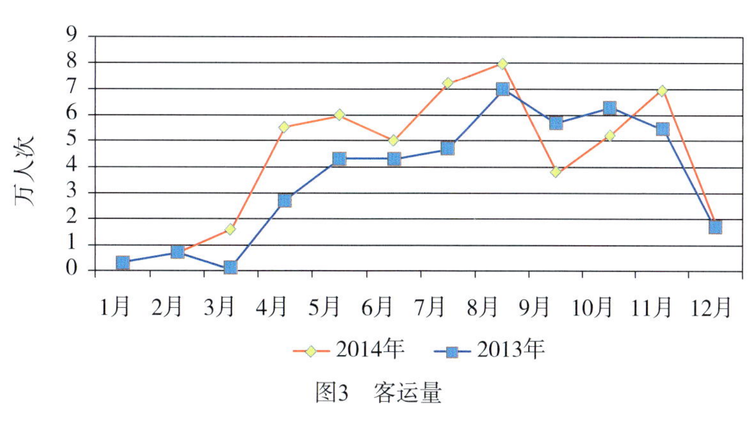

图3　客运量

二、三峡坝区滚装运输情况

2014年，三峡坝上滚装专用码头进出滚装船舶8962艘次，326587车次，换算货运量1143.1万吨。滚装船舶艘次同比上升17.15%；滚装车次和滚装货运量同比增长12.55%。滚装车次同比上升主要原因是郭家沱至宜昌滚装航线运价优惠政策、三峡翻坝专用公路降低收费标准以及新开通试运营库区忠县周家溪滚装码头。

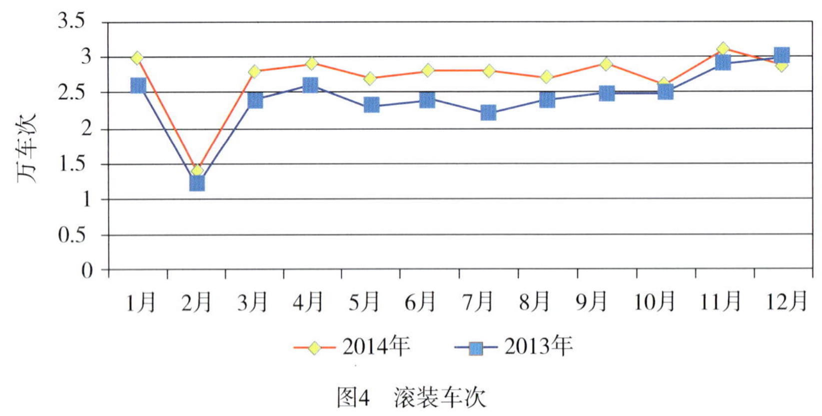

图4　滚装车次

三、三峡坝区船舶滞留情况分析

2014年，受船闸检修、大流量、大风大雾恶劣气候等影响，过闸船舶平均待闸时间为40.2小时，同比下降1%。待闸时间略有下降的主要原因是葛洲坝二号闸检修首次安排在春节期间开始，船闸检修对长江航运影响较小，三峡坝区通航形势较为平稳；同时主汛期大流量水情次数相对少，持续时间短，也是过闸船舶待闸时间同比下降的原因之一。

1月，三峡坝区通航形势平稳，过闸船舶平均待闸时间为38.8小时；2月5日0时至2月24日24时葛洲坝二号船闸停航检修，三峡坝区待闸船舶开始增加，至2月24日达到最高327艘次，检修期间三峡坝区日均待闸船舶221艘次，2月日均待闸船舶194艘次，平均待闸时间47.5小时；3～4月，受大风大雾恶劣气候影响，葛洲坝船闸、三峡船闸多次控制性运行，导致待闸船舶增加，待闸船舶艘次居高不下，3月、4月日均待闸船舶分别为151艘次和189艘次，过闸船舶平均待闸时间分别为27.4小时和31.2小时；5～8月，坝区来船迅速增加，过闸船舶平均待闸时间分别为33.0小时、31.6小时、30.5小时、32.0小时；9月，因大流量三峡船闸停航度汛，过闸船舶平均待闸时间进一步延长至52.8小时；10月，入库流量趋于平稳，过闸船舶平均待闸时间为36.2小时；11月、12月,因过闸需求旺盛，来船持续增多，三峡船闸通过能力不足进一步显现，过闸船舶平均待闸时间分别延长至60.9小时和55.5小时。

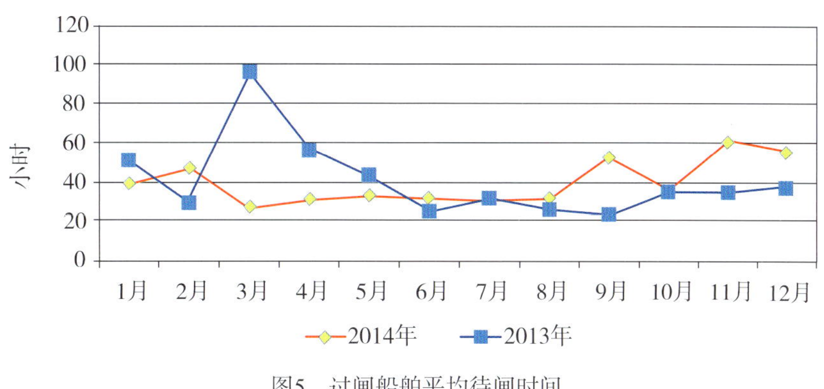

图5 过闸船舶平均待闸时间

四、主要结论

（1）三峡船闸运行总体正常高效。日均运行30.4闸次，最高日运行35闸次，均创下历史最高水平。

（2）过闸船舶大型化趋势明显。3000吨以上船舶艘次所占比重大幅增加。过闸船舶3000吨以上船舶艘次所占比例达57.04%，过闸货运船舶平均吨位达3846吨。

（3）船舶装载率有所提高。下行过闸船舶装载率大幅增加至59.6%（2013年为45.1%），上行船舶装载率75.8%（2013年为74.9%）。

（4）上游地区外运非金属矿石及矿建材料增加。2014年下行过闸的非金属矿石及矿建材料等货物增长明显，上下行货物比例为1.29：1（2013年为1.64：1），上下行货运有趋于平衡的趋势。

（5）三峡库区滚装运输发展良好，滚装船和滚装车辆均有一定幅度的增长。

（6）日均待闸船舶艘次、待闸时间进一步增加。三峡船闸通过能力不能满足旺盛的过闸需求，三峡枢纽通过能力供需矛盾进一步突显。

五、三峡坝区通航形势展望

2015年，三峡通航面临着安全管理更大困难、通航环境更加复杂、沿江地区更高需求等艰巨的挑战：

一是三峡河段大风大雾等恶劣天气出现频度和强度明显增加，两坝间汛期通航水流条件十分复杂，液货危险品过闸需求进一步增长，大型船舶比例已超过50%，保障通航安全的压力进一步增加。

二是两坝船闸通过能力已趋饱和，船舶过坝供需矛盾依旧突出。两坝船闸已处于满负荷运行状态，挖潜空间有限，但过坝货运需求持续增长。初步预测，2015年三峡过坝货运需求约1.4亿吨左右，船舶过坝供需矛盾进一步突现，船舶待闸时间预计会进一步延长，通航组织、船闸运行、锚地管理等面临更大压力和严峻考验。

三是三峡船闸相关设备已经进入正常的故障维修更换期，船闸检修期间通过能力严重不足。2月24日至3月16日，三峡南线船闸将进行停航大修，届时三峡船闸通过能力严重不足，大量船舶将滞留三峡坝区水域，通航保障任务将十分繁重。

四是随着国家长江经济带战略的深入实施，沿江各省市进一步推动水运加快发展，大力引导和推进产业布局向沿江地区集聚，沿江各省市对于保障重点物资畅通高效过坝的要求进一步提高。

总体来看，2015年三峡坝区通航形势仍将十分严峻，船舶过坝供需矛盾将更加突出，船舶滞留已呈常态化，船舶待闸时间将进一步延长，通航供给能力已显不足，通航安全管理与运输组织保障的任务日益繁重。

（长江航务管理局长江三峡工程航运办公室）

专题6

2014年长江上游航运市场集中度

市场集中度是对整个行业的市场结构集中程度的测量指标，用来衡量企业数目和相对规模的差异，反映市场的竞争性和垄断性。2014年，长江上游航运市场除集装箱、化危品、豪华邮轮运输市场集中度较高外，干散货、载货汽车滚装运输市场集中度较低。

一、总体情况

2014年，在全国经济进入新常态的背景下，长江上游航运企业的生存状态、生存环境面临新的机遇和挑战。市场集中度是对整个行业的市场结构集中程度的测量指标，用来衡量企业数目和相对规模的差异，是市场势力的重要量化指标，反映了市场的竞争性和垄断性。较高的市场集中度可使行业内形成统一的价格机制和其他准则，使企业在合作的前提下实现共赢，但过高的市场集中度又可能导致反竞争的垄断行为，不利市场和企业的发展。

本篇采用赫芬达尔·赫希曼指数（HHI）（简称赫芬达尔指数）对长江上游航运市场集中度进行分析，即：$HHI=a^2+b^2+c^2+d^2$（a，b，c，d是市场份额前四位企业占行业总量的百分比）。如果HHI大于1000，可以认为市场“集中化”；如果HHI大于1800，可以认为市场“高度集中化”。

二、运量集中度

（一）干散货运输

2014年，长江上游地区干散货运输市场总运量为7200万吨，市场份额排名前四位的航运企业总运量占比为17.64%，干散货运输市场运量HHI值为109，企业高度离散，市场中无统一的行业准则，整个市场处于无序竞争的情形。

干散货运输运量集中度　　表1

企业名称	运量占比	HHI 值
长航重庆货运分公司	8.33%	109
重庆河牛滚装船运输有限公司	5.74%	
重庆巨航实业有限公司	2.25%	
重庆渝扬实业有限公司	1.32%	
合计	17.64%	

（二）集装箱运输

2014年，长江上游地区集装箱运输市场总运量为94.2万TEU，市场份额排名前四位的航运企业总运量占比为74.68%，集装箱运输市场运量HHI值为1639，市场集中化程度高，龙头企业在市场有主导权，但中小型企业在市场也具有一定竞争能力，市场保持合理竞争态势。

集装箱运输运量集中度　　表2

企业名称	运量占比	HHI 值
民生轮船股份有限公司	31.84%	1639
重庆轮船（集团）有限公司	16.39%	
重庆长江轮船公司	15.01%	
上海泛亚航运有限公司	11.44%	
合计	74.68%	

（三）化危品运输

2014年，长江上游化危品运输市场总运量为795万吨，市场份额排名前四位的航运企业总运量占比为68.29%，化危品运输市场运量HHI值为1536，市场集中化，大型企业在市场处于举足轻重的地位。

化危品运输运量集中度　　表3

企业名称	运量占比	HHI 值
重庆泽胜船务（集团）有限公司	32.7%	1536
重庆新金航船务股份有限公司	14.72%	
重庆三益物流股份有限公司	14.47%	
重庆凯美特航运有限公司	6.4%	
合计	68.29%	

（四）豪华邮轮旅游

2014年，长江上游豪华邮轮运输市场总运量为 58万人次，市场份额排名前四位的航运企业总运量占比为84.48%，豪华邮轮市场运量 HHI值达到1865，市场呈现高度集中化趋势。

豪华邮轮运输运量集中度　表4

企　业　名　称	运量占比	HHI　值
重庆长江黄金游轮有限公司	28.45%	1865
重庆新世纪游轮有限公司	20.86%	
重庆东江实业有限公司	18.62%	
武汉扬子江游船有限公司	16.55%	
合计	84.48%	

（五）载货汽车滚装运输

2014年，长江上游载货汽车滚装运输总运量为344754辆次，市场份额排名前四位的航运企业总运量占比为46.6%，载货汽车滚装运输市场运量HHI值为544，市场较为分散。

载货汽车滚装运输运量集中度　表5

企　业　名　称	运量占比	HHI　值
宜昌江顺滚装船运输有限公司	12.5%	544
宜昌长舟船运公司	11.8%	
宜昌三通航运公司	11.5%	
重轮集团罗诺分公司	10.8%	
合计	46.6%	

三、运力集中度

（一）干散货运输

2014年，长江上游干散货运输市场总运力为570万载重吨，市场份额排名前四位的航运企业总运力占比为20.34%，干散货运输市场运力HHI值仅为126，市场运力集中度极度分散。

干散货运输运力集中度　表6

企　业　名　称	运量占比	HHI　值
长航重庆货运分公司	8.30%	126
重庆河牛滚装船运输有限公司	6.14%	
重庆巨航实业有限公司	3.82%	
重庆渝扬实业有限公司	2.08%	
合计	20.34%	

（二）集装箱运输

2014年，长江上游集装箱运输市场总运力为72994TEU，市场份额排名前四位的航运企业总运力占比为61.13%，集装箱运输市场运力HHI值 为961，接近1000，市场处于集中化。

集装箱运输运力集中度　　表7

企　业　名　称	运量占比	HHI　值
民生轮船股份有限公司	19.73%	961
上海泛亚航运有限公司	14.42%	
重庆轮船（集团）有限公司	13.56%	
重庆长江轮船公司	13.42%	
合计	61.13%	

（三）化危品运输

2014年，长江上游化危品运输市场总运力为60.7万载重吨，市场份额排名前四位的航运企业总运力占比为90.10%，化危品运输市场运力HHI值为2526，运力市场同样高度集中化。

化危品运输运力集中度　　表8

企　业　名　称	运量占比	HHI　值
重庆泽胜船务（集团）有限公司	38.21%	2526
重庆新金航船务股份有限公司	26.36%	
重庆三益物流股份有限公司	16.52%	
重轮集团凯美特航运公司	9.9%	
合计	90.10%	

（四）豪华邮轮运输

2014年，长江上游豪华邮轮运输市场总运力为13471客位，运力份额排名前四位的航运企业总运力占比为69.75%，豪华邮轮运输市场运力HHI值为1321，市场运力集中度水平处于合理区间。

豪华邮轮运输运力集中度　　表9

企　业　名　称	运量占比	HHI　值
重庆长江黄金游轮有限公司	26.14%	1321
重庆新世纪游轮有限公司	16.18%	
武汉扬子江游船有限公司	14.02%	
重庆东江实业有限公司	13.41%	
合计	69.75%	

（五）载货汽车滚装运输

2014年，长江上游载货汽车滚装运输总运力为4182车位，市场份额排名前四位的航运企业总运力占比为40.87%，载货汽车滚装运输运力HHI为425，运力市场同运量市场同样处于高度离散化。

载货汽车滚装运输运力集中度　表10

企业名称	运量占比	HHI值
宜昌江顺滚装船运输有限公司	11.41%	425
宜昌长舟船运公司	11.41%	
宜昌三通航运公司	10.02%	
重轮集团罗诺分公司	8.03%	
合计	40.87%	

四、发展特点

（一）干散货航运企业普遍缺乏市场主导权和话语权

近年来，长江航运市场竞争愈发激烈，航运企业分化趋势明显，竞争形态发生重大变化。随着市场环境的变化，特别是干散货中小型航运企业，由于缺乏市场主导权和话语权，被淘汰出局难以避免，下一步应注重培育行业主导权和话语权，规模化经营，实现可持续健康发展。

（二）专业化运输市场发展方向仍需研究

集装箱、化危品、滚装运输等专业化运输价格较高，属高附加值运输方式，经营效益较好，但存在行业准入门槛高、运力审批严、市场容量有限、发展空间不明确等问题，专业化运输应适度发展，并积极拓展中下游市场，将是今后发展的重点方向。

（三）航运龙头企业和合作联盟尚未形成

目前，航运企业各自为政、单打独斗现象普遍存在，需要采用重组、合并等方式进行资源整合、结构调整，着力发展一批自主创新能力强、处于行业领先水平的航运龙头企业，发挥龙头企业的主导和示范作用。同时，通过联盟的形式合作经营、合作航线建立价格联盟，形成一定的主导权，带动更多航运企业共同发展，提高航运核心竞争力。

（四）集装箱、化危品、豪华邮轮等运输市场缺乏价格协调机制

集装箱、化危品、豪华邮轮等运输市场高度集中，但是，由于未充分利用市场高度集中的优势，航运企业间没有形成合理的价格协商机制，存在运输价格下滑趋势，企业效益不佳，下一步需要尽快建立价格协调机制，进一步提高市场话语权和定价权，扭转市场集中度较高但企业效益不佳的局面。

（重庆航运交易所）

专题7

2014年长江口航道建设、养护与管理情况

经过十三年艰苦建设，长江口12.5米深水航道治理工程于2011年5月18日通过国家竣工验收转入正常运行期。2014年，长江口航道管理局在交通运输部的正确领导下，以《全国航道管理与养护发展纲要（2011–2015）》为指导，以交通运输部下达的年度养护计划和预算，以及《交通运输部长江口航道管理局"十二五"发展规划》为依据开展工作，全力确保航道水深总体维护情况良好,保证了12.5米深水航道通航深度保证率95%以上，为长三角及长江沿线地区社会经济发展做出了贡献。

一、长江口航道发展规划

根据交通运输部2010年批复的《长江口航道发展规划》（交规划发[2010]435号），长江口航道的发展将按照建设畅通、高效、平安、绿色现代化长江水运体系的总体要求，力争用10~20年的时间，建成以长江口主航道为主体，北港、南槽、及北支等航道组成的安全畅通、保障有力的现代化长江口航道体系。重点发展"一主两辅一支"航道，其中：

"一主"指长江口主航道，由长江口深水航道（南港北槽航道）、南港航道、南支航道组成，是长江干线航道的组成部分和长江口航道的主体，是大宗散货海进江中转系统的重要基础设施，为大型集装箱船、干散货船和油船进出长江服务。主航道将满足5万吨级集装箱船（实载吃水11.5米）全潮、5万吨级散货船满载乘潮双向通航，兼顾10万吨级集装箱和10万吨级散货船及20万吨级散货船减载乘潮通航要求，规划尺度12.5米×（350~460米）（水深×航宽，下同）。

"两辅"指北港航道（包括横沙航道）和南槽航道，是长江口航道的重要组成部分，其中北港航道主要为5万吨级以下大中型船舶进出长江服务；南槽航道主要为小型船舶、空载大型船舶服务。北港航道将满足3万吨级集装箱（实载吃水11米）乘潮通航及5万吨级散货船减载乘潮通航要求，规划尺度10米×300米；横沙航道，规划按通航5万吨

级船舶控制，近期为3000吨级船舶的双向航道。南槽航道将满足万吨级船舶乘潮通航要求，规划尺度8米×250米。

“一支”指北支航道，主要为海门、启动、崇明等地临港工业和经济发展服务。北支航道近期将利用自然水深通航，今后根据河势演变、治理工程情况和经济发展需要，进一步研究其规划尺度。

二、长江口航道发展现状

在规划的“一主两辅一支”的长江口航道体系中，目前经过治理并开展人工维护的航道主要有长江口12.5米深水航道（主航道）和长江口南槽5.5米航道两条，长江口北港航道和北支航道将根据经济社会的发展需求进行治理开发。

（一）长江口12.5米深水航道（主航道）

长江口航道管理局管辖范围内的长江口12.5米深水航道上起长江浏河口，下至长江口灯船，全长125.2公里，底宽350~460米，深度12.5米（当地理论最低潮面以下，下同）。主要通过长江口深水航道治理一、二、三期工程，长江口南北港分汊口河段新浏河沙护滩及南沙头通道潜堤工程（简称南北港分汊口工程），长江口12.5米深水航道向上延伸工程（简称12.5米向上延伸工程）等实施建成（详见表1），同步还建成了航道整治建筑物182.865公里（其中有23公里在2012年后被上海市横沙东滩促淤圈围造地项目的设施覆盖）。

（二）长江口南槽5.5米航道

长江口南槽5.5米航道上起圆圆沙灯船、下至南槽灯船，全长86公里，底宽250米，水深5.5米。主要通过2013年2月~5月实施的长江口南槽航道疏浚工程建成，该工程对南槽拦门沙浅段约15公里区域进行了疏浚，于2014年8月通过竣工验收。

长江口深水航道建设工程一览表　　表1

项　目	堤坝长度（公里）	航道里程（公里）	水深（米）	养护开始时间
一期工程	75.11	51.77	8.5	2001.07
二期工程	66.374	74.471	10	2006.05
三期工程	27.681	92.2	12.5	2011.05
南北港分汊口工程	11	—	—	2012.05
12.5米向上延伸工程	2.7	33	12.5	2013.01
南槽航道疏浚工程	—	86	5.5	2014.09
合计	182.865	211.2	—	—

三、2014年度长江口航道建设情况

2014年，长江口航道主要完成的航道基本建设项目是长江口南槽航道疏浚工程，该工程是2013年的延续项目，于2014年8月通过竣工验收，主要工程内容是对南槽拦门沙浅段约15公里区域进行疏浚，疏浚航道底宽250米，同时调整完善该区域航标。该工程完成后建成了全长86公里，底宽250米，水深5.5米的长江口南槽航道。

四、2014年长江口航道管理与养护工作情况

（一）养护范围、标准和内容

1. 养护范围

长江口12.5米深水航道125.2公里（浏河口至长江口灯船）；南槽航道养护里程86.0公里（圆圆沙灯船至南槽灯船，自2014年9月起养护）。整治建筑物总长182.865公里（其中2013年起需养护长度调整为159.865公里）。

2. 养护内容

航道维护性疏浚、航道整治建筑物维护、航道测量监测与试验研究、工作船舶和基地维护管理等。

3. 养护标准

（1）长江口12.5米深水航道

维护尺度：维护长度125.2公里，维护深度12.5米（当地理论最低潮面下，下同），维护底宽350~460米。

航道维护类别：一类。

航道通航深度保证率：不低于95%。

（2）南槽5.5米航道

维护尺度：维护长度86公里，维护深度5.5米，维护底宽250米。

航道维护类别：一类。

航道通航深度保证率：不低于90%。

（3）航道整治建筑物维护

根据监测结果对整治建筑物技术状况进行评价并对损坏部位进行修复，及时排除安全隐患，保证整治建筑物技术状态良好、功能发挥正常。

（4）开展航道测量监测与维护性试验研究工作，有效指导航道养护；开展工作船舶和航道生产基地的维护管理，满足航道养护工作需要。

（二）养护工作中的主要成绩

1. 12.5米深水航道得到有效维护，通航保证率维持在95%以上

长江口12.5米深水航道治理工程于2011年5月18日通过国家竣工验收转入正常运行

期。12.5米深水航道通航深度保证率始终保证在95%以上，为长三角及长江沿线地区社会经济发展做出了贡献，产生了巨大的经济和社会效益："十二五"期通过长江口的货物吞吐量、集装箱吞吐量持续攀升，有力促进了上海国际航运中心建设，并带动江苏沿江港口建设和社会经济的迅猛发展。

2. 保障整治建筑物功能正常发挥

为建设长江口深水航道，自1998年至2010年陆续在长江口南支、南港、北槽河段建设了总长约182.865公里的整治建筑物（目前仍在维护的整治建筑物总长约160公里）。受风浪、潮流等自然因素和渔船打桩布网、船舶抛锚、搁浅、撞击等人为因素影响，整治建筑物的损坏时有发生。

为切实做好整治建筑物的维护管理工作，2011年起初步建立了适合长江口航道管理体制的整治建筑物维修管理模式，做到"有隐患早发现、早处理"，确保整治建筑物发挥正常的整治功能。在该管理模式运行过程中，结合现场实际情况不断完善，以定期的维护监测为基本手段全面掌握整治建筑物的技术状态。

为能及时掌握整治建筑物总体情况，委托有关单位，每月开展整治建筑物的监测工作；在监测过程中发现整治建筑物局部有损坏的，委托有资质的设计单位开展修复设计工作；并根据国家有关规定通过公开招标选择施工单位开展修复工作。

通过上述工作，确保了整治建筑物"导流、挡沙、减淤"三大功能的正常发挥。

3. 初步建立适应长江口航道养护特点的招标模式

"保畅通"是深水航道维护的基本目标，为此在制订深水航道维护招标方案时，针对长江口深水航道回淤分布在时空上高度集中、回淤量无法准确预测的实际，强调了要确保回淤高峰期、回淤峰值区段有足够的大型耙吸船的投入，且维护力量能根据回淤强度的变化在航道纵向各段和时间上动态调度；还考虑需要适应目前国内疏浚市场状况、增加竞争性，慎重确定采用了将标段划分为全年保航道畅通基本责任的基本标加洪季台风季节增加主力船舶投入的季节性标的招标方式。

通过采用船方计量为基础的基本标加季节性标的招标方式，确保了长江口回淤高峰季节大型主力船机设备的投入，并为应对航道回淤分布在时空上高度集中的实际而动态调整施工力量创造了条件，同时也为自有耙吸船的施工调度、充分发挥其能力、降低维护费用创造了有利的局面。近几年航道维护实践表明，创新建立的长江口航道养护招标管理模式已日臻成熟，对保障航道水深起到了十分明显的作用。

4. 自有维护力量建设取得突破

"十二五"期完成了两艘长江口航道专用耙吸挖泥船、一艘航政巡逻船，以及横沙和外高桥生产基地的建设；完成一艘拖轮和两艘自航泥驳的建设；基本建立与长江口航道相适应的船机装备和相关设施的建设、维护和管理模式；保障设施资产安全完整，确保船机设施完好率达到95%。同时积极探索长江口航道维护专用装备的施工管理模式，不间断跟踪分析船机使用情况，适时调整自有船机装备的管理模式，探索有利于发挥长江口航道维护专用装备最大效能的长效管理模式，形成了一整套自有船机装备的基本管理模式和管理制度，并积累了大量长江口航道施工经验。

5. 通过开展大量现场观测和试验研究，航道回淤原因分析和减淤措施研究取得进展

“十二五”期重点进行4项科研建设：一是制定5年科技总体计划；二是建立科技资源共享平台；三是扩大科技成果的交流和推广；四是力争将科研中心打造为长江口水域工程泥沙研究的权威机构。同时下大气力重点对深水航道回淤原因分析和减淤措施研究两方面进行攻关。

（1）开展大量现场观测和试验研究回淤原因分析

利用国内外先进的测流测沙设备，完善长江口现场水文、泥沙、地形监测的手段和方法，提升长江口现场复杂数据的获取能力，及时掌握长江口河床演变的动态。加强长江口水文、泥沙、波浪监测系统的现场维护，健全长江口水文、泥沙、地形资料数据库，提升长江口河床演变分析的能力和水平。优化长江口航道维护管理数学模型，完善潮流、波浪、盐度、泥沙和地形冲淤模块之间的耦合计算，提高计算模拟的精度和效率，加强模型在工程中的应用；进一步改善物理模型试验的方法和测控手段，提高了河口治理综合技术水平。

（2）着力开展减淤措施研究

制定并编制形成了《长江口12.5米深水航道维护期回淤原因及减淤措施研究工作总体计划（2013–2017年）》，获得部水运局批准实施后，安排和开展了相关的现场观测和试验研究工作。

2014年，在常态回淤原因研究成果提出的航道回淤原因及减淤思路的基础上，组织开展了减淤工程方案的研究，提出了先期实施北槽南坝田挡沙堤加高方案，该方案已通过部批准，计划于2015年实施。

6. 疏浚土利用取得突破

在部、市签订的《交通运输部、上海市政府加快推进国际航运中心建设深化合作备忘录》指引下，与上海市发改委、建交委等相关单位积极协调，探索疏浚土利用的合作模式，推动了横沙三期、横沙六期等吹填工程的实施。在横沙六期吹填工程实施中，探索并采用了“联合招标、委托管理”的合作模式，取得了成功。

截至目前，在长江口深水航道治理工程建设及维护过程中产生的约9亿方疏浚土中约3亿方通过设在北槽的四个吹泥站进行了疏浚土吹泥上滩，其中，约9300万方通过与上海市合作直接用于横沙东滩和浦东机场圈围工程吹填成陆。

已完成的横沙三期吹填造陆工程利用疏浚土近2700万方，形成陆域面积2.6万亩；正在实施中的横沙六期吹填造陆工程利用疏浚土近6400万方，将形成陆域面积4.84万亩；两工程合计可节约航道维护费用近9亿元。

7. 维护工程管理和施工工艺不断优化

结合长江口河势的演变规律，通过对航道回淤规律的深入分析和科学判断，提出有利于工程建设和维护的工程方案，同时优化疏浚施工工艺，不断提高疏浚效果：一是在枯季采用了延长航道扫浅时间间隔的管理措施；二是对北槽内吹泥站和抛泥区采取了抛泥时间限制措施，降低了耙吸船抛泥后疏浚土流失率；三是以减少大中型耙吸式挖泥船超挖量为目的的下耙深度超深控制措施；四是以提高扫浅效率和浮泥驱赶效率为目的的扫浅和浮泥驱赶工艺优化措施；五是大力开展耙吸装驳工艺研究和前期试验准备工作。

（三）航道管理和养护工作中需要解决的主要问题

1. 回淤量大，维护费用高

自2011年5月18日长江口深水航道治理三期工程竣工验收正式进入维护期，“保畅通”是航道维护的最大目标，长江口深水航道地处潮汐河口，航道的回淤量受径流和潮汐影响较大，航道回淤规律较为复杂，航道回淤具有年回淤总量大、回淤量季节性差异较大、回淤量沿程分布不均匀和台风、寒潮大风以及上游大流量等恶劣气候条件极易引起航道短期内高强度骤淤等特点，使得试通航以来航道回淤量一直处于高位，航道维护费用较高。

随着横沙东滩六期工程的完工，以及海洋局对抛泥区使用管理的严格化，泥土处理将更加困难，疏浚费用将大幅提高。因此，需通过减淤工程的实施，降低回淤量，控制航道维护费用，确保深水航道的安全畅通，持续为上海及沿江地区的经济发展做贡献。

2. 回淤原因分析和减淤措施研究还有待深化

受学科发展水平、研究技术手段以及现场观测手段的限制，长江口深水航道回淤原因和减淤方案研究是长期、渐进的过程，目前开展的回淤原因研究仍是阶段性的成果，还需要进一步提高技术手段、加强现场观测，不断加深认识，也需要得到部里的持续关注和支持，在航道养护项目中保障现场观测和相关科研的费用需求。

3. 疏浚土资源化、市场化利用有待突破

经过部多方推进和数个疏浚土利用项目的成功实践，近年来，上海市有关方面对将利用疏浚土作为上海吹填造地的首选项的意识已逐步增强，对其紧迫性和必要性的认识也逐步深化。

由于上海市在吹填造地项目建设、管理模式上的限制，客观上导致在造地项目规划、项目组织、资金投入等方面还未形成最有利于疏浚土综合利用的局面。同时，由于长江口航道疏浚土的产生存在时间和空间分布不均的特性，导致疏浚土利用上有施工量和施工季节的不确定性，而吹填造地工程的实施通常需要充足稳定的泥沙来源、平稳的施工效率和进度，也对充分利用疏浚土吹填造陆有一定的制约。此外，还由于吹填造地项目规模巨大，将在一定程度上改变长江口地貌格局，也会对长江口深水航道的维护产

生一定影响，评估相关影响需开展的研究工作较为复杂、周期较长，客观上也拖延了相关项目的审批进程。

4. 面向“十三五”期间的航道养护工艺和养护装备尚存不足

现阶段，长江口疏浚土利用主要采用吹泥站二次处理疏浚土的工艺，辅助以少量的耙吸船艏吹，该种工艺仅适用于横沙东滩圈围吹填造地工程。

随着2015年底横沙六期吹填造地工程的结束，其他正在开发建设或开展前期研究的吹填造陆项目，如横沙七期、横沙八期和南汇东滩促淤圈围工程等，除横沙七期外，都远离长江口深水航道，疏浚土的运距基本都在60公里及以上。因此，对于未来疏浚土的利用，现有耙吸船的挖运抛工艺是难以从工效、船机设备上满足要求的，单方疏浚土运至吹泥站的成本也将是上海市在经济上难以承受的；同时耙吸挖泥船挖泥产量也将降低，难以保障航道水深的有效维护。

耙吸装驳工艺将能够适应疏浚土远距离运输和利用的要求，施工效率高、费用经济，故面对2015年后，吹泥站将关停、大量疏浚土远距离外抛的紧迫形势，耙吸装驳工艺的试验实施显得尤为重要。研究成果表明，为使充分发挥其效率，在北槽下段深水航道30公里泥驳抛泥运距工况条件下，一艘耙吸船需配置4艘泥驳，而圆圆沙航道段和北槽上段平均运距达到约60公里，所需泥驳数量将达7艘，与目前已有的泥驳数量比较，还有较大缺口。

5. 整治建筑物维护监测制度尚不能完全满足要求

长江口深水航道的建设和维护，离不开整治建筑物“导流、挡沙、减淤”三大功能的正常发挥。在整治建筑物维护工作中，监测工作起到了十分重要的作用，是及时发现并掌握整治建筑物情况的重要手段。

由于监测工作本身存在着战线长（目前仍在维护的约160公里整治建筑物，分布在125公里深水航道沿线），易受风暴潮等自然条件影响，水体浑浊度大，可作业时间短，安全风险大等难点外，还在以下方面存在着不足：长期使用的水深测量、沉降位移观测和潜水探摸等三种方式，无论是单独使用，还是组合使用，在工作效率和成果精度等方面尚不能完全满足要求；监测制度尚不完善；整治建筑物附近的水流状况资料不足；经费受限。

五、长江口航道行政管理有效开展

在长江口管辖水域内的临跨拦河工程通航安全影响技术审查工作中，我局坚持做好审查工作符合规定流程，从航道资源保护、河势稳定的角度开展通航安全影响论证技术审查，做到零纰漏。牢固树立公仆意识，以部“三个服务”理念为指导，提高服务意识，主动为行政相对人排忧解难。“十二五”以来共审查临跨拦河工程10项。

在航政现场巡查执法工作中，针对非法采砂、违法倾倒、违规设置渔网三方面进行重点监管，主要通过与水务、海监、渔政、公安开展联合执法来查处违法案件，从而减少对航道、河势的破坏以及施工安全的影响，保护航道及航道资源。自“十二五”以来，共开展现场巡查181次，其中联合执法75次，联合执法中查处非法采砂10起，违法倾倒9起，违法案件均由相关执法部门处理。协调渔政部门处理违规设网影响施工安全情况31起。

（交通运输部长江口航道管理局）

专题8

"黄金水道通过能力提升技术"重大科技专项

2011年，为发挥科技的引领和支撑作用，促进内河水运现代化发展，交通运输部设立了"黄金水道通过能力提升技术"重大科技专项（以下简称"黄金水道重大专项"）。黄金水道重大专项由长江航务管理局牵头，汇聚了全国水运行业20多家知名高等院校和科研机构、近千名科研工作者，于2011年7月开始，开展了历时4年的技术攻关。

提升黄金水道通过能力是一个综合性系统工程，涉及航道、船舶、港口、支持保障系统等诸多因素。专项围绕制约黄金水道通过能力提升、迫切需要解决的通航条件及船型标准、航道系统整治、枢纽通航、信息服务与安全保障等方面关键技术难题开展研究，专项总研究经费12290万元，其中部拨经费7900万元，设置13个项目。

"黄金水道通过能力提升技术"项目设置情况表　　表1

项目序号	项　目　名　称	研　究　领　域
1	长江干线通航条件关键技术研究	通航及船型标准
2	长江和西江干线标准船型及设计关键技术研究	
3	长江上游水沙变化对中游航道影响研究	航道系统整治
4	河流水沙动力观测和模拟关键技术研究	
5	长江中游荆江河段航道系统治理关键技术研究	
6	长江福姜沙、通州沙和白茆沙深水航道系统治理关键技术研究	
7	长江高浊度河段航道淤积机理及近底水沙监测技术研究	
8	西江黄金水道通过能力提升关键技术研究	综合
9	复杂条件下三峡船闸通过能力提升技术研究	枢纽通航
10	长江黄金水道综合信息服务关键技术研究	信息服务与安全保障
11	长江黄金水道重点航段通航安全保障关键技术研究	
12	长江黄金水道危险品运输安全监管与应急反应关键技术研究	
13	内河船舶污染综合防治技术研究	

一、研究背景

面对新的发展形势，长江及西江黄金水道的通过能力与航运旺盛的需求存在诸多不相适应的方面，突出表现在：一是航道及枢纽的通过能力不足；二是船型发展与内河水运基础设施不匹配；三是航运安全保障及应急反应能力有待提高；四是相对较低的航运信息化水平制约了运输效率的提升。要推动内河水运现代化发展，必须发挥科技的引领和支撑作用，急需用科技的手段攻克通过能力提升的一系列重大关键技术。为此，黄金水道重大专项针对长江、西江黄金水道通过能力提升的制约因素，着重围绕通航条件及船型标准、航道系统整治、枢纽通航、信息服务与安全保障等四个领域的关键技术开展研究。

二、研究目标

本专项针对制约长江和西江黄金水道通过能力提升的普遍性、关键性和前瞻性的技术问题进行研究，通过自主创新、集成创新和引进消化吸收再创新，重点突破通航条件及船型标准、航道系统整治、枢纽通航、信息服务与安全保障等方面的关键技术，形成一批先进实用成果，并在工程建设和航运管理中转化应用，为进一步提高航道和通航建筑物的通过能力，进一步提升黄金水道航运安全保障及船舶防污染能力，进一步提高航运综合信息服务能力，构建“畅通、高效、平安、绿色”的现代化水运体系提供技术支撑与保障。

（1）重点突破长江和西江通航条件及标准船型、长江重点河段和西江的枢纽下游航道系统整治、长江三峡枢纽和西江长洲枢纽船闸通过能力、长江航运综合信息服务、重点航段通航安全保障、危险品运输安全监管与应急反应、内河船舶污染综合防治等方面的关键技术，专项研究成果总体达到国际先进水平，部分重大关键技术成果达到国际领先水平。

（2）通过专项研究成果转化应用，提升黄金水道的通过能力和服务水平，实现：①长江干线平均提高航道水深1.0m（宜昌～安庆段提高航道水深0.5m，安庆～芜湖段提高航道水深1.0m，芜湖～南京段提高航道水深1.5m，南京～浏河口段提高航道水深2.0m），三峡船闸在现有基础上提高1～2个闸次/天，长江航运安全应急反应速度提高20%以上，长江黄金水道通行能力提高20%以上；②西江长洲枢纽船闸闸室利用率提高20%以上，提高船闸通过能力30%以上，百色升船机通过能力提高15%，减少大藤峡下游非衔接段II级航道建设工程投资20%，提高对西江船舶、船闸、航道等的管理水平与综合服务能力，扩大西江黄金水道的通过能力。

三、项目研究情况

在交通运输部的领导下，由交通运输部长江航务管理局牵头，联合行业内主要的大专院校、科研院所共同完成研究任务。专项充分发挥各承担单位在内河水运基本理论

和学科方面的优势以及在长江、西江管理建设中的丰富经验，运用相关学科的理论和技术，采用现场调研、资料分析、现场试验、物理模型和数学模型试验等方法和技术手段深入开展研究，各单位合理分工，各自发挥特长，积极沟通，通力合作，保证专项研究任务的顺利完成。

专项设立领导小组、技术总体组（下设航道工程和支持保障两个专业技术组）、牵头单位以及项目组，并明确各机构职责，按照“统一领导、上下联动、分工协作、紧密配合”的原则做好技术组织和研究工作。

经过近四年的努力科研攻关，专项取得了丰硕成果。形成报告74份，编制标准规范10项，提出新的理论方法49个，开发软硬件装备12套，取得专利28项，取得软件著作权29项，发表论文243篇，撰写专著10本，培养了197人。

四、项目主要创新点

专项紧紧围绕黄金水道通过能力提升所涉及的重大技术问题，通过对13个项目开展研究，在通航标准及通过能力、航道系统治理、河流水沙观测及模拟、枢纽通航、信息服务以及安全保障等领域取得了一系列创新性成果，实现了理论、技术、方法和装备的突破，并在黄金水道建设与管理实践中得到应用，成效显著，为黄金水道通过能力提升提供了强有力的技术支撑。

（1）构建了适用于长江干线新的航道等级划分与航道尺度标准，建立了内河船型现代化综合评价指标体系，提出了航道通过能力计算和评价新方法，为黄金水道通过能力提升技术奠定基础。

（2）全面系统揭示了三峡枢纽运行条件下长江中下游重点及潮汐河段的水沙运动及河床演变规律，提出了相应的长河段航道系统整治方法和技术，研发了系列的整治建筑物新结构，首次提出了航道整治建筑物可靠度分析方法。

（3）研发了适用于平原河流、河口和海岸水沙现场观测的推移质输沙量监测仪和近底泥沙采样器，研制了适用于水沙试验测量的应变式和压力式两种切应力仪及非接触式三维地形测量仪；提出了适用于长江中游二元结构岸滩侧蚀崩塌的成套力学模式，构建了河道垂向冲淤与河床横向变形交互作用的三维水沙动力学数值模型；提出了航道整治建筑物及防护结构物理模型设计准则及设计方法和减轻长河段泥沙物理模型时间变态影响的水沙边界概化原则和控制措施。

（4）首次提出虚拟闸室概念、虚拟闸室的应用模式以及缩短船舶过闸时间的过闸成组方式；研发了船舶过闸身份自动识别与认证系统，开发了梯级、多线船闸联合调度平台软件系统；首次提出了枢纽通航现代化管理的内涵、特征、评价指标、评价标准及综合评价方法。

（5）首次构建了长江航运信息服务云体系，提出并实现了进行云计算动态迁移和快速部署的高效新算法,首次提出了航运动态数据链技术体系，建立了一种适用于长江航运各类异构数据交换的新标准，提出了长江电子航道图动态快速更新技术，研发了船舶智能助导航系统，实现了提供多维服务、支撑多类终端的长江航运综合信息云服务。

（6）提出了长江重点航段通航安全动态预警、控制与辅助驾驶技术，构建了实现危险化学品运输安全监管与应急反应于一体的长江危险化学品运输安全监管平台，完善了危险品运输安全技术标准规范，提出了内河船舶油污水排放在线监控方法，设计了浮式防污应急设备库。

五、项目成果推广应用情况及前景

经过近4年的专项研究，研究成果硕果累累，在行业内外得到了全面推广应用。在标准规范制定（包括《内河通航标准》、《长江（干线）通航标准》等标准）、大型航道整治工程建设（包括：长江中游荆江河段、长江下游三沙河段、长江口深水航道等工程）、枢纽工程建设（小南海枢纽、长洲枢纽、大藤峡枢纽、百色枢纽等工程）、平台系统建设（包括长江航运物流公共信息平台、长江干线水路交通应急指挥平台、长江干线船舶自动识别系统等）以及三峡船闸通过能力提升等实际应用中发挥了重要作用，取得了巨大的经济、社会和环境效益。

1. 通航条件及船型标准方面

如通航水位研究成果对《长江（干线）通航标准》有关通航水位的条款制订提供了基础性技术支撑，研究成果已经应用到了正在实施的长江干线航道建设项目中；长江和西江干线标准船型及设计关键技术研究成果有力支撑了全国内河船型标准化工作的推进和实施，在提高长江和西江干线船闸通航效率、促进节能减排、降低运输成本等方面取得了显著的成效。并支撑了《“十二五”期推进全国内河船型标准化工作实施方案》（中华人民共和国交通运输部公告2013年第50号）、《内河运输船舶标准船型指标体系》（中华人民共和国交通运输部公告2012年第13号）等规范发布。

项目依据长江干线桥梁实际情况进行研究，提出的典型复杂河段如弯曲航道、分汇流口等桥梁水中设墩对通航条件影响机理，具有普遍意义，不仅能应用到国内其他河流上，也可推广应用到世界上其他通航河流建设桥梁，对合理选择桥梁选址、桥梁布置等具有指导意义。同时结合长江干线桥梁建设实际，制定的水中设墩适宜性分析原则、方法与技术要求等，对其他河流在桥梁规划管理、设计建设等具有很好的指导作用。

2. 航道系统整治

如项目提出不同类型浅滩的航道整治原则，直接指导了荆江河段航道整治工程的开展，也可为“十三五”期宜昌至武汉河段的航道工程建设提供科学参考，为荆江河段航道建设可持续发展指明了方向；项目揭示了强冲刷条件下护滩带、抛石坝体的变形特点及破坏机理，提出了边滩、江心洲、岸坡守护的工程方案设计方法，适应于荆江河段航

道整治建筑物的新型结构、施工工艺，以及航道整治建筑物可靠度评估技术，为荆江航道整治工程方案研究及结构设计奠定了基础；项目开发的适用于荆江全河段、可进行航道条件长短期预报、可动态显示航道地形及水流变化的枯水碍航预测预报系统，既在荆江河段航道系统治理中得到应用，也为船舶实时通航、汛后航道条件维护、数字航道等提供了技术服务。

项目研究成果不仅可以应用于长江航道整治工程，而且可以用于其他河流航道整治；还可应用于水利、水运、水电、港口等众多领域。

项目研究成果突破了航道整治建筑物工程中整治原则、参数和方法的关键理论和技术，丰富了航道整治工程的学科理论，并为相关行业标准规范的制（修）订提供基础资料和借鉴，可推动行业科技进步。

3. 枢纽通航

研究成果已在三峡船闸得到验证，大部分成果在三峡枢纽通航管理中已得到实质性的应用，效果良好。其中船舶成组过闸技术在三峡船闸应用，实现了在三峡船闸原有单线日均13闸次的基础上提升至15～16闸次的考核目标，平均每天提高2个运行闸次；基于RFID技术船舶过闸身份自动识别与认证系统在葛洲坝船闸得到成功应用测试与验证，测试应用船舶18艘次，过闸船舶识读率、准确率达到100%；枢纽通航现代化管理评价指标、评价标准和评价方法在三峡枢纽示范应用，进一步验证了三峡枢纽已初步实现了通航管理现代化。

项目研究成果还可以推广到京杭大运河船闸、嘉陵江梯级船闸、金沙江梯级船闸，以及国内其他内河枢纽的运行管理中，促进行业技术的共同进步与发展。

4. 信息服务与安全保障

项目提供的航运综合信息基础数据服务，可以在底层为其他航运信息化系统提供结构化、自动化的数据交换服务，从而有力带动港航管理部门和港航企业对航运信息系统的建设，推动各类航运业务信息系统（比如内河船舶调度系统、导航系统、水上物流管理系统、港口管理系统、船货交易系统等等）的开发和应用。

内河船舶动态交通量数据采集和服务技术目前已经应用在长江海事局电子巡航系统中。重点航段突发事件安全预警与应急反应技术的目前已经应用在长江航务局安全监管平台。连续桥区船舶安全航行系统目前已经应用在武汉桥区船舶安全监管中。复杂天气条件下船舶航行安全保障技术的研究可降低复杂天气对长江干线水路交通的影响，提高复杂天气条件下的航道通过能力，目前已经应用于三峡海事局。

研究成果在长江海事局船舶污染物监管、重庆海事局浮式设备库改建工程中得到应用，将为我国内河水运绿色发展提供现代化技术支持并提供技术示范。

（长江航务管理局科技处）

资料汇编

资料 1

2014年水运主要技术政策

<table>
<tr><th colspan="2">领域</th><th>主 要 政 策 目 录</th></tr>
<tr><td rowspan="9">水运工程</td><td rowspan="5">港口建设与维护</td><td>积极运用现代测量技术，提高水域勘察测绘水平。</td></tr>
<tr><td>在水工建筑物设计中融入全寿命理念，完善可靠度设计方法，推广应用适用的结构型式。</td></tr>
<tr><td>发展新型防护技术，提高水工建筑物结构耐久性。</td></tr>
<tr><td>发展港口地基处理技术，提高地基加固效果和效率。</td></tr>
<tr><td>鼓励应用水工结构检测、诊断与加固改造技术，提升水工建筑物安全运行水平。</td></tr>
<tr><td rowspan="4">航道建设与维护</td><td>鼓励应用深水航道建设与维护技术，提高航道通过能力。</td></tr>
<tr><td>鼓励应用长河段系统治理技术，提高航运资源综合利用水平。</td></tr>
<tr><td>加快发展通航枢纽建设与运行维护技术，提升船舶通过能力。</td></tr>
<tr><td>应用先进实用航标技术，提高航道通航保障能力。</td></tr>
<tr><td colspan="2" rowspan="3">运输服务</td><td>推广应用港口装卸专业化、智能化技术，提高港口装卸效率。</td></tr>
<tr><td>推进内河船型标准化，提高船舶运输组织技术水平。</td></tr>
<tr><td>推广应用内河船舶物联网技术，提升航运智能化水平。</td></tr>
<tr><td colspan="2" rowspan="6">安全应急</td><td>加强交通运输系统安全、基础设施安全和运输组织安全风险管理，提高风险防控和突发事件应对能力。</td></tr>
<tr><td>加强水运工程基础设施防灾减灾体系建设，提高灾害防御能力。</td></tr>
<tr><td>大力发展水运安全防控与监测技术，提高水路客货运输安全监管水平。</td></tr>
<tr><td>积极发展危险货物运输事故应急处置技术，提高安全事故应急能力。</td></tr>
<tr><td>支持发展和应用先进成熟的新技术新装备，提高水上安全监管水平。</td></tr>
<tr><td>鼓励应用先进救助打捞技术，提高深水救助打捞能力。</td></tr>
<tr><td colspan="2" rowspan="6">节能环保</td><td>推进水运工程环保技术研发及应用，提高水运生态保护与恢复水平。</td></tr>
<tr><td>推广应用节能新技术，提高港口装卸节能和用能效率及管理水平。</td></tr>
<tr><td>加强港口大气污染综合防治，提高港口空气质量。</td></tr>
<tr><td>推进水运环保新技术应用，提高港口水生态环境治理水平。</td></tr>
<tr><td>促进溢油和泄漏化学品回收装置成套化、智能化，提升溢油和泄漏化学品应急能力。</td></tr>
<tr><td>协同推进节能减排环保新技术在船舶上的应用，提高船舶绿色运行水平。</td></tr>
<tr><td colspan="2" rowspan="6">信息化</td><td>鼓励应用信息感知技术，加强对交通基础设施运行监测和管理。</td></tr>
<tr><td>鼓励应用自动跟踪、识别和移动互联网技术，提高运输组织与行业监管的智能化水平。</td></tr>
<tr><td>大力发展车（船）联网和主动安全技术，提升交通运输安全水平。</td></tr>
<tr><td>提升出行信息服务与物流信息服务水平。</td></tr>
<tr><td>跟踪云计算及大数据科学与工程技术进展，提高行业服务水平与决策支持能力。</td></tr>
<tr><td>建设网络与信息安全体系，保障网络与信息安全。</td></tr>
</table>

资料来源：摘自《公路水路交通运输主要技术政策（2014年）》。《公路水路交通运输主要技术政策》于2014年8月印发实施，1997年6月颁布执行的《公路、水运交通主要技术政策》同时废止。

资料 2

2014年长江航运大事记

1月1日，长江上游李渡至界盘石正式实施船舶分道航行规则。

2月1日，长江干线辖区国内航行海船正式实施远程电子签证。

3月21日，长江海事局签发首批无限航区海船船长适任证书，标志着无限航区海船船员管理工作全面展开。

4月1日，“中国长江好声音”网站正式上线运行。

4月2日，国务院总理李克强主持召开国务院常务会议，会议讨论通过《中华人民共和国航道法（草案）》。4月21日，十二届全国人大常委会第八次会议召开，听取国务院关于提请审议《中华人民共和国航道法（草案）》的议案的说明。12月28日，十二届全国人大常委会第十二次会议经表决通过了航道法。自2015年3月1日起施行。

4月28日，国务院总理李克强在重庆主持召开座谈会，研究依托黄金水道建设长江经济带，为中国经济持续发展提供重要支撑。并乘船考察了长江黄金水道。

5月5日至24日，葛洲坝二号船闸计划性大修工程停航期检修，修理工期20天，创造出葛洲坝船闸通航33年来最短的停航大修记录。

5月8日，交通运输部正式批复交通运输部长江航务管理局组织开展长江干线宜昌至安庆段航道整治模型试验研究论证工作。

5月17日，国务院三峡办综合司就三峡工程与长江经济带发展研究到长航局进行了工作调研。

7月2日，三峡库区滚装甩挂运输试点工作正式启动。

7月31日，国家内河航道整治工程技术研究中心通过科技部验收评估。

8月1日，长江干线全面实施渡船“斑马线”行动，全线划定366个“斑马线”水域，进一步降低渡船碰撞危险。

8月18日，75米打桩船“长象6”顺利交接，这是长江航道首艘打桩船。

8月21日至9月28日，金沙江溪洛渡枢纽首次完成了560～600米水位蓄水计划。

8月25日，长寿水道重庆新恒阳储运码头船舶进港专用航道正式启用，这是长江上游为企业开设的第一个专用航道。

9月12日，国务院发布《关于依托黄金水道推动长江经济带发展的指导意见》。

9月16日，长江游轮苏州（常熟）港首航仪式在苏州市常熟码头举行。中国水运报（刊）社旗下“磅礴网”（wwww.pangbonews.com）正式上线。

9月18日，交通运输副部长冯正霖到长江中游荆江航道整治工程现场调研。

9月19日，《中国黄金水道建设与海岸河口技术研究丛书》列入国家出版计划。

9月23日，交通运输部法制司一行对三峡坝上水域通航环境及管理情况进行了实地调研。

9月26日，交通运输部长江航务管理局与四川省交通运输厅签署《加快四川长江水运发展深化合作备忘录》。

10月21日至22日，交通运输部赵冲久总工程师一行先后到三峡升船机现场、长江航道科研试验新基地考察，并到交通运输部长江航务管理局就长江航运建设和发展问题进行工作调研。

10月28日，全国公安机关爱民模范集体代表——长航公安局南通分局刑事侦查支队支队长支晓林参加了全国公安机关爱民模范先进事迹报告会，并受到习近平、李克强、刘云山等中央领导同志亲切接见。

10月29日，交通运输部翁孟勇副部长一行到荆州，对荆江航道整治工程建设情况进行了检查调研。

10月30日，全国政协委员、全国文联副主席杨承志一行到三峡船闸参观考察。人民日报、新华社、中央电视台等10余家主流新闻媒体就三峡工程航运效益到长江进行了深度采访。

11月3日，交通运输部副部长翁孟勇在荆江航道整治工程现场调研。

11月5日至7日，“国际海运（中国）年会2014” 在重庆召开，以“合谋共赢新常态”为主题，论道国际海运发展，共谋长江经济带建设，延伸海运市场触角。

11月8日，交通运输部副部长何建中、湖北省副省长徐克振到长江航道科研试验新基地调研，实地了解宜昌至安庆段航道整治模型试验研究论证工作进展情况。

11月17日，交通运输部长江航务管理局组织编纂的国家级大百科历史文化重点出版工程——《中华长江文化大系》全系64本精品之作正式亮相。

11月26日，新中国第一条运河——江汉运河正式通航。

12月19日，长江全线26家危险品航运企业在宜昌签订了2015年度《危险品船舶过闸安全防范承诺书》。

12月29日，高速客船正式退出三峡库区水上客运市场。

资料3

长江干线航道2014年分月维护水深表

河段			分月维护水深（m）											
			1月	2月	3月	4月	5月	6月	7月	8月	9月	10月	11月	12月
宜宾～重庆			2.7	2.7	2.7	2.7	3.2	3.5	3.7	3.7	3.7	3.5	3.2	2.7
重庆～涪陵			4.5	4.0	3.5	3.5	3.5	3.5	4.0	4.0	4.0	4.0	4.5	4.5
涪陵～宜昌下临江坪			4.5	4.5	4.5	4.5	4.5	4.5	4.5	4.5	4.5	4.5	4.5	4.5
其中	葛洲坝三江航道		4.0	4.0	4.0	4.0	4.0	4.0	4.5	4.5	4.5	4.0	4.0	4.0
宜昌下临江坪～大埠街			3.2	3.2	3.2	3.5	4.0	5.0	5.0	5.0	4.0	3.2	3.2	3.2
大埠街～城陵矶			3.3	3.3	3.3	3.8	4.5	5.0	5.0	5.0	4.0	3.3	3.3	3.3
城陵矶～武汉			3.7	3.7	3.7	4.5	4.5	5.0	5.0	5.0	5.0	4.5	3.7	3.7
武汉～安庆			4.5	4.5	4.5	4.5	5.0	6.0	6.0	6.0	6.0	5.0	4.5	4.5
安庆～芜湖			6.0	6.0	6.0	6.5	7.0	8.0	8.0	8.0	7.5	7.0	6.5	6.0
其中	安庆南水道	黄湓闸以上	2.5	2.5	2.5	3.5	3.5	4.5	4.5	4.5	4.5	3.5	3.5	2.5
		黄湓闸以下	4.5	4.5	4.5	5.0	5.0	6.0	6.0	6.0	6.0	5.0	5.0	4.5
芜湖～南京			9.0	9.0	9.0	9.0	9.0	10.5	10.5	10.5	10.5	9.0	9.0	9.0
其中	裕溪口水道		芜湖水位2米以下维护水深3.0米；芜湖水位2米以上维护水深4.5米											
	太平府水道	姑溪河口以上	3.0	3.0	3.0	4.0	4.0	4.5	4.5	4.5	4.5	4.0	4.0	3.0
		姑溪河口以下	3.5	3.5	3.5	4.5	4.5	5.0	5.0	5.0	5.0	4.5	4.5	3.5
	乌江水道		4.5	4.5	4.5	5.0	5.0	6.0	6.0	6.0	6.0	5.0	5.0	4.5
南京～江阴			10.5	10.5	10.5	10.5	10.8	10.8	10.8	10.8	10.8	10.8	10.5	10.5
其中	仪征捷水道		4.5	4.5	4.5	4.5	4.5	4.5	4.5	4.5	4.5	4.5	4.5	4.5
	宝塔水道		4.5	4.5	4.5	4.5	4.5	4.5	4.5	4.5	4.5	4.5	4.5	4.5
	太平洲捷水道		3.5	3.5	3.5	3.5	3.5	3.5	3.5	3.5	3.5	3.5	3.5	3.5
江阴～南通			10.5	10.5	10.5	10.5	10.5	10.5	10.5	10.5	10.5	10.5	10.5	10.5
其中	福姜沙北水道		8.0	8.0	8.0	8.0	8.0	8.0	8.0	8.0	8.0	8.0	8.0	8.0
	福姜沙中水道		4.5	4.5	4.5	4.5	4.5	4.5	4.5	4.5	4.5	4.5	4.5	4.5
南通～太仓			10.5	10.5	10.5	10.5	10.5	10.5	10.5	10.5	10.5	10.5	10.5	10.5
			12.5	12.5	12.5	12.5	12.5	12.5	12.5	12.5	12.5	12.5	12.5	12.5
太仓～浏河口			12.5	12.5	12.5	12.5	12.5	12.5	12.5	12.5	12.5	12.5	12.5	12.5
其中	白茆沙北水道		4.5	4.5	4.5	4.5	4.5	4.5	4.5	4.5	4.5	4.5	4.5	4.5
	北支水道		北支口～灵甸港：维护自然水深；灵甸港～启东引水闸：全年2.5米；启东引水闸～三条港：全年3.0米；三条港～五仓港：全年4.0米；五仓港～戤滧港：全年5.0米；戤滧港～连兴港：全年6.0米											

统计资料1 长江经济带11省市水路旅客运输量与旅客周转量

	旅客运输量（万人）				旅客周转量（万人公里）			
	合计	内河	沿海	远洋	合计	内河	沿海	远洋
2014年	15693.1	12654.4	3029.1	9.6	340846.3	277009.2	55289.5	8547.6
云南省	1099.0	1099.0			23729.0	23729.0		
贵州省	2234.5	2234.5			53743.0	53743.0		
四川省	2677.6	2677.6			26534.3	26534.3		
重庆市	712.1	712.1			75659.1	75659.1		
湖北省	548.2	548.2			29259.0	29259.0		
湖南省	1448.8	1448.8			28444.3	28444.3		
江西省	281.3	281.3			3702.0	3702.0		
安徽省	178.0	178.0			3227.0	3227.0		
江苏省	2563.4	2529.9	24.9	8.6	30338.9	23063.8	515.5	6759.6
浙江省	3581.2	945.0	2636.2	0.0	55586.7	9647.7	45939.0	0.0
上海市	369.0	0.0	368.0	1.0	10623.0	0.0	8835.0	1788.0

统计资料2　长江经济带11省市水路货物运输量与货物周转量

省市	货物运输量（万吨）				货物周转量（万吨公里）			
	合计	内河	沿海	远洋	合计	内河	沿海	远洋
2014年	392382	259584	105162	27967	446716175	106534934	123499418	216759315
云南省	560	560	0	0	130890	130890	0	0
贵州省	1375	1375	0	0	322625	322625	0	0
四川省	8361	8361	0	0	1542223	1542223	0	0
重庆市	14117	14047	401		16313289	16271944	118837	
湖北省	29794	21153	8476	165	23162397	13470672	8918218	773507
湖南省	25687	25462	0	225	7099397	5057586	0	2041811
江西省	9153	8655	498	0	2119731	1518021	601710	0
安徽省	108587	104903	3672	12	52982354	49763750	3183563	35041
江苏省	75328	51603	16570	7155	80870703	15052024	18943878	46874801
浙江省	72837	21113	47855	3869	78971645	2946482	53863167	22161996
上海市	46583	2352	27690	16541	183200921	458717	37870045	144872159

统计资料3　长江经济带11省市水路分货类运输量

计算单位：万吨公里

省市	合计	煤炭	石油天然气及制品	金属矿石	钢铁	矿建材料	水泥	木材	非金属矿石	化肥及农药	盐	粮食	其他
2014年	392382	62280	30096	23173	13013	131625	25500	2796	18231	4276	3258	7570	70564
云南省	560	46	1	42	2	154	0	7	203	9	0	0	96
贵州省	1375	363	53	9	60	23	121	98	197	166	1	83	201
四川省	8361	505	46	23	3	7002	14	1	240	50	14	18	445
重庆市	14117	2221	452	1631	814	3580	985	31	881	255	60	230	2977
湖北省	29794	6242	1369	7828	749	7792	778	20	1598	312	0	469	2637
湖南省	25687	1174	325	1311	799	19422	371	224	729	97	34	120	1081
江西省	9153	194	370	19	132	7566	238	18	140	16	1	43	416
安徽省	108587	10030	922	3903	3960	50034	16599	958	11683	907	243	3191	6157
江苏省	75328	15048	12993	2053	2623	14410	2519	1125	914	2365	2716	2405	16157
浙江省	72837	21254	6013	5395	3637	19290	3350	314	1510	48	182	775	11069
上海市	46583	5203	7552	959	234	2352	525	0	136	51	7	236	29328

统计资料4　长江经济带11省市水路分货类运输周转量

计算单位：万吨公里

省市	合计	煤炭	石油天然气及制品	金属矿石	钢铁	矿建材料	水泥	木材	非金属矿石	化肥及农药	盐	粮食	其他
2014年	446716172	60974479	91957063	39169068	13589436	46663385	12584551	1758300	10206558	2828037	1448703	7953313	157583277
云南省	130890	10385	739	9559	1706	17628	0	1814	53080	3271	0	0	3 2708
贵州省	322625	85168	12344	2439	14809	4869	28559	22415	46397	39277	395	19524	46427
四川省	1542222	395958	61404	7543	7473	573129	4636	1733	81815	21852	9986	6728	369965
重庆市	16313289	2811295	631246	2627825	1158607	2194743	1003494	41740	1183057	323753	56209	290083	3991237
湖北省	23162397	5075407	1340043	7890902	718363	3704164	796133	22248	1295952	240431	0	459216	1619538
湖南省	7099396	1087888	161168	1072108	366880	2322500	79592	59641	308426	76974	55358	777624	731237
江西省	2119731	89028	345894	19531	115501	1005284	141204	12824	72515	6614	704	29650	280982
安徽省	52982354	6566026	452261	2008423	1828721	24170093	7188437	302520	5425885	392925	105415	1647286	2894362
江苏省	80870703	8675361	44429327	3731724	2949653	5388088	1734452	739766	440667	1470465	863959	2435882	8011359
浙江省	78971644	26657645	6556604	18587659	5089961	6747932	1445279	553599	994391	169647	306532	1182353	10680042
上海市	183200921	9520318	37966033	3211355	1337762	534955	162765	0	304373	82828	50145	1104967	128925420

统计资料5　长江经济带11省市港口吞吐量

省市	货物吞吐量				集装箱吞吐量			滚装汽车（万辆）	旅客吞吐量		利用自然岸坡完成船舶货物装卸量（万吨）
	合计（万吨）	外贸	出港（万吨）	外贸	箱数（万TEU）	重量（万吨）	货重（万吨）		合计（万人）	出港（万人）	
2014年	594831.5	123319.4	244548.9	38519.8	7606.5	80227.5	65034.5	531.3	8732.6	4164.9	1960.1
云南省	545.7	48.0	376.9	7.7	—	—	—	—	1052.2	526.1	102.4
贵州省	688.6	—	420.0	—	—	—	—	—	2278.3	964.3	7.8
四川省	9159.1	50.6	2677.1	31.1	44.1	499.6	415.7	—	1499.3	742.9	558.9
重庆市	14684.7	506.9	5718.0	302.3	101.5	1194.4	984.2	71.0	894.0	454.6	—
湖北省	28969.1	1248.9	13671.5	516.5	125.6	1823.7	1568.2	58.1	369.7	219.0	—
湖南省	25322.3	367.6	12137.2	201.0	33.6	410.9	343.0	—	1250.0	558.1	6.9
江西省	30974.9	269.0	19392.4	177.9	32.1	393.8	330.3	—	357.7	181.9	770.1
安徽省	43837.9	419.6	25229.5	232.1	76.4	639.9	487.8	8.2	76.4	39.5	—
江苏省	226049.2	37990.9	77782.7	8491.0	1500.5	17445.2	14362.1	5.4	9.3	4.7	—
浙江省	139071.1	44186.1	56277.2	11337.5	2164.2	22485.4	18002.8	235.9	767.6	383.5	514.0
上海市	75528.9	38231.8	30866.4	17222.7	3528.5	35334.6	28540.4	152.7	178.1	90.3	—

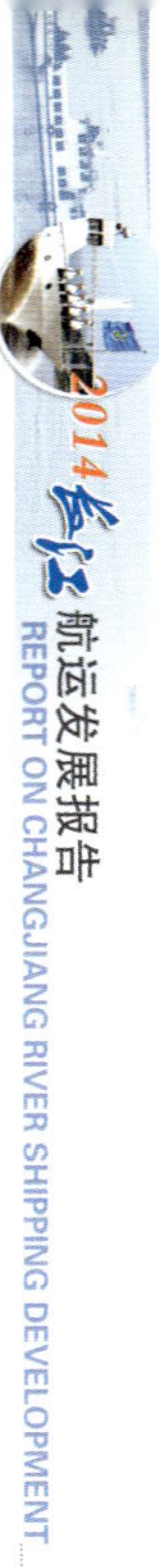

统计资料6　长江经济带11省市内河港口吞吐量（按货物形态、包装及货类分）

单位：万吨

省市	总计	液体散货				干散货						件杂货					集装箱	滚装汽车吞吐量
		小计	其中			小计	其中					小计	其中					
			原油	成品油	液化气天然气及制品		煤炭及制品	金属矿石	散水泥	散粮	散化肥		木材	粮食	化肥	水泥	（万TEU）	（万辆）
2013年	375414.2	17113.3	2357.7	5794.6	671.3	284810.1	69330.4	46221.4	12964.9	2521.8	209.3	52050.2	3006.7	4784.0	2716.4	8301.5	1466.6	131.0
2014年	393957.4	17556.2	2375.3	5699.6	609.9	298212.6	77839.4	49567.5	14849.8	2520.5	714.9	56149.5	3530.6	5478.6	2085.4	8768.0	1431.0	142.7
云南省	545.7	1.0		1.0		407.7	44.8	28.3				137.0	7.0		8.0			
贵州省	688.6	3.6		3.6		444.3	238.0	91.4	96.5	14.1	4.3	240.7	46.3	55.9	36.9	88.1		
四川省	9159.1	45.0	37.6	3.1		7919.3	542.3	55.6		5.1	0.7	695.2	3.4	16.5	74.5	149.7	44.1	
重庆市	14684.7	622.0		358.6	55.0	8684.2	1518.9	1142.9	410.4	76.7	41.3	2074.8	85.8	73.5	209.9	345.9	101.5	71.0
湖北省	28969.2	851.2	62.1	474.7	42.2	20207.3	2717.5	3756.3	512.4	62.1	120.5	3892.7	0.0	287.1	409.0	632.4	125.7	58.1
湖南省	25322.3	971.1	437.2	385.3	108.1	21630.0	1746.4	1938.4	85.9	100.9	40.6	2310.3	368.9	452.6	194.0	216.4	33.6	
江西省	30974.9	320.1	11.9	264.7	18.7	28327.7	1761.7	1712.4	1310.0	70.9		1932.7	51.5	81.9	20.4	100.7	32.1	
安徽省	43837.9	690.7	15.5	571.8	1.1	37256.5	6924.0	4173.5	6307.5	109.7	4.9	5168.9	5.8	215.1	42.2	2804.1	76.4	8.2
江苏省	200305.6	13019.7	1809.1	3457.9	384.1	139695.1	52448.6	36460.2	3086.1	1896.9	499.0	35161.7	2586.3	4145.7	1076.2	4069.9	989.6	5.4
浙江省	30894.5	1017.0	1.9	173.5	0.8	26679.2	2936.1	196.5	2462.4	140.8	3.0	2936.8	366.4	88.5	11.8	325.8	28.1	
上海市	8575.0	14.8		5.4		6961.2	6961.2	11.9	578.7	43.3	0.5	1598.9	9.0	62.0	2.6	35.2		

统计资料7　2014年长江三角洲主要港口吞吐量一览表

港口名称	货物吞吐量（万吨）	同比增长百分比	集装箱（万TEU）	同比增长百分比	外贸（万吨）	同比增长百分比
上海港	75528.9	-2.64	3528.5	4.96	38231.9	1.4
宁波—舟山港	87346.47	7.86	1944.95	12.1	41881.6	9.02
宁波港域	52646.41	6.16	1870.03	11.49	29722.8	7.58
舟山港域	34700.06	10.56	74.92	29.84	12158.8	12.71
连云港港	21007.89	4.18	500.54	-8.79	11035.96	4.12
嘉兴港	6880.36	4.17	115.61	14.42	901.06	4.83
湖州港	8486.92	-44.57	12.11	39.94	64.34	24.04
台州港	6048.72	7.48	15.42	-7.39	816.78	-16.41
温州港	7901.05	7.07	60.38	5.89	442.52	-9.21
南京港	21001	3.96	276.5	3.6	1974	-10.44
镇江港	14061	-0.27	37.55	-1.28	2313.3	-12.8
苏州港	47792.05	9.85	444.99	29.39	12302.34	15.55
张家港港区	24020.73	-1.69	101.27	12.05	5541.17	8.84
常熟港区	8050.22	11.78	38.04	4.02	1417.46	19.16
太仓港区	15721.1	32.43	305.68	40.88	5343.71	22.4
南通港	21599.38	5.39	71.11	18.4	4813.63	6.08
常州港	9272.91	-6.95	19.29	29.52	556.65	4.23
江阴港	12462.25	-7.73	52.25	-56.59	1333.25	-18.19
扬州港	8940	25.1	56.24	8.64	710.3	48.29
泰州港	15822.59	2.58	19.14	8.59	1629.53	27.27
安庆港	3137.04	4.35	4.56	30.07	23.26	8.15
池州港	4279.28	9.33	1.44	21.24	25.08	18.1
铜陵港	7045.08	19.31	3.02	31.68	40.82	28.86
芜湖港	10847.41	16.48	40.26	39.95	224.32	18.15
马鞍山港	8100.86	8.17	11.45	61.94	97.93	54.43